Touren für Ausgeschlafene

Wanderungen für Langschläfer

im Harz

34 erlebnisreiche Halbtagstouren im höchsten Mittelgebirge Norddeutschlands

J. BERG

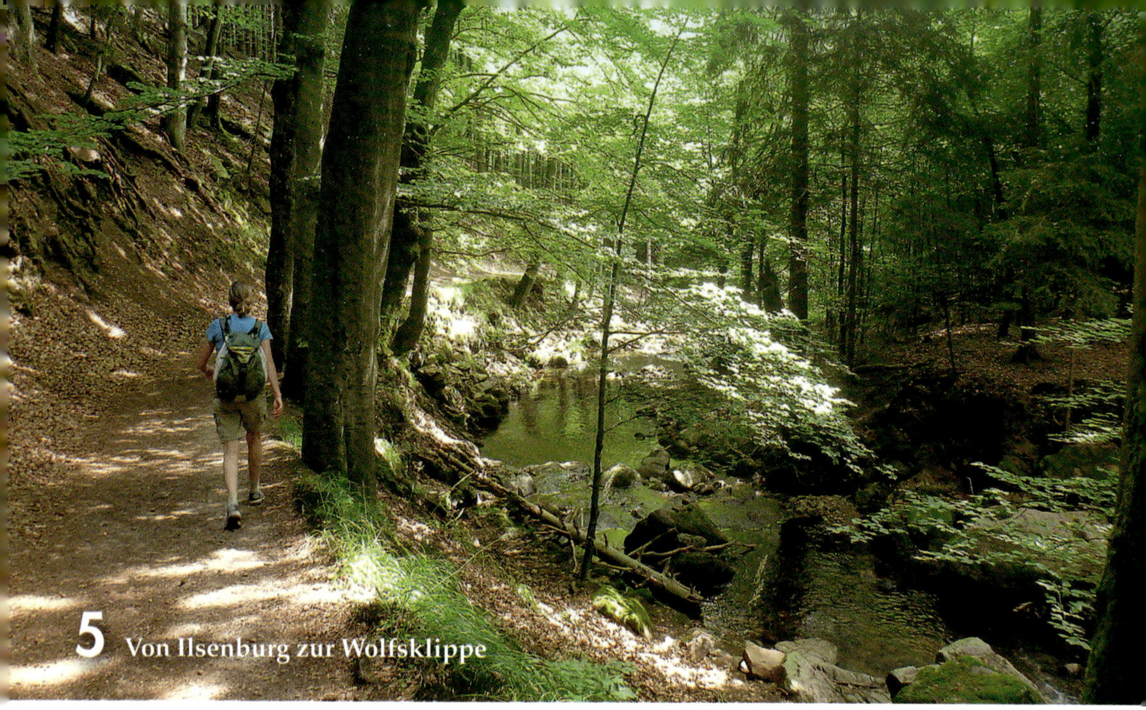

Inhalt

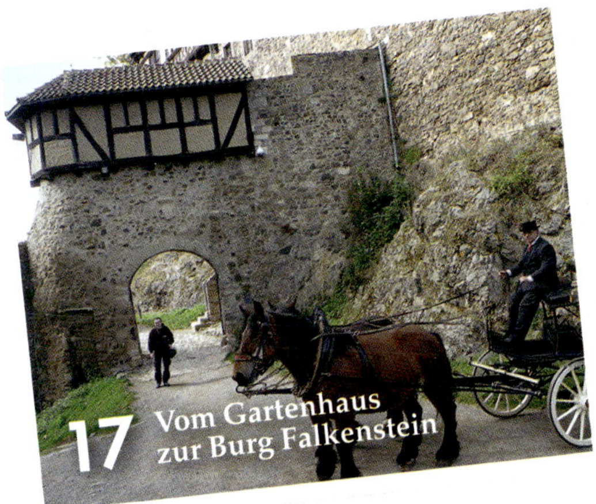

17 Vom Gartenhaus zur Burg Falkenstein

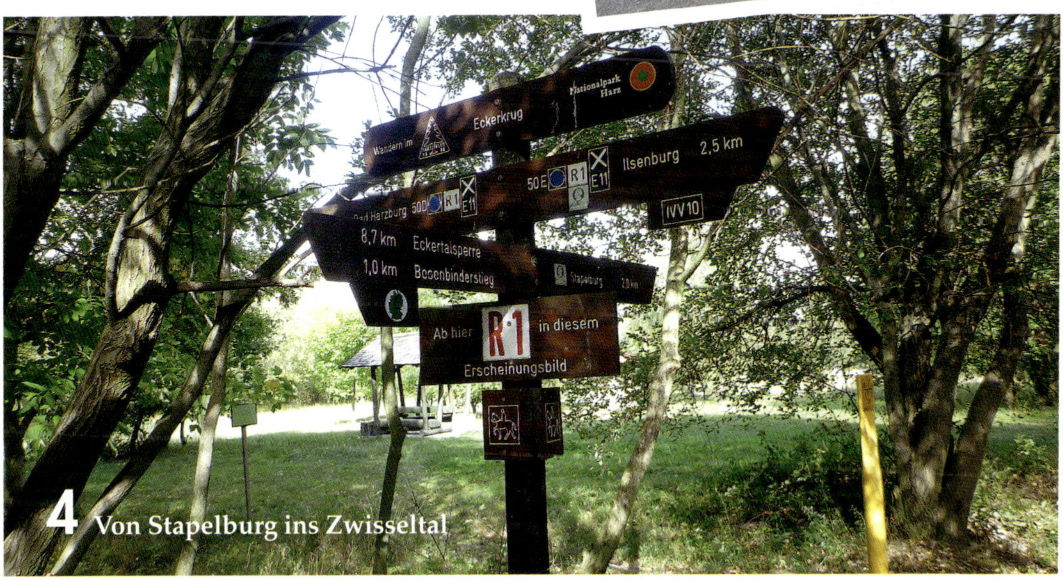

4 Von Stapelburg ins Zwisseltal

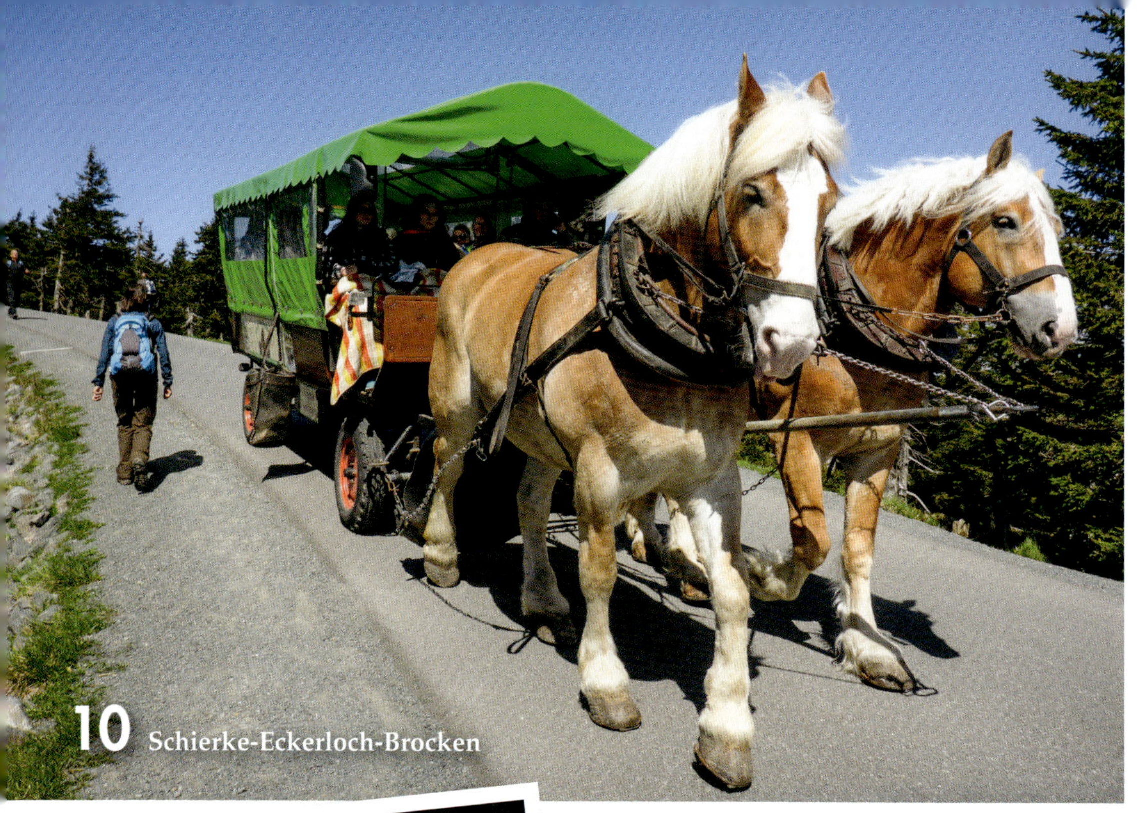

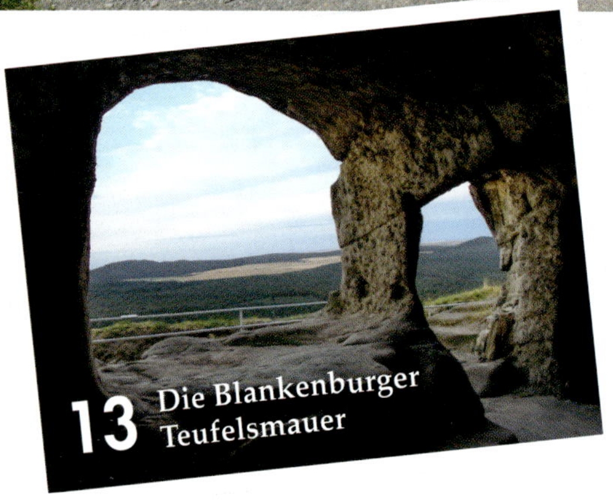

Südharz und Westharz 86

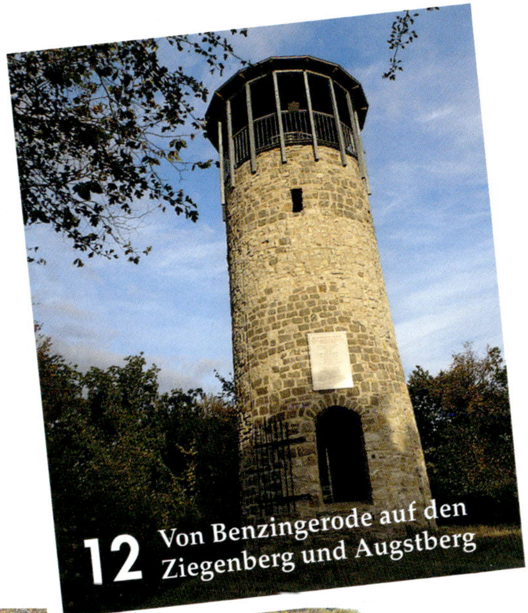
12 Von Benzingerode auf den Ziegenberg und Augstberg

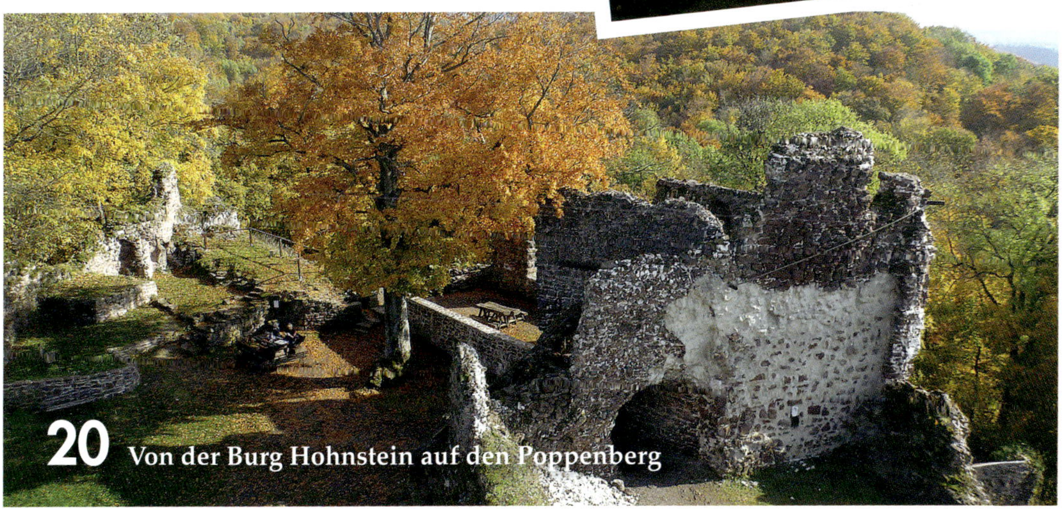
20 Von der Burg Hohnstein auf den Poppenberg

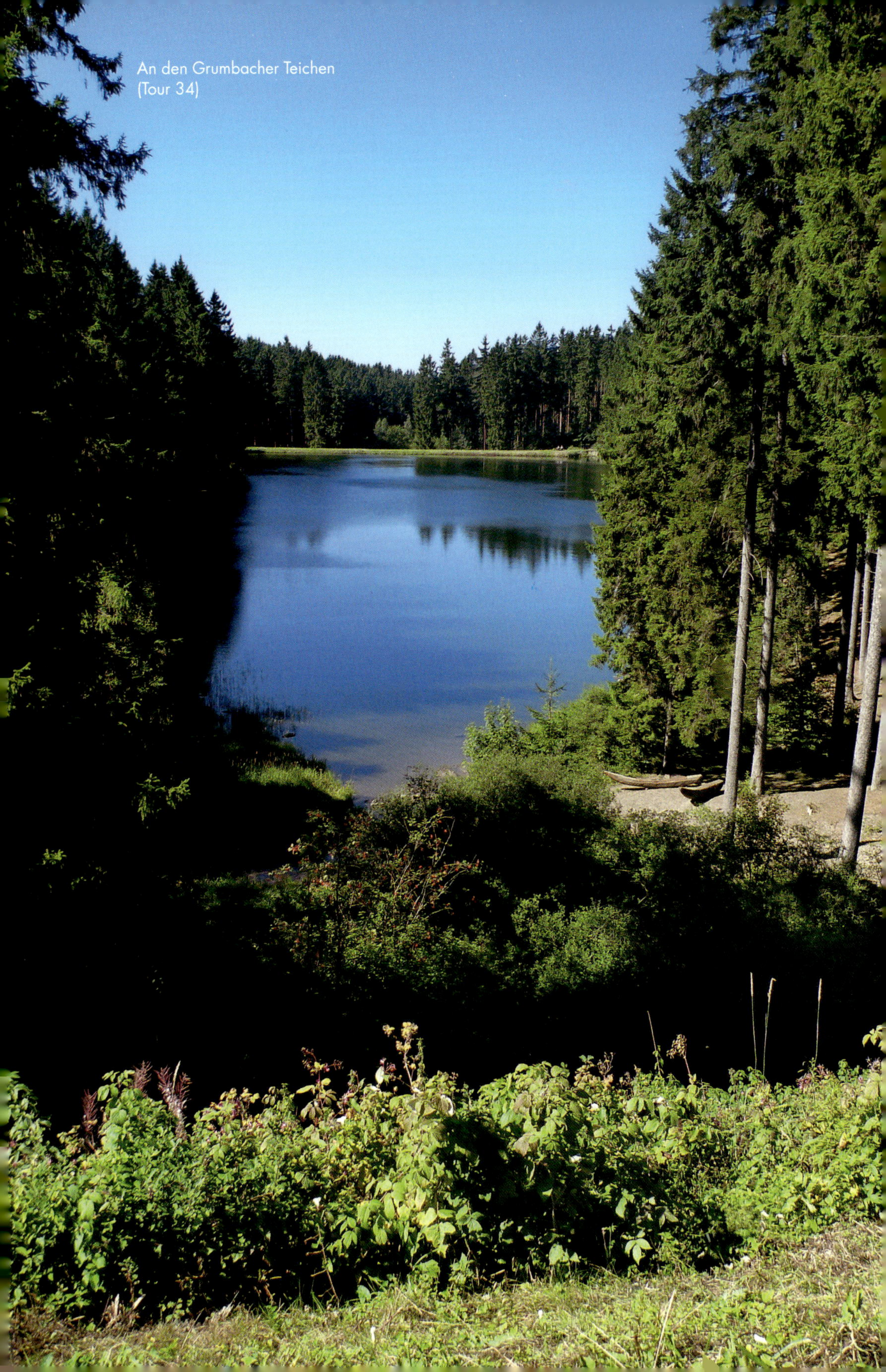

An den Grumbacher Teichen
(Tour 34)

Tourenüberblick

Tour			km	m	Std							
1	blau	Von Goslar auf den Rammelsberg	6 km	200 m	2 Std	•	•	•	•		•	•
2	rot	Von Romkerhalle im Okertal zu den Klippen der Käste	6 km	280 m	2 Std	•	•		•			
3	blau	Von der alten Harzburg zu den Rabenklippen	10 km	300 m	3 Std	•	•	•		•		•
4	blau	Von Stapelburg ins Zwisseltal	12 km	250 m	4 Std	•			•			
5	rot	Von Ilsenburg zur Wolfsklippe	14,3 km	450 m	4 Std	•	•			•		
6	blau	Von Christianental zum Schloss auf dem Agnesberg	4,5 km	150 m	1.30 Std	•	•	•	•			•
7	rot	Der Ottofels bei Wernigerode	10,2 km	260 m	3 Std	•	•		•			
8	blau, rot	Von Wernigerode per Bahn auf den Brocken	1 km	50 m	0.45 Std	•	•	•	•			•
9	blau	Über den Dreieckigen Pfahl auf den Brocken	14 km	325 m	3.30 Std	•	•	•	•			•
10	rot	Schierke–Eckerloch–Brocken	11 km	510 m	2.30–3 Std	•	•	•		•		
11	rot	Von Oderbrück auf den Achtermann	6 km	150 m	2 Std	•	•	•	•			
12	blau	Von Benzingerode auf den Ziegenberg und Augstberg	7,2 km	200 m	2 Std	•		•	•			
13	rot	Die Blankenburger Teufelsmauer	5 km	190 m	2 Std	•	•	•	•			
14	rot	Von Thale durch das Bodetal zum Hexentanzplatz	7 km	200 m	2 Std	•	•	•	•			
15	rot	Von Stecklenberg zu alten Burgen	7,5 km	250 m	3 Std	•		•		•		
16	blau	Gernroder Stiftskirche und Anhaltiner Saalstein	8,1 km	300 m	3 Std	•		•		•		•
17	rot	Vom Gartenhaus zur Burg Falkenstein	4,5 km	150 m	2 Std	•	•	•		•		
18	blau	Von Mansfeld zum Schloss Mansfeld	4 km	100 m	1.30 Std	•	•	•		•		•
19	rot	Von Stolberg zu den Waldhöhen	8,5 km	300 m	2.30 Std	•	•	•		•		
20	rot	Von der Burg Hohnstein auf den Poppenberg	10 km	400 m	3 Std	•	•	•		•	•	
21	rot	Dreitälerblick und Gänseschnabel	7,5 km	350 m	3 Std	•	•	•		•		
22	blau	Von Walkenried zur Ruine Sachsenburg	9 km	100 m	2.30 Std	•	•	•		•	•	
23	rot	Von Bad Sachsa durchs Kuckanstal zum Ravensberg	7,3 km	350 m	3 Std	•	•	•		•	•	
24	blau	Von Bad Lauterberg zum Kummelberg	5 km	250 m	2–3 Std	•	•	•		•		
25	blau	Zur Ruine Scharzfels und zur Einhornhöhle	5 km	160 m	1.30 Std	•	•	•		•		•
26	rot	Vom Siebertal auf den Großen Knollen	8 km	400 m	3 Std	•	•	•		•		
27	rot	Von Sieber auf den Acker zur Hanskühnenburg	8 km	450 m	3 Std	•	•	•		•	•	
28	blau	Vom Sösestausee auf die Gierskopfe	6,5 km	200 m	2 Std	•		•		•		
29	blau	Vom Hübichenstein auf den Iberg	8,6 km	290 m	3 Std	•	•	•		•		
30	blau	Von Clausthal-Zellerfeld zum Polsterberger Hubhaus	7,5 km	50 m	2 Std	•	•	•		•	•	•
31	rot	Welterbe 19-Lachter-Stollen und Badstubenberg	5 km	250 m	2 Std	•	•	•	•			
32	blau	Lautenthaler Lehrpfade und Maaßener Gaipel	7 km	150 m	2 Std	•	•	•	•			
33	blau	Vom Innerstestausee zur Lageswarte	11,5 km	350 m	3.30 Std	•	•	•	•		•	
34	blau	Vom Bergsattel Auerhahn über die Schalke	8 km	170 m	2.30 Std	•	•	•		•	•	•

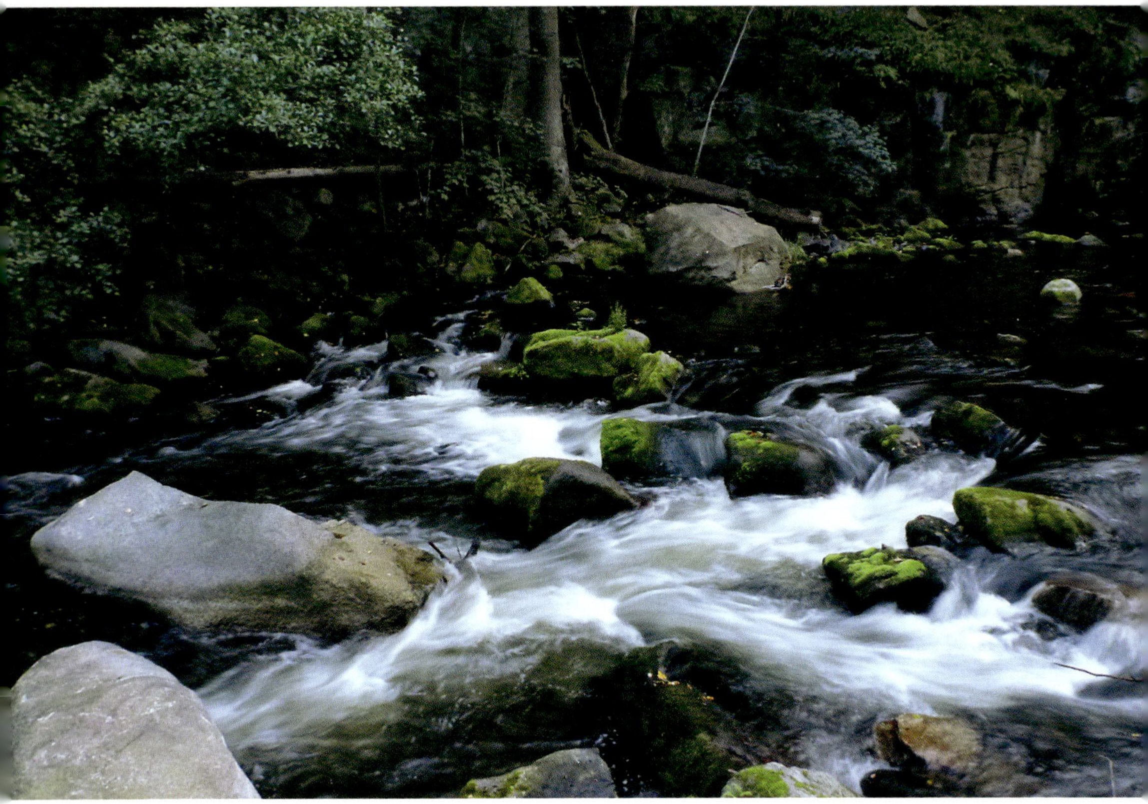

Die Bode beim Waldkater (Tour 14)

Vorwort

Der Harz ist ein vielseitig reizvolles Wanderziel. Wer den Tag geruhsam angehen lassen, aber dennoch dort wandern will, der braucht übersichtliche Touren. Solche sind in diesem Büchlein versammelt. Aber zu einer Wanderung gehört auch, zum Ausgangspunkt zu gelangen. Das kann von zu Hause in einem der Orte des Vorlandes sein oder von einem Quartier im oder am Harz aus, in dem man sich für einige Tage angesiedelt hat. Damit diese selbst zu planende Anreise zum Ausgangspunkt nicht allzu lang wird, wurden deshalb vorzugsweise Touren vom Harzrand oder von einer der Verkehrsachsen aus gewählt.
Da dies ein Wanderführer ist, sind auch für diese »Touren für Langschläfer« immerhin jeweils mehrere Stunden Gehen und auch einige Anstiege nötig. Als Maximum wurde ohne Einrechnen von Pausen eine reine Gehzeit von vier Stunden angesetzt. Bei den längeren Touren werden Kürzungsmöglichkeiten erwähnt, bzw.

sie sind aus den Karten erkennbar. Damit lässt sich die Portion Bewegung maßgerecht zuschneiden. Vielleicht auch, um Wetterkapriolen zu berücksichtigen, oder um mehr Zeit für kulturelle oder gastronomische Angebote zu haben oder auch für die sonstigen Bedürfnisse der Kleingruppe unterwegs.

Von den Weiten des norddeutschen Tieflandes gesehen ist der Harz die erste markant andere Landschaft. Er ist ein großer, aus der Umgebung deutlich herausgehobener Block älterer Gesteine. Aus der weit gespannten und etwas schief gestellten Hochfläche erhebt sich ein altes kristallines Bergland mit abgerundeten Gipfeln bis über 1000 Meter. Dieses ist ein echtes Mittelgebirge mit eigenem kühlerem und feuchterem Klima. Die äußeren Ränder des Harzes zeigen steile Hänge, ebenso wie die nach der Heraushebung des alten Gebirges in allen Richtungen tief eingeschnittenen Täler. Die ursprüngliche Waldbedeckung hat sich hier weithin naturnah erhalten. Ein großer Teil des Gebirges ist als Nationalpark besonders geschützt, mit dem Ziel, die natürlichen Zustände und Lebensgemeinschaften zu erhalten und zu stärken (siehe www.nationalpark-harz.de).

Der landschaftliche Kontrast macht jede Wanderung zu einer individuellen Erfahrung. Ebenso wie uns die Jahreszeiten und das jeweils aktuelle Wetter auch die gleiche Tour immer wieder neu erfahren lassen. Wer mit offenen Augen hinausgeht, dem wird es dabei nicht langweilig.

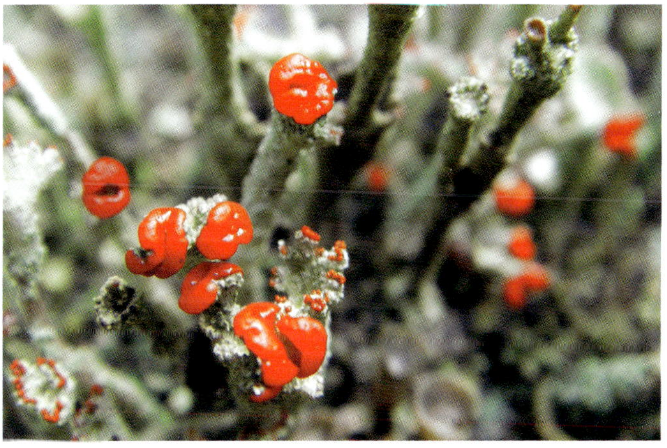

Rotfrüchtige Säulenflechte
Cladonia macilenta

Allen, die unterwegs Veränderungen in der Landschaft oder Fehler in den Beschreibungen finden, ist der als lebendiger Mensch nicht allwissende und bei allem Bemühen um präzise Arbeit nicht fehlerfrei funktionierende Autor für Mitteilungen und Tipps dankbar. Dieses Büchlein ist rasch beliebt geworden und konnte jetzt weiterentwickelt und ergänzt werden. Ich wünsche allen Benutzern viel Freude unterwegs!

Braunschweig, im Sommer 2021
Richard Goedeke

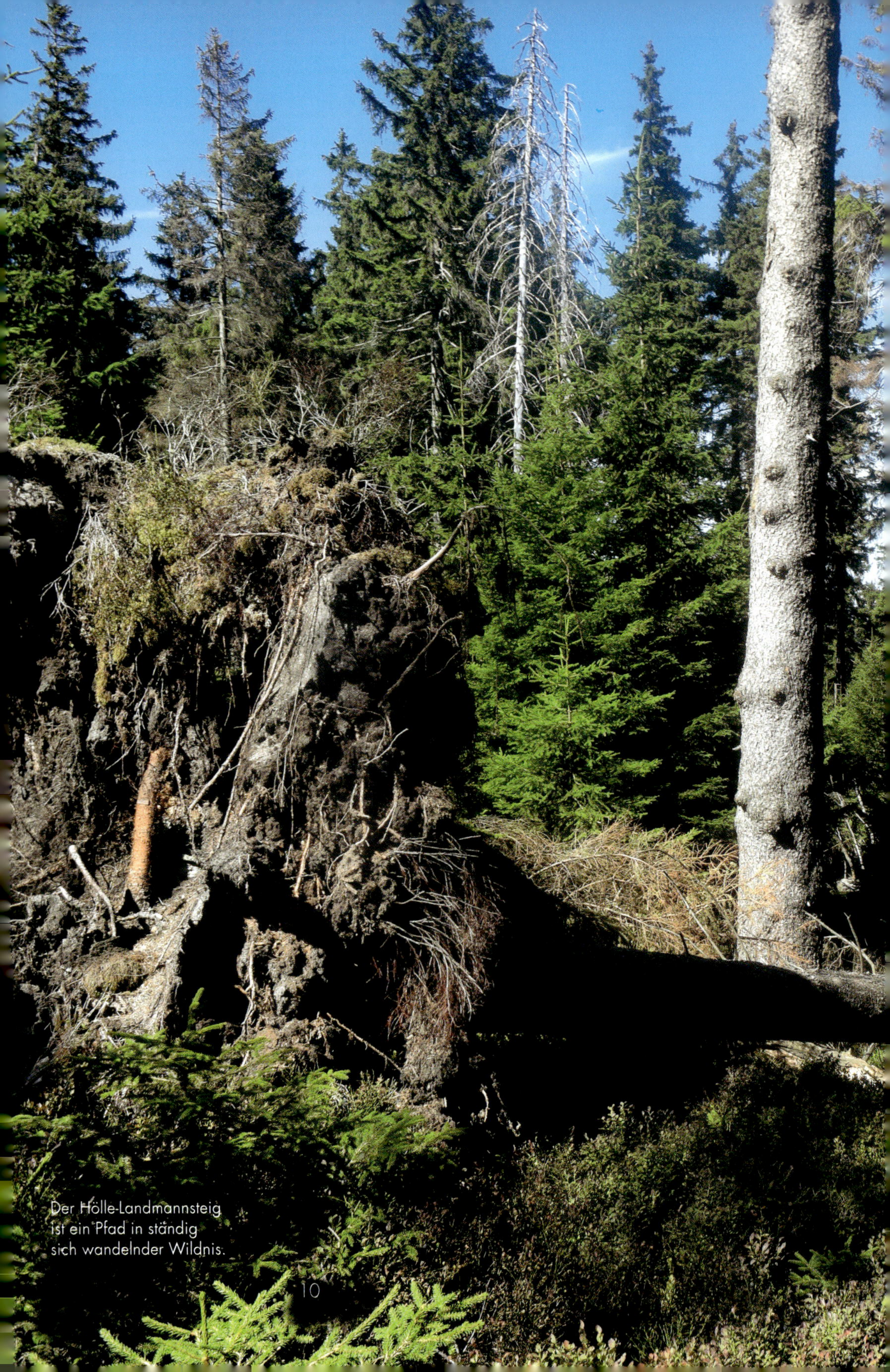

Der Hölle-Landmannsteig ist ein Pfad in ständig sich wandelnder Wildnis.

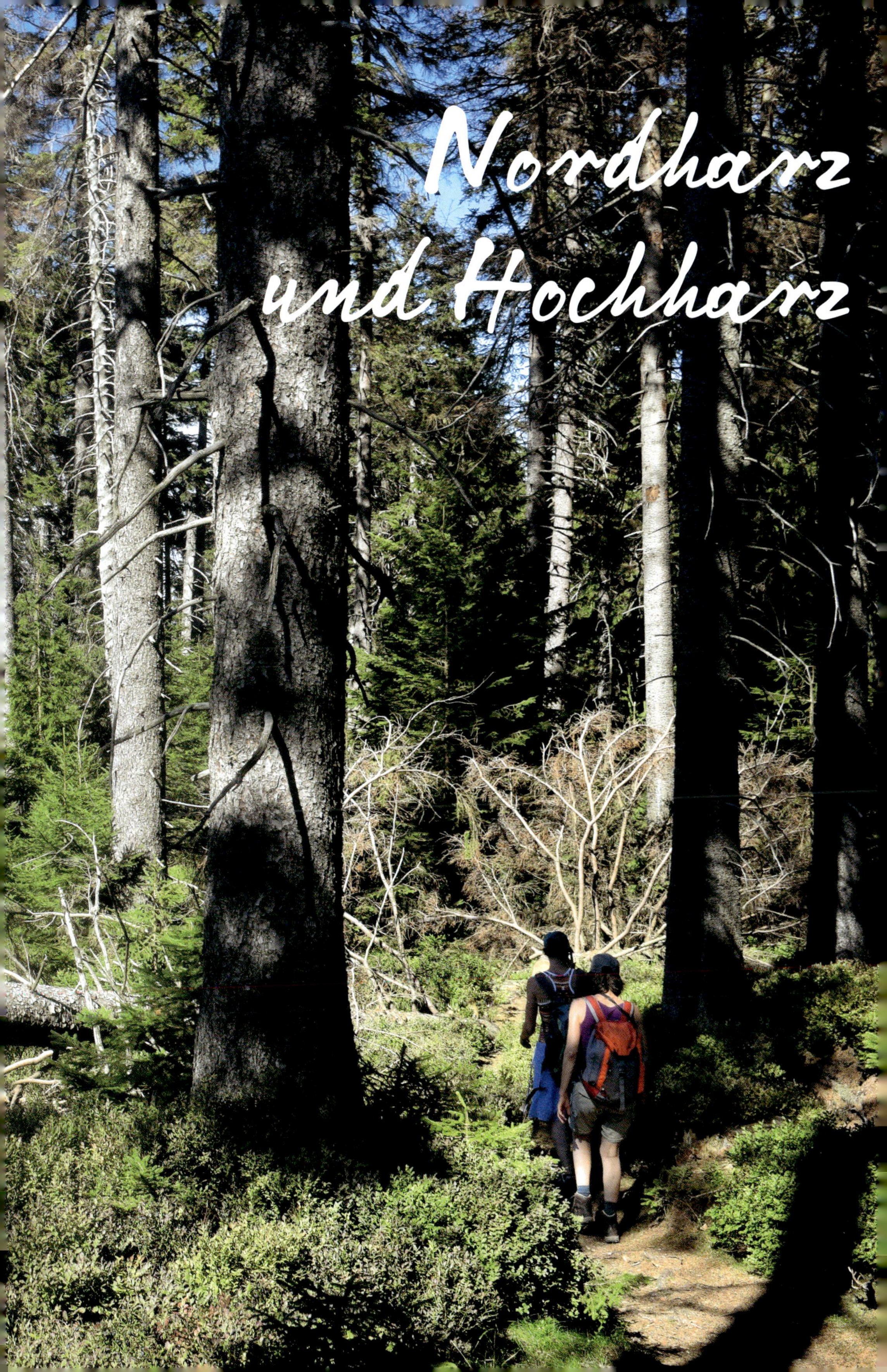
Nordharz
und Hochharz

1 Von Goslar auf den Rammelsberg

Geschichtsträchtiger Berg über der Welterbestadt

Leicht | 6 km | 200 m | 2 Std.

Tourencharakter
Relativ kurze Wanderung auf guten und bequemen Wegen über Waldhänge und mit Ausblicken

Ausgangs-/Endpunkt
Gaststätte Maltermeisterturm beim bulligen Rundturm mit spitzem Dach, unweit vom alten Wetterschacht des Rammelsberg-Bergwerkes

Anfahrt
Auto: Die Gaststätte ist vom südwestlichen Stadtrand, von der B 241 von der Mündung des Gosetales, über eine an der Jugendherberge vorbei zum Wald führende Straße mit Auto anfahrbar. Parkmöglichkeiten reichlich vorhanden
ÖV: Vom Bahnhof Goslar bis zur Straße unterhalb der Jugendherberge Busverkehr, von dort 1,5 km zu Fuß zur Gaststätte. Siehe www.reise-auskunft.bahn.de

Karte
Wandern im Westharz, 1:50 000, LGN

Informationen
Touristinfo, Markt 7, 38640 Goslar, Tel. 05321/78060, www.goslar.de; siehe u. a. www.harzinfo.de, www.harz-tourist.de

Einkehr
Am Ausgangs- und Endpunkt

Dies ist eine kurze, aber herzhafte Wanderung am weit über 3000 Jahre lang von Bergleuten durchwühlten Rammelsberg. Sie bietet zugleich einen Blick über die UNESCO-Weltkulturerbestadt. Goslar selbst ist reich an weiteren Relikten aus Zeiten des Bergbaus und zeigt außerdem eine Fülle von anderen sehenswerten Bauten. Diese Harzstadt ist mehr als nur eine Reise wert.

Start beim Wetterschacht Bergwärts gegenüber der Gaststätte Maltermeisterturm von einem alten Steinhaus (Knappenhäuser, alter Wetterschacht) etwa 50 Meter nach links gehen zum

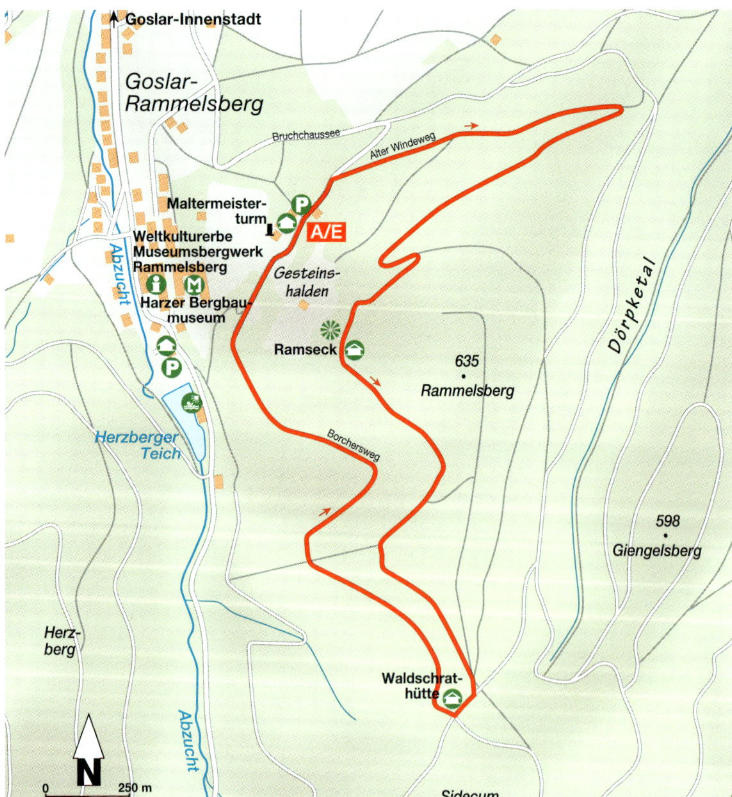

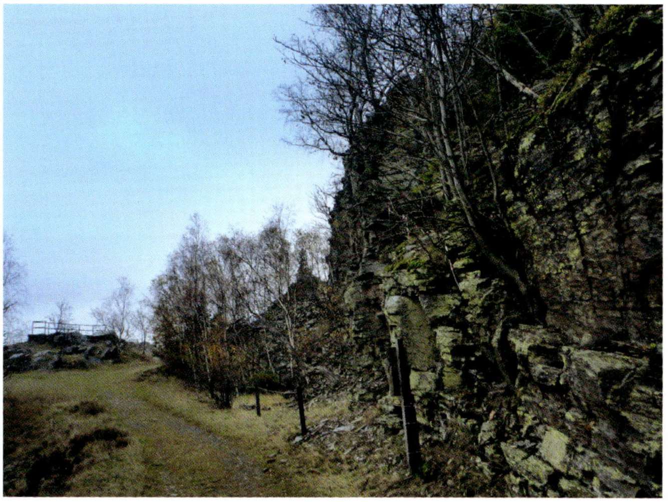

Am Ramseck

Beginn eines breiten Wanderweges (»Alter Windeweg«). Auf diesem schräg links durch Fichtenwald aufsteigen. Weiter oben führt der Weg nach einer scharfen Kehre nach rechts und nach zwei Zickzacks auf einen breiten, grasigen Forstweg. Auf diesem gelangen wir horizontal nach rechts rasch zur Aussichtskanzel Ramseck (Geländer, weiter Blick auf die Stadt, die westlich gegenüberstehenden Kuppen von Steinberg und Nordberg sowie das Vorland) und hinab zu einem aufgelassenen und renaturierten Steinbruchgelände. Vom Maltermeisterturm lässt sich hierher auch vom alten Steinhaus, mühsamer, aber kurzweilig, direkt, am Steinbruch links vorbei, über steile und ausgelatschte Zickzacks aufsteigen. Die oberhalb des Weges gelegenen Hangbereiche sind nicht zu betreten, weil dort durch Hohlräume des in den Berg gefressenen 1000-jährigen Bergwerkes Versturzvorgänge stattfinden!

Zur Waldschrathütte Der Grasweg führt in südlicher Richtung weiter zu einem Bergsattel an einem Forststraßenkreuz. Hier steht die Wanderer-Schutzhütte Waldschrathütte. Von diesem Bergsattel gehen wir den ausgeschilderten Borchersweg scharf rechts abwärts und wieder, mit reizvollen Ausblicken, unterhalb der alten und von seltenen Flechten besiedelten Gesteinshalden, hinab zurück zum Maltermeisterturm.

Tipp

Der historische runde Maltermeisterturm ist nach der von dort aus organisierten Bereitstellung von Holz für den Bergbau benannt. Im Talgrund unterhalb liegt der Eingang zum großen Museumsbergwerk Rammelsberg. Es zeigt Besuchern einen Teil der Eingeweide des Berges und erlaubt vielseitig interessante Einblicke in seine Geologie und in die Geschichte des Erzbergbaus (besonders sehenswert ist der Roederschacht mit seinen alten Wasserrädern). Daneben ist die Stadt Goslar ein zu Recht in den Rang eines Weltkulturerbes erhobenes Ensemble von vorwiegend mit lokalem Schiefer gedeckten Fachwerkbauten, mit edlem Rathaus, Kaiserpfalz und Zwinger und vielen weiteren Hinguckern und auch Veranstaltungen. Nicht nur an Regentagen wartet hier eine Fülle von Anregungen und Entdeckungen.

2 Von Romkerhalle im Okertal zu den Klippen der Käste

Im Felsenreich des westlichen Harzes

Mittel	6 km	280 m	2 Std.

Tourencharakter
Klassische und sehr beliebte Wanderung an zahlreichen originellen Klippen vorbei, mit deutlichem Höhenunterschied und teils steinigen und steilen Wegstrecken

Ausgangs-/Endpunkt
Gaststätte Romkerhalle an der Talstraße im Okertal, unterhalb vom Romkerhaller Wasserfall

Anfahrt
Auto: Von der nördlichen Harzrand-Schnellstraße B 6 nach Oker und in Richtung Altenau auf der Talstraße B 498 ins Okertal. Parkplätze bei Romkerhalle
ÖV: Bahn bis Goslar, Regionalzüge auch bis Oker. Von dort Bus bis Waldhaussiedlung und dann zu Fuß 4 km auf Wanderweg nahe dem Bach oder per Taxi. Siehe www.reiseauskunft.bahn.de

Karte
Wandern im Westharz, 1:50 000, LGN

Informationen
Touristinfo, Markt 7, 38640 Goslar, Tel. 05321/78060, www.goslar.de; siehe auch www.alpenverein.de/felsinfo

Einkehr
Gasthaus Romkerhalle und Gasthaus Käste

Unter den vielen Harztälern zeigt das Okertal mit seiner »klassischen Quadratmeile der Geologie« nach dem Bodetal die meisten Felsbildungen. Die Freistellung der lange von düsterem Fichtenwald bedrängten Felsen hat sie wieder besser sichtbar gemacht. Weil das Bodetal unter strengerem Naturschutz steht, ist das Okertal das größte und vielseitigste Klettergebiet des Harzes.

Zum Alten vom Berge Vom Gasthaus Romkerhalle rechts vom Wasserfall ins Seitental. Darin auf dem stark begangenen

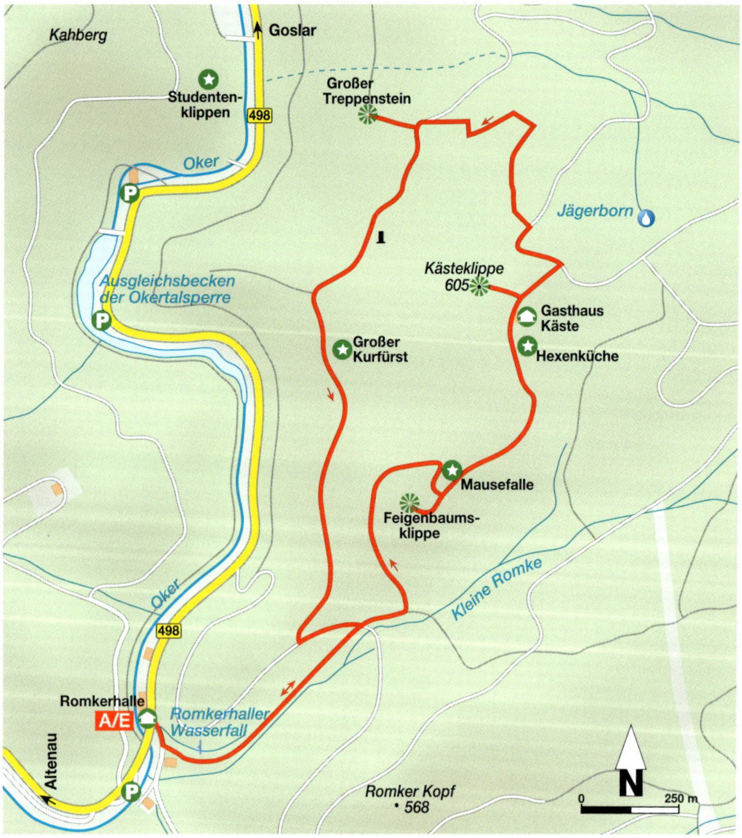

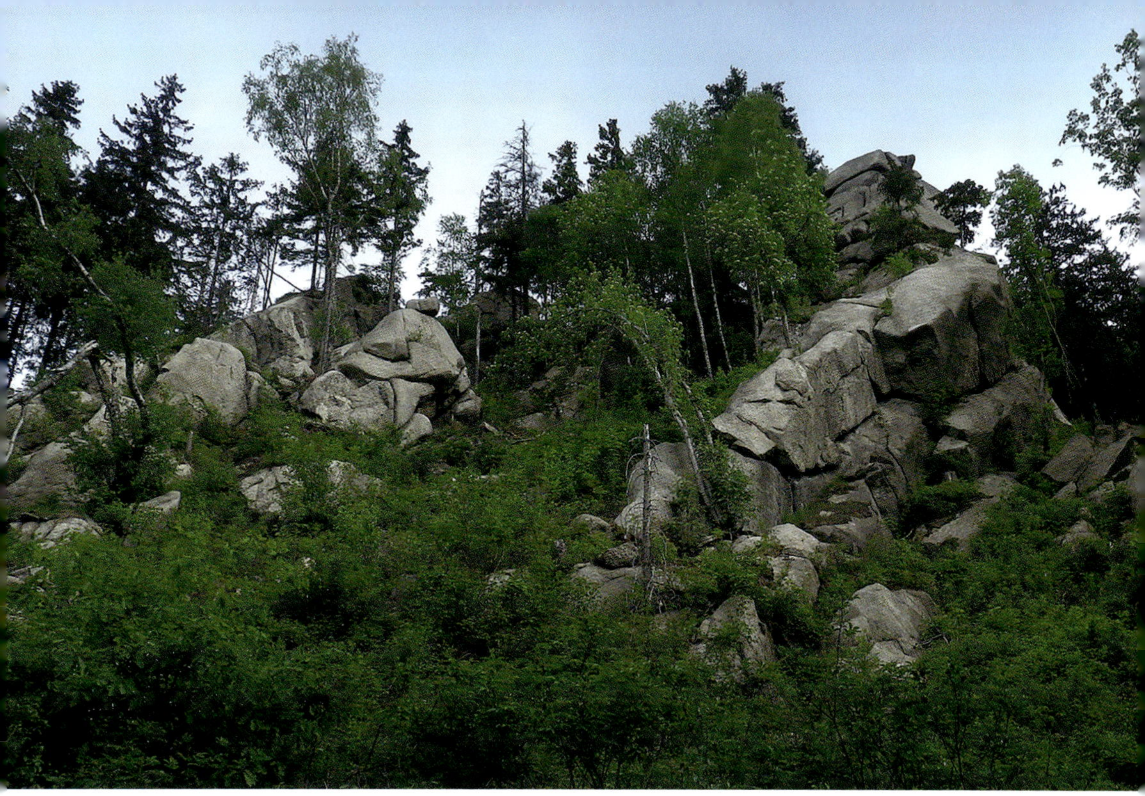

Die Klippe Großer Kurfürst

Wanderweg unweit des Baches hinauf zu einer quer verlaufenden Forststraße. Gegenüber weiter ansteigend kurz nach rechts, dann den breiten Wanderweg weiter nach links steil hinauf bis vor die Felsen der Mooswand (nur mit etwas Kletterei zu besteigen). Zuletzt nach rechts zum felsigen Bergkamm. Gleich rechts auf die als Felskanzel vorspringende Feigenbaumsklippe (Geländer, großartiger Rundblick auf den weiter oben im Tal stehenden Ahrensberg, den westlich gegenüber gelegenen Eichenberg und die benachbarten Granitfelsen). Auf dem Wanderweg nach links weiter, an dem originell von einer aufregend dünnen Felsschwarte abgestützten Felsblock der »Mausefalle« und fünf Minuten danach an der markanten Felsburg der

Tipp

Die teils hohen Felsen prägen im Okertal das Landschaftsbild. Das hier bei der paläozoischen Gebirgsbildung aufgestiegene glutflüssige Magma ist unter einer Deckschicht von Gesteinen des Erdaltertums langsam zu grobkristallinem Granit erkaltet. Nach der späteren Heraushebung des Harzes wurden er und die durch die Hitze des Magmas kontaktmetamorph veränderten Deckschichten bei der Eintiefung des Okertales freigelegt und von Verwitterung und Erosion zerlegt. Die prächtig anzusehenden Felsgrate und -türme sind traditionsreiche, beliebte Ziele nicht nur der Kletterer aus Norddeutschland, sondern auch für solche aus anderen Bundesländern, den Niederlanden und Dänemark.

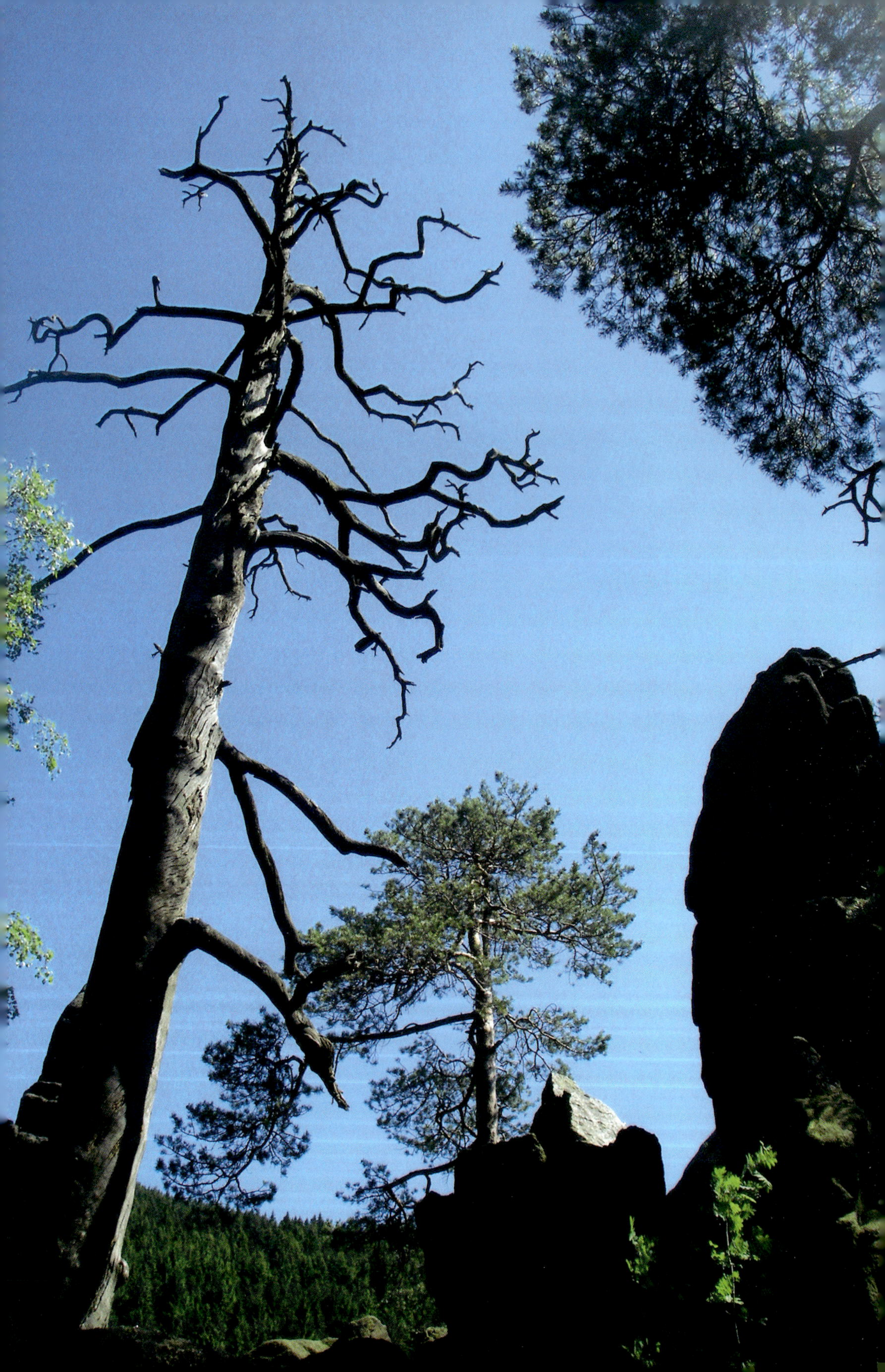

»Hexenküche« vorbei, zum Gasthaus Käste (aktuell geschlossen, Neubaustelle). Gleich dahinter kann nach links der felsige Gipfel des Huthberges rasch erreicht werden (605 m). Vom Geländer über dem Abbruch der Talwand ist wenig unterhalb mit etwas Fantasie die gesichtsähnliche Felsbildung »Der Alte vom Berge« zu sehen.

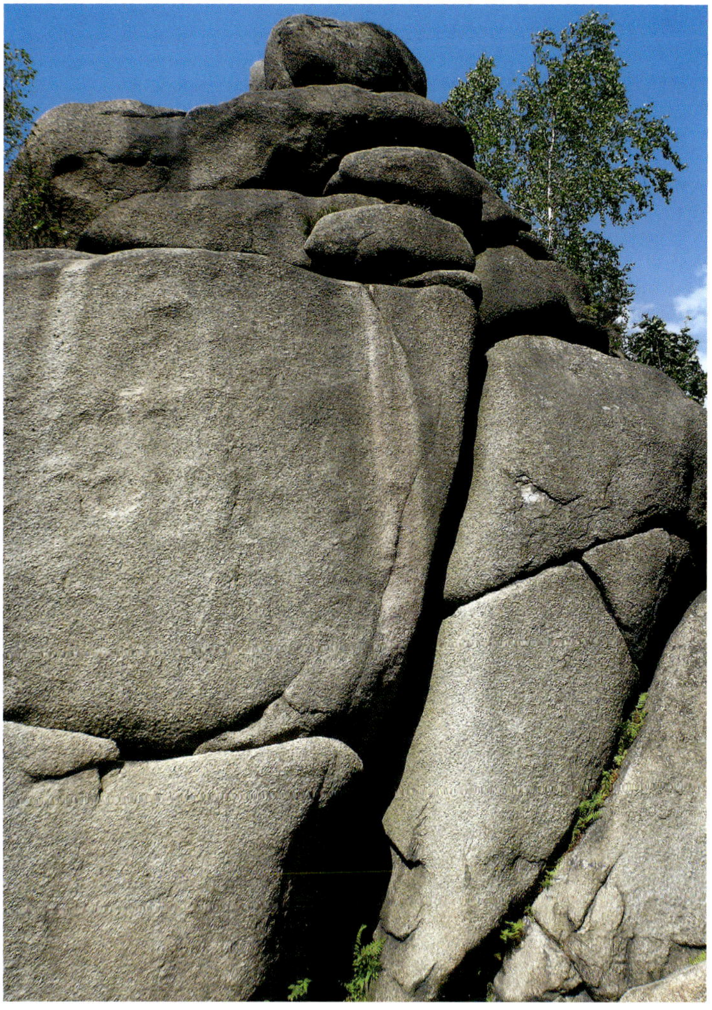

Der Große Treppenstein Vom Gasthaus gelangt man auf der befestigten Zufahrtsstraße rasch zu einer Querstraße. Dieser nach links bis zur ersten markanten Rechtskurve folgen. Der hier beginnende Fußweg führt durch den Wald steil hinab zum quer verlaufenden breiten Forstweg. Gegenüber bietet ein lohnender Abstecher auf die markante Felsklippe »Großer Treppenstein« (Treppen, Geländer) einen prächtigen Ausblick auf die gegenüber gelegenen Studentenklippen und in den Grund des Okertales.

Großer Kurfürst Zurück zum Forstweg und auf diesem nun rechts (nach Süden) abwärts, an einem neuen Sendemast vorbei und um einen Bergsporn herum. Danach passiert man den markant oberhalb am Hang aufragenden plattigen Felsgrat »Großer Kurfürst«. Der Weg leitet nach etwa einem weiteren Kilometer zum Bergsattel zwischen den Kästeklippen und dem Wasserfallfelsen und 100 Meter danach zum Aufstiegsweg. Dieser führt nah zum Bach hinab und zurück nach Romkerhalle.

Granitfels Treppensteinturm – Wunder der Natur

Linke Seite: Granitklippen im Okertal

3 Von der alten Harzburg zu den Rabenklippen

Wanderklassiker am alten Kurort

Leicht | 10 km | 300 m | 3 Std.

Tourencharakter
Seit der Kaiserzeit etablierter und nach wie vor populärer Wanderklassiker über dem alten Kurort. Durchwegs breite und feste Wege, allerdings auch einige Steigungen. Die Tour kann durch Benutzung von Bergbahn oder Bus gekürzt werden.

Ausgangs-/Endpunkt
Kurhaus am Parkplatz und nahe der Talstation der Seilbahn auf den Burgberg

Anfahrt
Auto: B 4 bis zum Parkplatz am Kurhaus
ÖV: Bahn bis Bad Harzburg, vom Bahnhof Stadtbus zum Kurhaus. Auch Erdgasbus zu den Rabenklippen, siehe www.reiseauskunft.bahn.de

Karte
Wandern im Westharz, 1:50 000, LGN

Informationen
Touristinformation, Nordhäuser Straße 4, 38667 Bad Harzburg, Tel. 05322/753 30, www.bad-harzburg.de

Einkehr
Auf dem Burgberg und an den Rabenklippen

Dies ist eine in mehrfacher Hinsicht klassische Premium-Wanderung – mit der Möglichkeit einer Seilbahnfahrt als Start, einer geschichtsträchtigen Burg und einer hübschen Waldwanderung zu einem neben einer schroffen Granitklippe gelegenen altehrwürdigen Lokal. Durch den Nationalpark hat es mit einem Luchsgehege nun auch noch ein zusätzliches Glanzlicht erhalten.

Zum Burgberg Vom Parkplatz am Kurhaus Bad Harzburg in Richtung Stadt zur Ampel. Dort über die Straße und auf einer Treppe zum Hangweg und diesen oberhalb der Autostraße nach links hinauf zu einem Bergsporn mit Denkmal. Von dort den Fußweg steil hinauf zum Sattel zwischen Kleinem und Großem Burgberg und rasch auf dessen Gipfel (Canossa-Denkmal, Uhland-Denkmal, Gaststätte, Burgbrunnen, Mauerreste; hierher auch mit der nostalgieträchtigen Seilbahn).

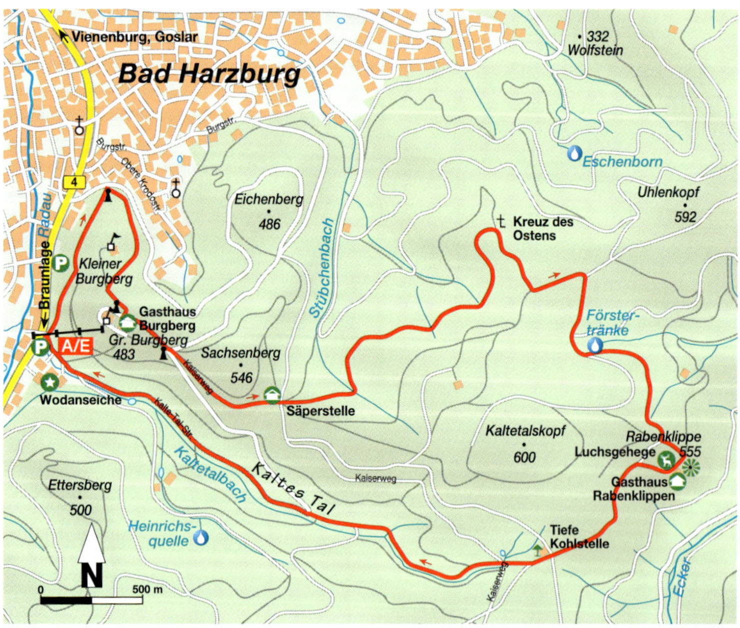

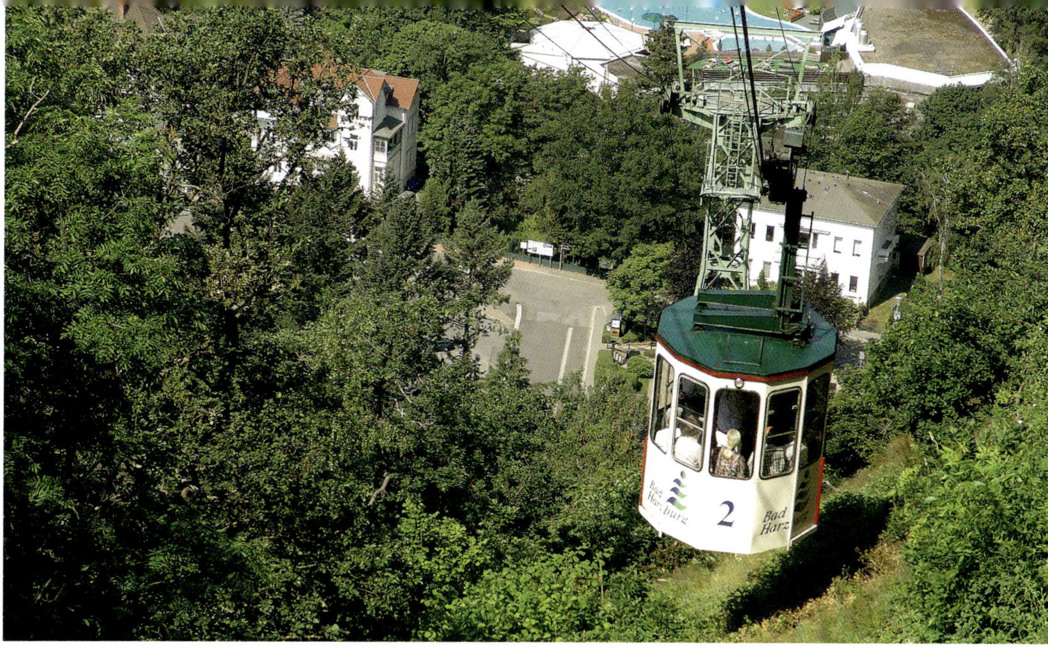

Gondel der Seilbahn auf den Burgberg

Die Rabenklippen An der Bergstation der Seilbahn vorbei hinab zum Antoniusplatz (Kaiserweg-Stein). Südseitig mit dem Kaiserweg den Hang des Sachsenberges queren zum Sattel Säperstelle. Hier nach links den horizontal verlaufenden Forstweg weiter zu einem felsigen Bergsporn mit dem Kreuz des Ostens (großes Eisenkreuz, Aussicht ins Vorland). Dem Forstweg weiter folgen zum Wegedreieck vor dem Paulikopf und rechts weiter zum Gasthaus Rabenklippen (nebenan Aussichts- und Kletterfelsen sowie das Luchsgehege, von dem aus die Wiedereinbürgerung der im 18. Jahrhundert ausgerotteten Großkatze ausging). In südwestlicher Richtung auf dem horizontalen Forstweg weiter zur Wegdreieck mit Hütte und Abzweigung gen Burgberg. Von hier steigt man rechts der Straße ins tief eingeschnittene Kalte Tal hinunter zum querenden Kaiserweg. Die Talstraße bringt hinab zum Baumwipfelpfad und zur Fußgängerbrücke am Kurhaus.

Kürzungsmöglichkeiten Die Benutzung der Seilbahn verkürzt den Aufstieg deutlich. Ebenso lässt sich von oder zum Gasthaus Rabenklippen der von April bis November regelmäßig verkehrende Erdgasbus nutzen.

Tipp

Mit dem Burgberg und der – vor einigen Jahren mit dem Auffinden eines aus dem Burgbrunnen unterirdisch hinausführenden Ganges spektakulär komplettierten – Geschichte der Flucht eines deutschen Kaisers über den uralten Handelsweg quer über den Harz zur heute sehenswert rekonstruierten Pfalz Tilleda hatten monarchistisch orientierte Menschen der wilhelminischen Zeit eine Vorlage zur Kreation eines »Kaiserweg« genannten Wanderweges.

4 Von Stapelburg ins Zwisseltal

Harzrandwanderung mit Relikten aus alter und neuerer Geschichte

Leicht | 12 km | 250 m | 4 Std.

Tourencharakter
Recht lange, ruhige Wanderung im Nationalpark Harz, zuerst auf dem Grenzweg, weithin auf ruhigen, nicht oder wenig befestigten Wegen durch abwechslungsreiche naturnahe Waldszenerien. Kürzungsmöglichkeit siehe unten

Ausgangs-/Endpunkt
Am Südende der Siedlung Eckertal gibt es einen geeigneten Parkplatz.

Anfahrt
Auto: Von Norden über die nördliche Harzrand-Schnellstraße B 6n zur Ausfahrt Abbenrode oder Stapelburg und am Dorf vorbei zur Brücke. Westseitig durch die Siedlung Eckertal bis zum Fahrverbotsschild
ÖV: Bahn bis Haltepunkt Stapelburg, dann etwa 3 km mehr Gehstrecke wegen des Zuweges zum Ausgangspunkt. Nur wenige Verbindungen, siehe www.reiseauskunft.bahn.de

Karten
Wandern im Ostharz und Wandern im Westharz, beide 1:50 000, LGN

Informationen
Servicebüro Harz, Dornbergsweg 2, 38855 Wernigerode, Tel. 03943/935608, www.harztourist.de

Einkehr
In Stapelburg spärlich, reichlichere Angebote im 4 km östlich gelegenen Ilsenburg

Der Harzrandort Stapelburg wird von einer restaurierten Burgruine überragt. Die Wanderung führt entlang der 1989 geöffneten innerdeutschen Grenze mit allerlei Relikten aus der jüngeren Geschichte ins Eckertal. Danach geht es durch teils nationalparkgerecht wilde Waldszenerien und über einen panoramischen Hangweg zurück.

Nostalgie im Jungborn-Gelände Vom Parkplatz südlich der Siedlung Eckertal gleich am Sockel der alten Eisenbahnbrücke den deutlich sichtbaren Pfad steil hinauf und auf dem Bahndamm und über die Brücke zum anderen Ufer des Eckerbaches.

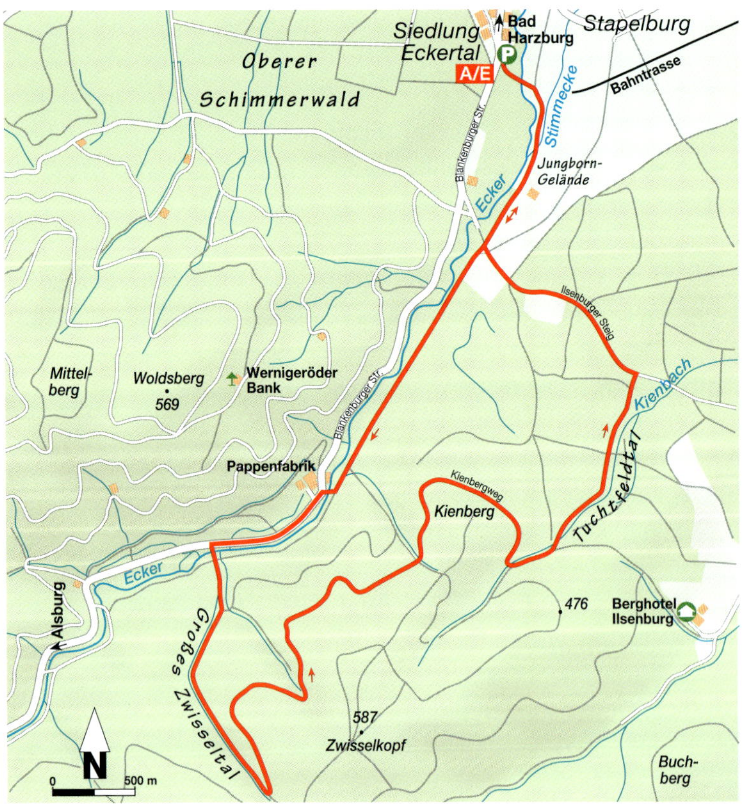

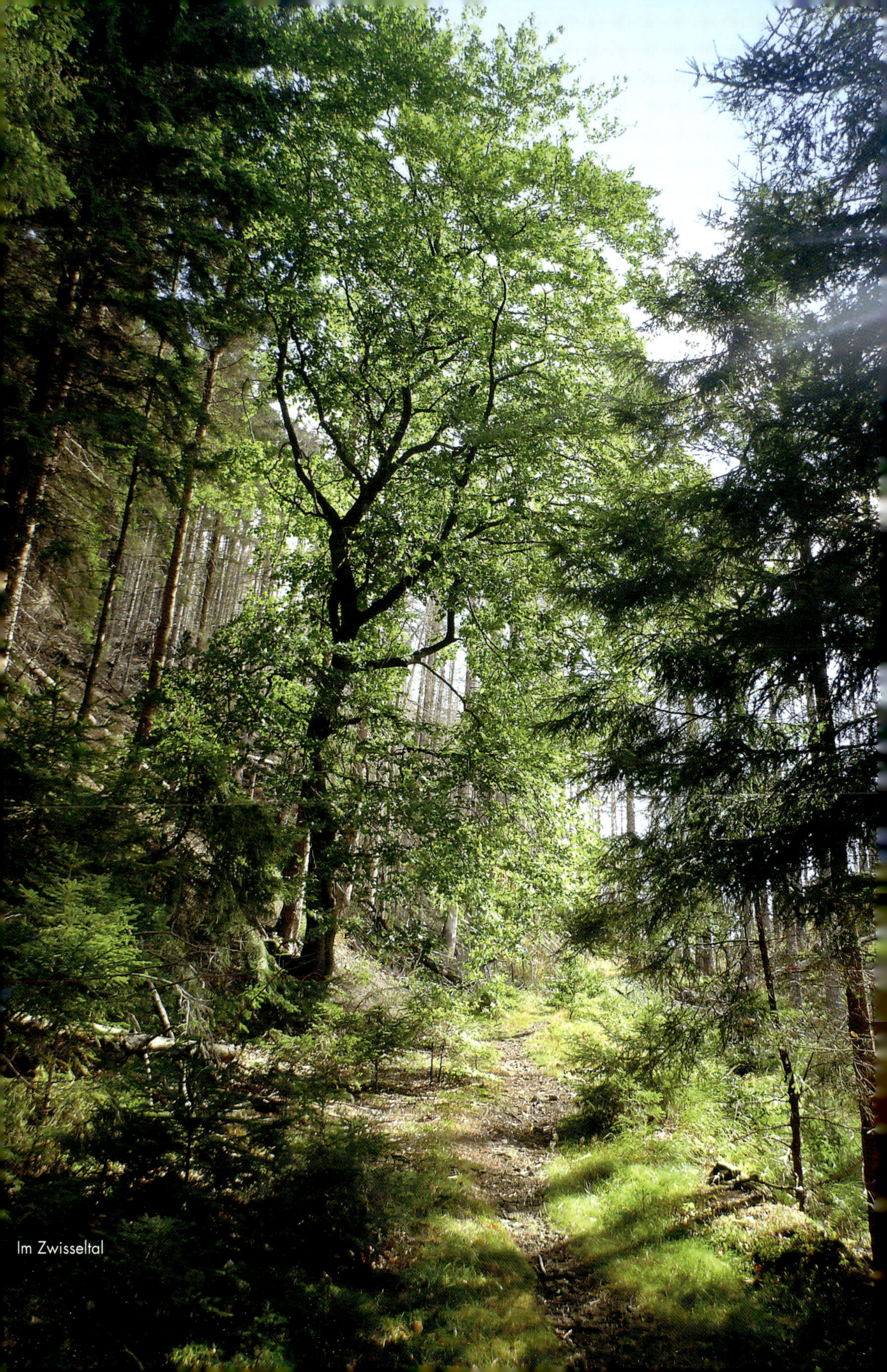

Im Zwisseltal

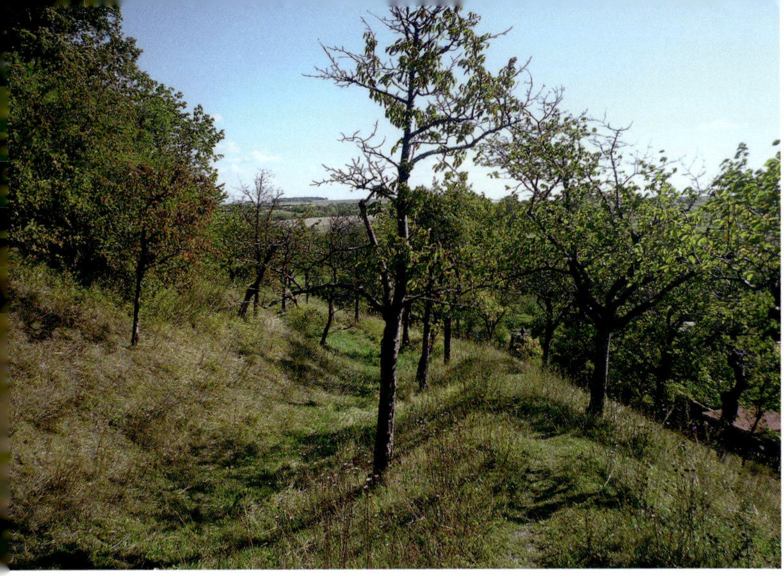

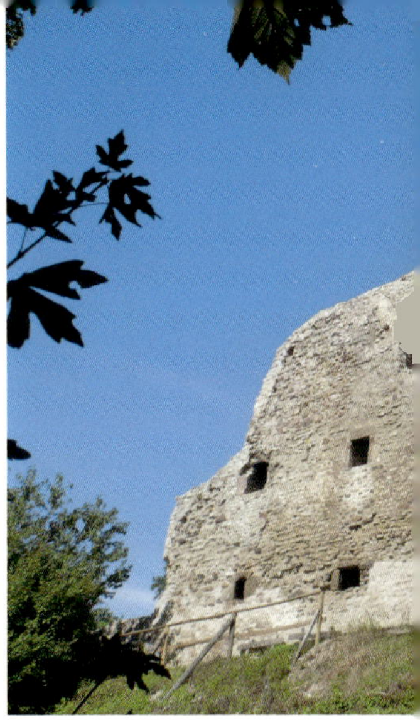

Links: Wall der Stapelburg

Mitte: Ruine der Stapelburg

Dort steil hinab. Man erreicht hier den an der alten B 6 am Ortsrand von Stapelburg beim Grenzöffnungsdenkmal beginnenden Grenzweg (Markierung G und schwarzes Kreuz). Auf diesem östlich vom Bach weiter talaufwärts. Nach einigen Minuten führt der Weg etwas nach links und durchquert das Jungborn-Gelände mit seinen nostalgisch wieder errichteten Lauben und Schildern. Danach führt der Weg als ein langes, schnurgerades Sträßchen im Talgrund aufwärts und schließlich über eine Brücke zum Westufer vor eine Pappenfabrik. Auf der westseitigen Forststraße noch etwa 500 Meter im Grunde des Haupttales weiter bis zu einer beschilderten Wegabzweigung bei einer links über den Bach führenden Holzbrücke.

Im Nationalpark Hier links über die Brücke zum Ostufer und im gegenüber einmündenden Großen Zwisseltal aufwärts. Der alte Buchenwald wird teilweise von durch Borkenkäfer gemeucheltem Nadelwald abgelöst und zeigt nationalparkgemäß sehr naturnahe Zustände mit malerisch vom Wind umgeworfenen und vor Ort belassenen Baumleichen. Man folgt dem Weg im Talgrund hinauf, an einer Granitklippe vorbei und bis in den flacher werdenden oberen Talbereich. Dort öffnet sich der Blick nach Westen. Hier zweigt bei einem Wegweiser der zuerst sehr schmale Kienbergweg nach Norden ab. Er führt am Hang fast eben nach links. Bald wird er breiter und leitet quer durch die Hänge eines Bergsporns zum Beginn eines breiteren grasigen Forstweges. Immer auf diesem allmählich abwärts verlaufenden Hangweg mit wechselnden Waldszenerien weiter. Teilweise im toten Fichtenforst erhaltene große Buchen

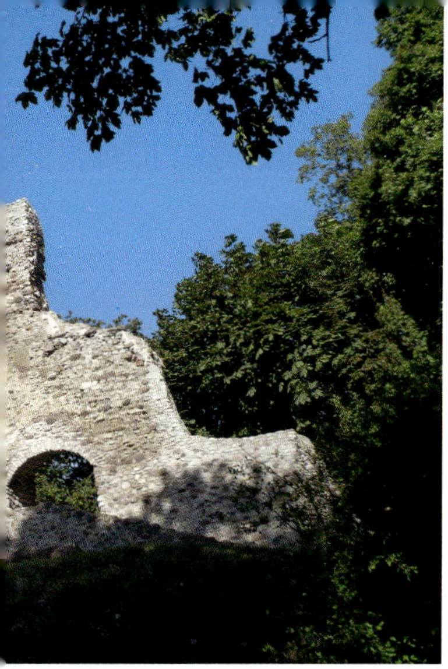

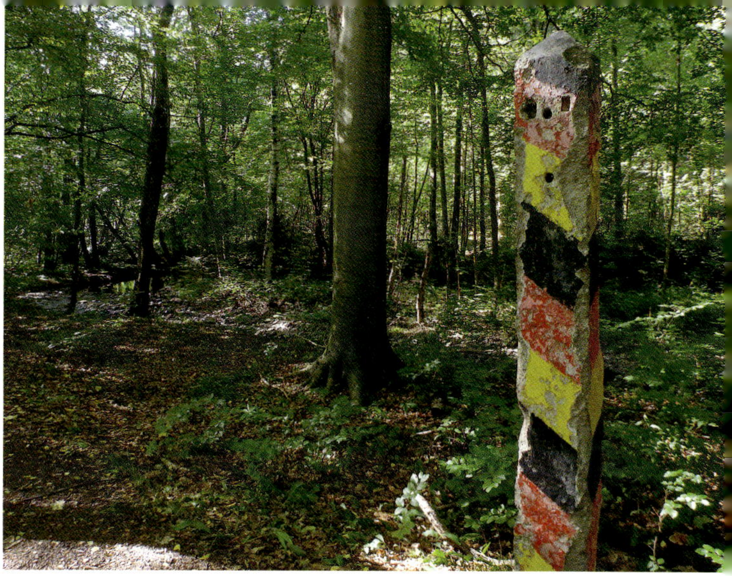

Fossiler Grenzpfosten im Eckertal

haben hier jetzt Gelegenheit, als Überhälter die Regeneration des Laubwaldes zu bewirken. Später leitet der Hangweg um den Kienberg durch alte Steinbruchgelände und um mehrere große Bergsporne herum schließlich ins Tuchtfeldtal zu einer mit durchlöcherten Betonplatten belegten Straße. Auf dieser hinab zur quer verlaufenden Forststraße Ilsenburger Stieg (R1 und E11). Auf diesem nach links, an einer großen Wiese vorbei und zurück zum Jungborn-Gelände. Wie beim Herweg auf dem Grenzweg zurück zum Parkplatz Siedlung Eckertal.

Kürzungsmöglichkeit Man kann bereits vor der Pappenfabrik von dem schnurgeraden Weg auf dem ausgeschilderten Besenbindersteig nach Osten in Richtung Ilsenburg abzweigen und erreicht über den angenehmen und nur geringe Höhenunterschiede aufweisenden Weg die Tuchtfeldstraße in ihrem untersten Abschnitt. Mit dieser Variante verlangt die Tour nur eine Gehzeit von knapp zwei Stunden, führt allerdings nicht zu den schönen Waldszenerien des Kienberges.

Sehenswert

Unbedingt sehenswert ist die östlich über dem Ort gelegene, hübsch restaurierte Ruine der von großen Wällen umgebenen Stapelburg. Das gleichfalls liebevoll restaurierte Jungborn-Gelände spiegelt die zum Ende der Kaiserzeit aus einem heute skurril wirkenden Mix von lebensreformerischen und völkischen Ideen und Jugendstil entstandene Anlage für nach Geschlechtern getrennte Freikörperkultur und kneippkurähnliche Wasser- und Lehmanwendungen. Das Gelände und der früher dort nebenan gelegene Eckerkrug wurden während des Zweiten Weltkrieges als Lager der Kinderlandverschickung genutzt. Mit dieser wurden Kinder aus den Bombenziele abgebenden Großstädten evakuiert. Reste der nicht restaurierten Ahlsburg befinden sich etwa 500 Meter südlich der Einmündung des Großen Zwisseltales östlich vom Bach auf einem Felsen.

5 Von Ilsenburg zur Wolfsklippe

Zu den Nordhängen des Brockenmassivs

Mittel | 14,3 km | 450 m | 4 Std.

Tourencharakter
Abwechslungsreiche Wanderung auf guten Wegen im Nationalpark mit Talszenerien und Mittelgebirgsambiente. Die Tour ist zwar relativ lang, kann jedoch bei Nutzung des Busverkehrs oder durch Verzicht auf den oberen Teil unschwer gekürzt werden.

Ausgangs-/Endpunkt
Parkplatz (kostenpflichtig) im oberen Ilsetal

Anfahrt
Auto: Von der B 6n nach Ilsenburg und im Ort den Schildern nach in Richtung Ilsetal hinauf zum letzten öffentlichen Parkplatz beim Hochseilgarten
ÖV: Bahn bis Ilsenburg, Stadtbus. Siehe www.reiseauskunft.bahn.de; nur an ganz bestimmten Tagen auch Nationalparkbus zwischen Ilsenburg und Drei-Annen-Hohne, siehe www.hvb-h.de

Karte
Wandern im Ostharz, 1:50 000, LGN

Informationen
Tourismusbüro, Karl-Marx-Straße 1, 38871 Ilsenburg (Harz), Tel. 039452/19433, www.ilsenburg.de

Einkehr
Unterwegs Gasthaus Plessenburg. Die früher am Ilsestein bestehende Gaststätte ist derzeit geschlossen. Im Ilsetal Waldhotel Ilsetal und Kurhaus, in Ilsenburg mehrere weitere hübsche Lokale

Die Wanderung führt vom inzwischen wieder gastlich herausgeputzten Städtchen Ilsenburg an den langen Hängen des Ilsetales durch ruhigen Laub- und Nadelwald zur Nordabdachung des Brockens. Highlights sind einige kecke Granitklippen und weite Ausblicke ins Vorland und zum großen Berg des Nordens.

Auf den Ilsestein Vom Parkplatz taleinwärts, am besten – wenn auch nicht am bequemsten – zuerst rechts der Straße auf unbefestigtem Weg und erst zuletzt auf der Straße bis zum an der Tal-

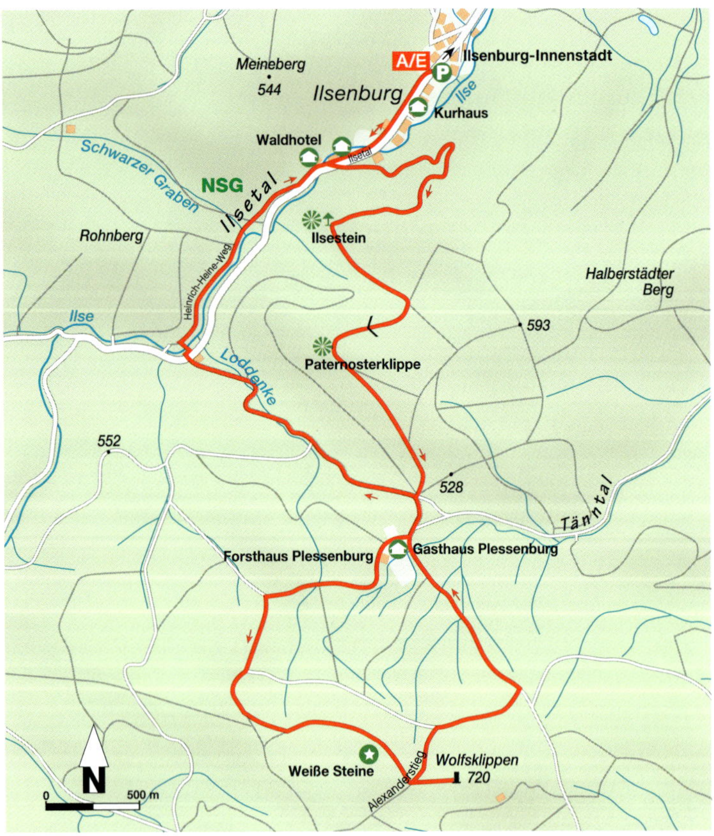

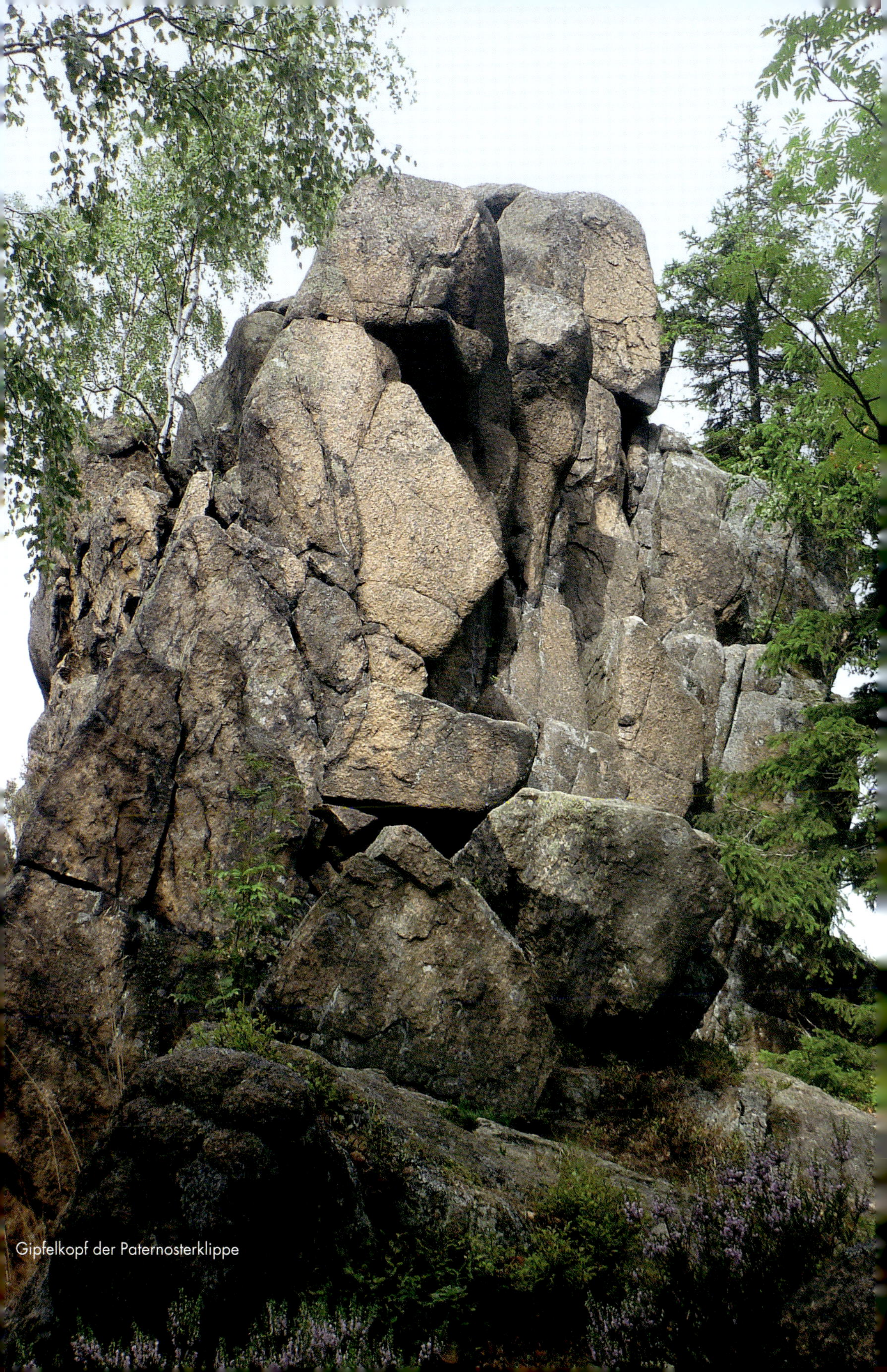

Gipfelkopf der Paternosterklippe

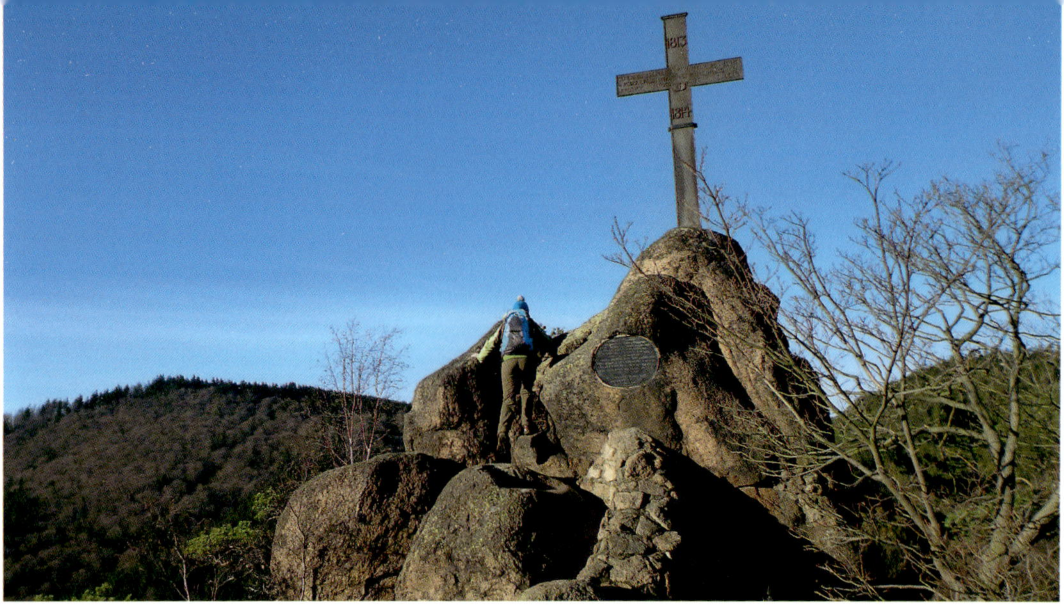

Am Ilsestein

straße gelegenen Anliegerparkplatz des Waldhotels. Von diesem schräg links am östlichen Talhang auf breitem Forstweg durch hohen Laub- und Nadelwald aufsteigen, teils mit Durchblicken ins Vorland oder auf die gegenüber westlich des Ilsetales gelegene, vom Borkenkäfer derzeit entwaldete Kuppe des Meineberges. Weit empor zu einer markanten Kehre mit Wegabzweigung. Nun geht man schräg rechts, taleinwärts, ansteigend weiter hinauf. Zuletzt gelangt man unter kleineren Klippen vorbei zum Ilsestein. Sein Gipfel kann mit einem Abstecher hinter der Gaststätte rasch bestiegen werden (Treppen und Geländer, großes Kreuz, Vesperplätze, erschröckliche Tiefblicke in die senkrechte Nordwand und zum schroffen Westgrat, Fernblick zum Brocken).

Ilsequelle und Plessenburg Auf dem Weg noch etwa 200 Meter weiter. Dann dort, wo er steiler wird, nach rechts abzweigen und auf einem etwa horizontal weiterführenden Weg in ein Tälchen zur ausgeschilderten Ilsequelle (meist ausgetrocknet). Danach auf dem nun stetig ansteigenden Weg durch aktuell entwaldete Hänge zum Bergsporn mit der Paternosterklippe (ihr höchster Punkt ist nur mit etwas Kletterei besteigbar, Aussicht zum Brokken). Der Weg führt nun weiter mit weiten Ausblicken hinab zu einem großen Forststraßenkreuz (Haltestelle Nationalparkbus) in einem flachen Bergsattel. Wenige Minuten zuerst in gleicher Richtung weitergehen, dann rechts zur Gaststätte Plessenburg.

Granit an den Wolfsklippen Zunächst zum wenig südlich neben mächtigen Eichen stehenden Forsthaus Plessenburg. Daran

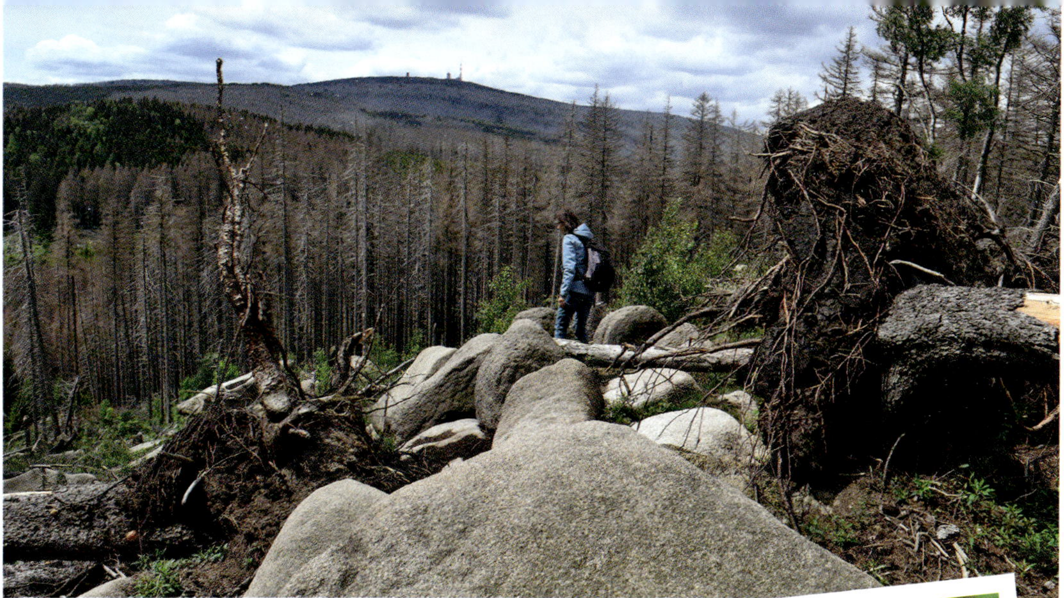

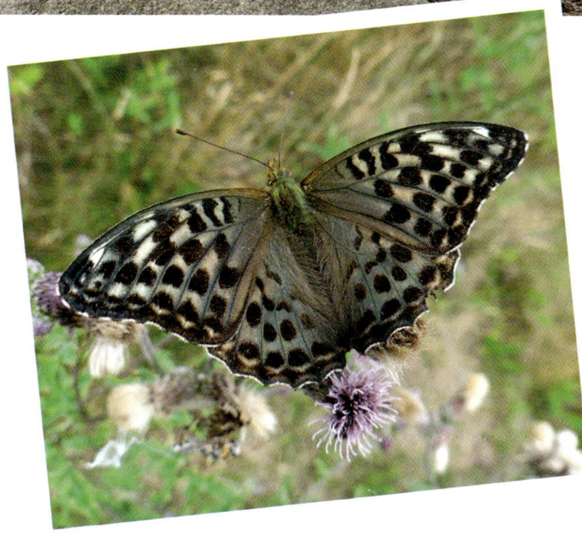

vorbei auf dem zuerst nach links ziehenden Weg im Wald hinauf. Später nach rechts und zu einer Lichtung bei einer flachen Kuppe. Noch kurz in gleicher Richtung weiter. Dann nach links auf einem Forstweg zuerst durch dichten Fichtenwald ansteigen. Später führt der nun grasige Weg mit weiten Ausblicken ins Vorland und an den Weißen Steinen vorbei zu einem Wegekreuz mit dem in Richtung des Gefälles verlaufenden Querweg »Alexanderstieg«. Von hier steigt man über einen Pfad schräg links im Wald rasch hinauf zu den Granitblöcken der Wolfsklippen (720 m), Stempelstelle Wandernadel; am Gipfel eiserner Aussichtsturm, der allerdings erst nach Verschwinden der restlichen aufrecht stehenden Fichten den Brockenblick bieten wird.

Kaisermantel (Variante valesina) am Wege, nur im Sommer

Ganz oben: Jetzt ist der Brocken wieder von der Wolfsklippe zu sehen.

Rückweg Zurück zum Alexanderstieg und auf diesem altehrwürdig und klassisch schmal über ausgelatschte Steine teils steil hinab zur breiten Forststraße. Diese führt nach links etwa eben zurück zur Plessenburg. Nun vom Forststraßenkreuz auf der breiten Forststraße hinunter in den Grund des Ilsetales und dort auf der Talstraße – oder angenehmer am Westufer auf dem Heinrich-Heine-Weg – hinab zurück zum Ausgangspunkt.

6 Von Christianental zum Schloss auf dem Agnesberg

Prunkschloss über Fachwerkidylle

Leicht	4,5 km	150 m	1.30 Std.

Tourencharakter
Waldspaziergang auf meist bequemen Wegen durch teils urigen Laubwald und mit Besuch des ansehnlichen Schlosses. Steilere Stellen können fast überall auf weniger herben Varianten umgangen werden.

Ausgangs-/Endpunkt
Wildgehege Christianental am östlichen Ortsende im nach Elbingerode führenden Tal

Anfahrt
Auto: Über die B 6n bis Ausfahrt Wernigerode West oder Ost, dann durch die Stadt und in Richtung Elbingerode im Mühlental hinauf. Nahe dem Ortsrand im Ortsteil Nöschenrode links ab in den Christianenweg zum Parkplatz des Wildparks Christianental
ÖV: Bahn bis Wernigerode, dann zu Fuß oder Stadtbus. Siehe www.reiseauskunft.bahn.de oder www.hvb-h.de

Karten
Wandern im Ostharz, 1:50 000, LGN; auch KV-Stadtplan Wernigerode

Informationen
Touristinfo, Marktplatz 10, 38855 Wernigerode, Tel. 03943/55378-35, www.wernigerode-tourismus.de; www.wernigerode.de

Einkehr
Gaststätten beim Schloss und in Christianental, viele weitere in der Stadt

Wernigerode ist mit seinen prächtigen Straßenzügen schmuck renovierter Fachwerkhäuser und dem darüber auf einem Bergsporn aufragenden Schloss eine der reizvollsten Harzstädte. Die Wanderung führt mit schönen Nah- und Fernblicken durch weithin prächtigen Eichen- und Buchenwald. Sie ist nicht sehr lang und lässt auch noch Zeit für die sehenswerte Stadt.

Zum Schloss über Wernigerode In Wernigerode vom Parkplatz Wildpark Christianental zuerst zwischen dem ersten Teich und den Käfigen den breiten Weg kurz talauf bis zum zweiten Teich. Nun links auf dem bequemen Hangweg »Erbgrafenweg«

Wernigeröder Schloss

Das Wernigeröder Schloss wurde von den Grafen von Stolberg um 1500 ausgebaut und am Ende des 19. Jahrhunderts neogotisch zur heutigen, neuerdings von der Nach-Tolkin-Generation auch als »Schloss Mordor« bezeichneten Anlage umgestaltet. Die Schlossterrasse bietet einen großartigen Blick auf die Stadt und den Brocken. Im Schloss war zu DDR-Zeiten ein klassenkämpferisch-sozialkritisches Feudalmuseum untergebracht. Dieses wurde nach der Grenzöffnung beseitigt. Stattdessen werden jetzt, in Anpassung an die derzeit herrschende Ideologie vom Primat des Unpolitischen, von Ästhetik und Konsum bestimmte Ausstellungen und Events geboten.

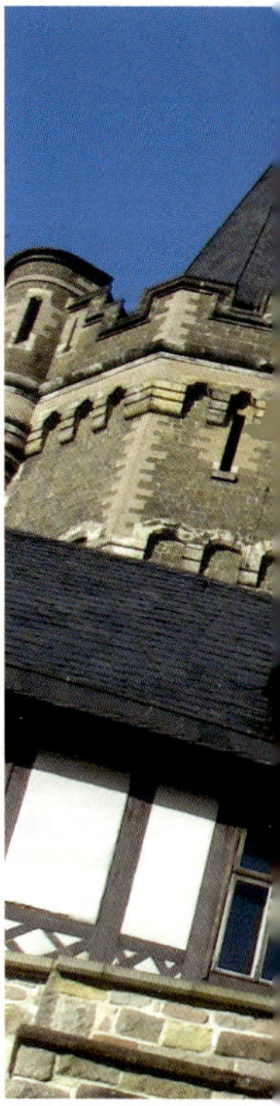

im Wald nach links. Hinter den Käfigen im überwiegend aus Buchen und Eichen bestehenden Wald dem fast ebenen Weg folgen. Nach knapp zehn Minuten mündet er auf die am Parkplatz beginnende feste Straße »Christianenweg«, die dann bald zum Schloss führt.

Ganz unten: Schloss Wernigerode

Eiche am Annaweg

Nach Aufstieg durch die Schlossanlage steigt man steil hinab in den Grund des tiefen Schlossgrabens und jenseits gleich wieder steil hinauf zum breiten Annaweg. Hier aber am schönsten gleich noch weiter einen schmalen Zickzackweg steil hinauf zum Aussichtspunkt mit weitem Blick auf das Schloss und die Stadt sowie zum Brocken.

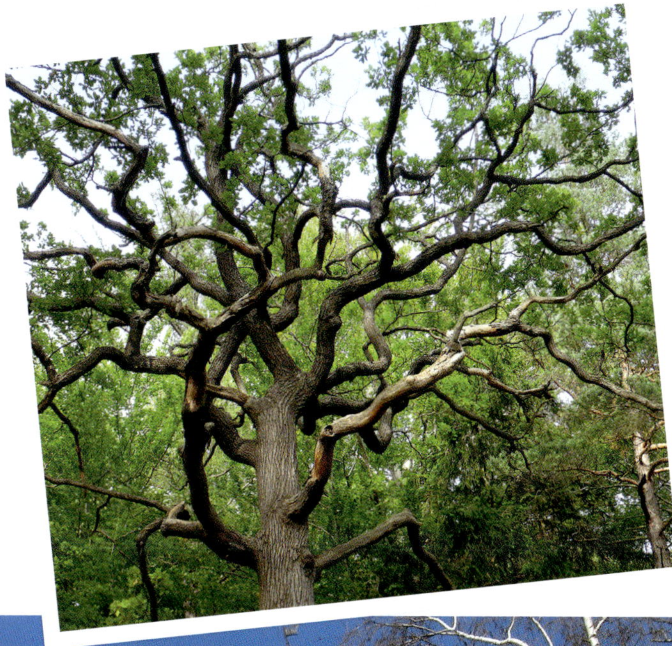

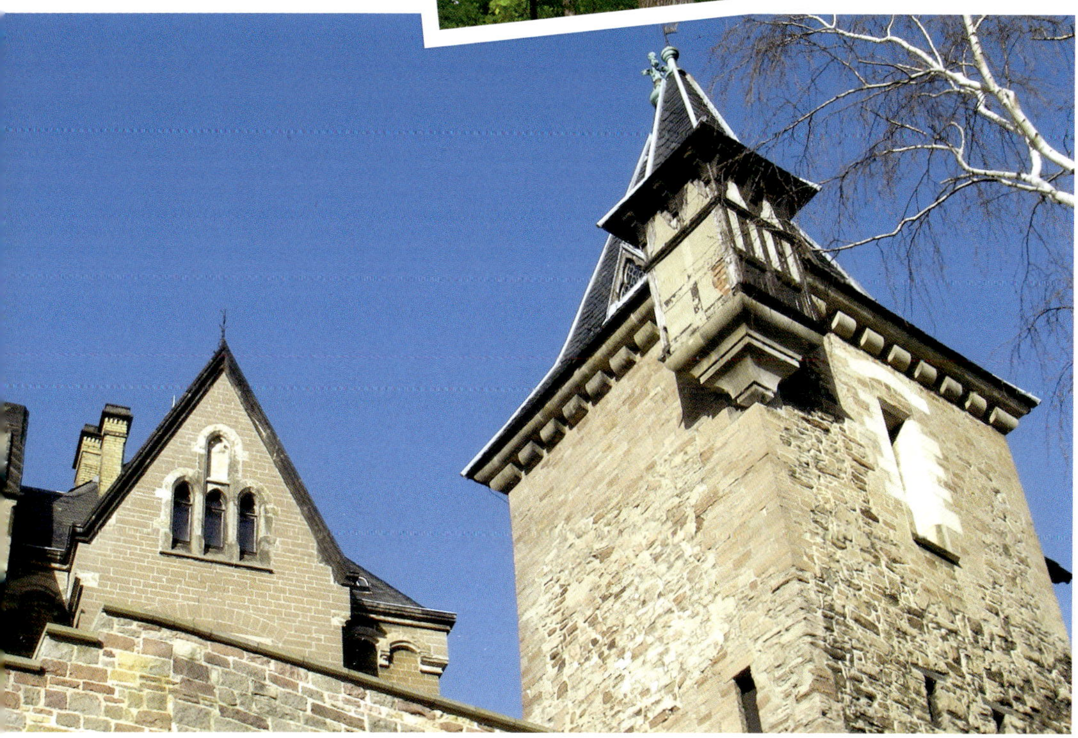

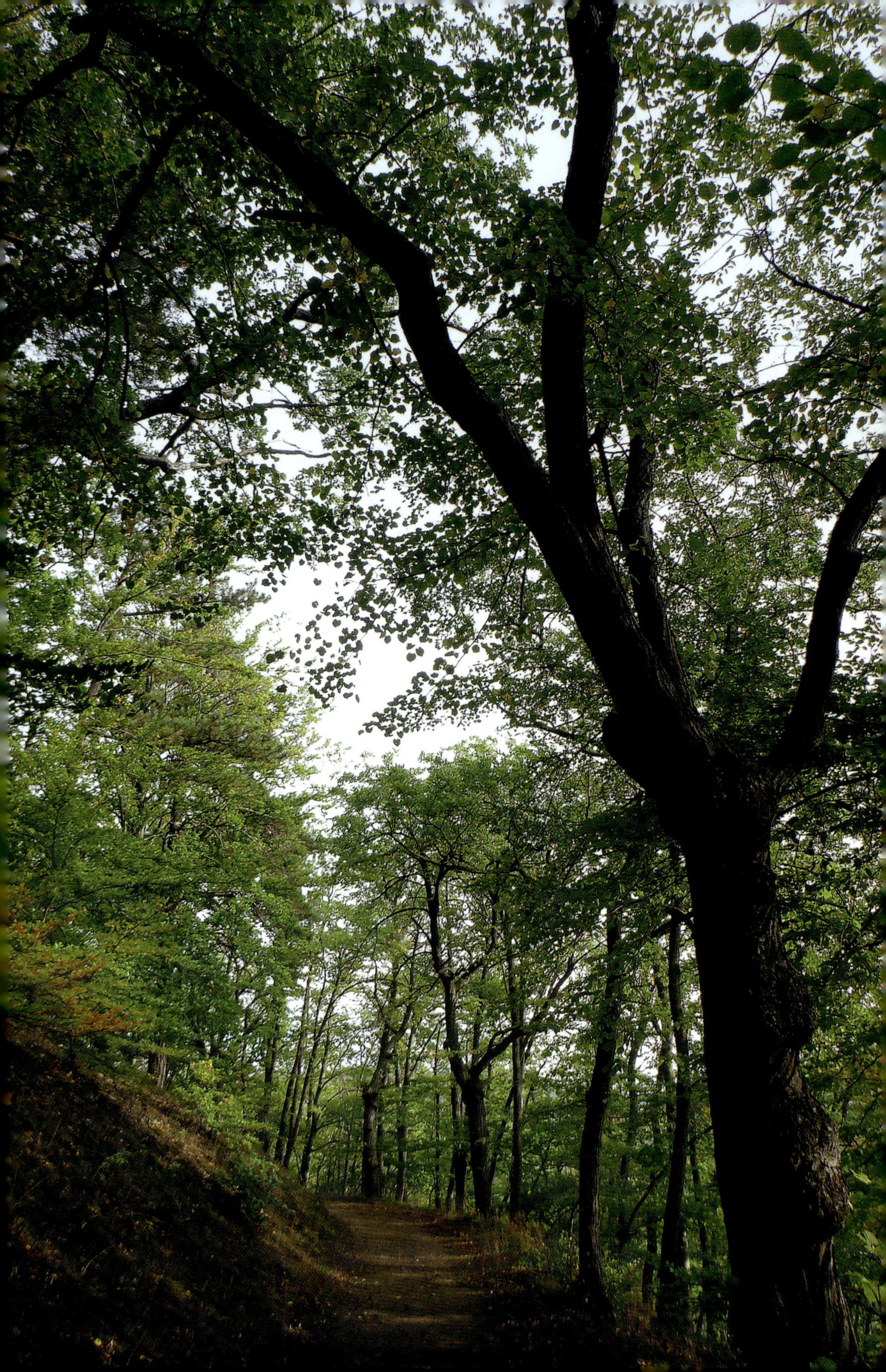

Besuch am Gipfel Noch einige Meter bergan zum höchsten Punkt des Agnesberges (395 m) mit seinen urigen Eichen und Buchen. Ein schmaler Fußweg führt südlich (rechts unterhalb) des Kammes abwärts zu einem Bergsattel. Hier erreicht man den breiteren Annaweg. Auf diesem nach Südosten weiter, zuerst eben, später abwärts, und bis zum breiten Bergsattel, wo der Kammweg nun wieder deutlich zum Fenstermacherberg ansteigt. Hier vom Sattel nach rechts hinab zur Gaststätte Christianental und an den Teichen vorbei zum Ausgangspunkt.

Linke Seite: Am Annaweg

Unten: Wegschilder am Agnesberg

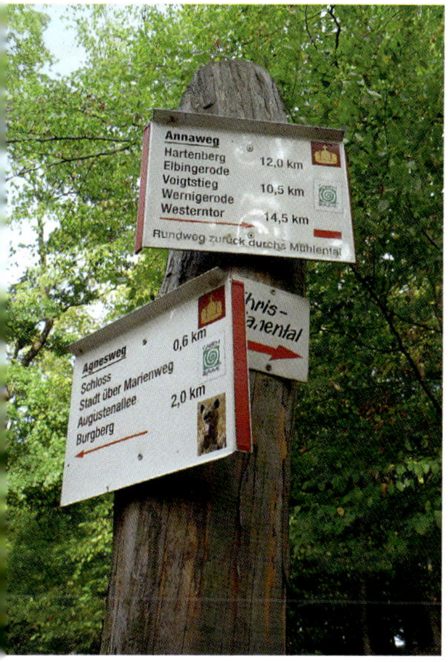

Wernigerode und Umgebung

Die Stadt Wernigerode ist als großartiges Fachwerkensemble in neuem Glanz zu Recht ein Besuchermagnet mit Gothischem Haus, Harzmuseum, Rathaus, Krummelschem Haus und vielen anderen sehenswerten Gebäuden, die trotz der Kürze der Wanderung danach mit Sicherheit nicht alle gewürdigt werden können. Eine weitere Besonderheit ist die direkt durch die Stadt gen Nordhausen oder zum Brocken fahrende nostalgieträchtige Harzquerbahn (siehe Wanderung 8). In Richtung Elbingerode lassen sich mit dem Auto auch relativ rasch das interessante Bergwerksmuseum Büchenberg und die berühmten Rübeländer Tropfsteinhöhlen erreichen.

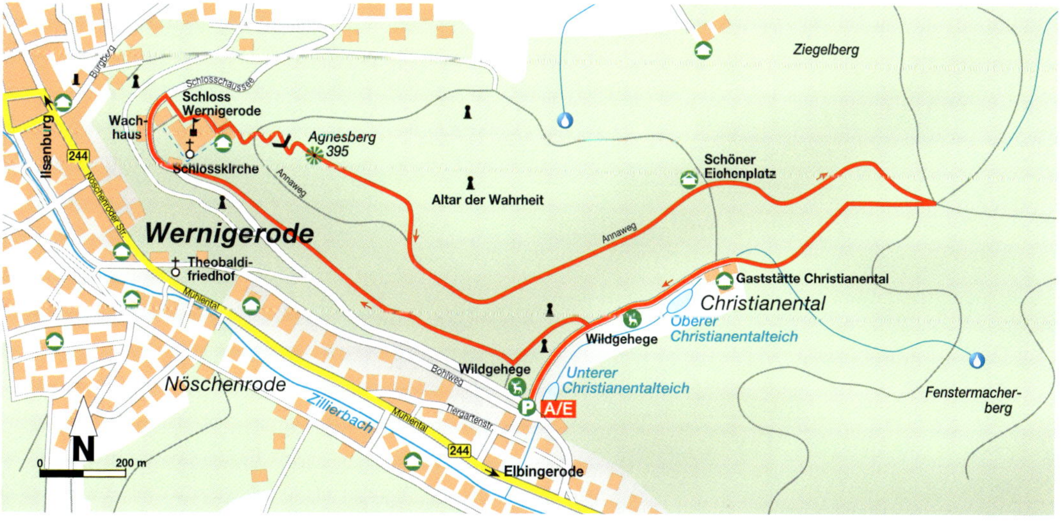

7 Der Ottofels bei Wernigerode

Zu den Felsen am Fuß des Hohnekammes

Mittel	10,2 km	260 m	3 Std.

Tourencharakter
Ruhige Waldwanderung zu und durch Klippengebiet vor dem Nationalpark. Anfangs Lehrpfad, dann Forststraße, dann Naturwege entlang Klippen und zuletzt wieder Straße

Ausgangs-/Endpunkt
Parkplatz oberhalb des an der L 100 stehenden Lossendenkmals. Auch HSB-Station Steinerne Renne (s.u.)

Anfahrt
Auto: Von der B 6n nach Wernigerode. Dann L 100 Richtung Schierke. Kurz nach Hassenrode im Wiesental am Lossendenkmal eine Forststraße zum Parkplatz
ÖV: Bahn bis Wernigerode. Dann Harzquerbahn in Richtung Drei-Annen-Hohne bis zur Station Steinerne Renne. Nun wie zum Schluss der Wanderung beschrieben auf dem Bahnparallelweg aufwärts in Richtung Drei Annen, aber diesem bis zum Zugunglück-Denkmal an der Brücke im Thumkuhlental folgen. Danach auf der Talstraße weiter

Karten
Wandern im Harz, 1:50 000, LGN

Informationen
Touristinfo, Marktplatz 10, 38855 Wernigerode, www.wernigerode.de; www.wernigerode-tourismus.de

Einkehr
Abstecher (500 m) zum Gasthaus Steinerne Renne

Die Fachwerkstadt Wernigerode ist das nördliche Einfallstor zum östlichen Brockengebiet. Diese abwechslungsreiche Wanderung beginnt wenig südlich des Ortes nahe der urigen Harzquerbahn und führt überwiegend in Nadelwald bis zu Aussichtspunkten auf den klobigen Granitfelsen vor der Grenze des Nationalparks. Sie ist auch gut vom Haltepunkt Steinerne Renne aus zu gehen.

Vom Wanderparkplatz beginnen wir am besten nahe am Bach auf dem schmalen Lehrpfad zu Bergbau und Natur. Wir folgen ihm an Infotafeln und Anschauungsobjekten vorbei das Thumkuhlental hinauf, bis er vor der die Gleise unterquerenden

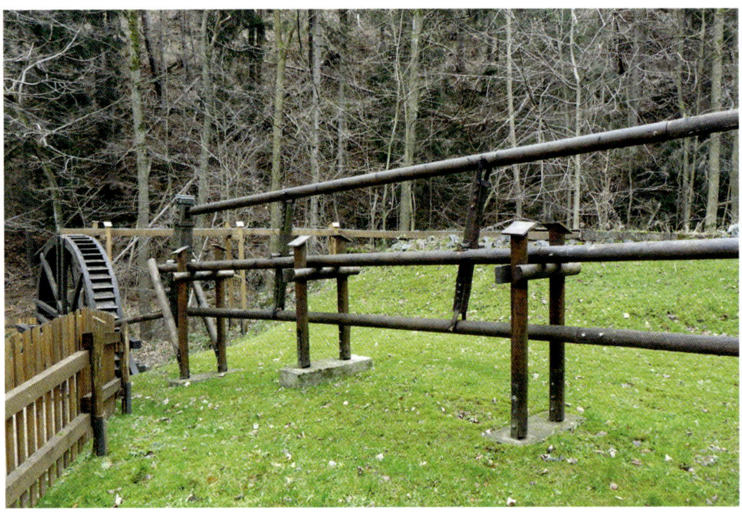

Brücke auf die Forststraße mündet (rechts ein Denkstein, der an ein Unglück kurz nach Eröffnung der Bahnlinie erinnert). Nun folgen wir der Straße im Grunde des aktuell weithin entwaldeten Tales in einem großen Bogen hinauf zum Wegedreieck Bergwachthütte und rechts unter dem jetzt frei stehenden Ottofels durch zu einem markanten Wegekreuz.

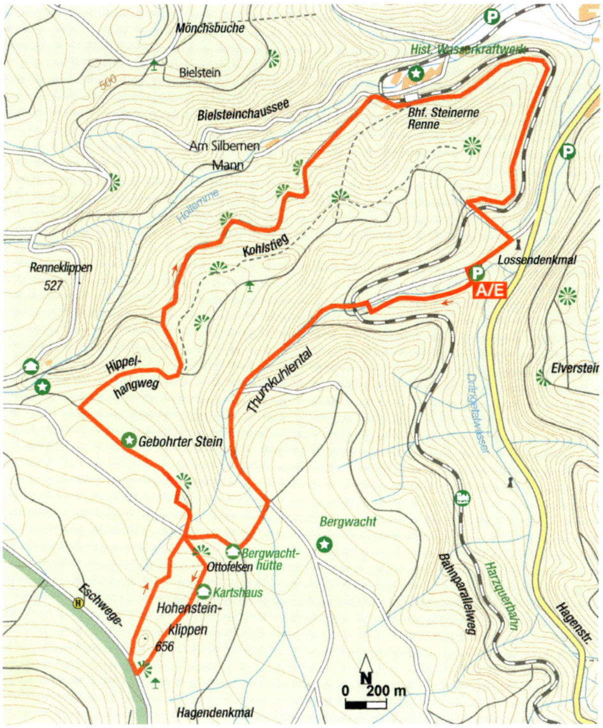

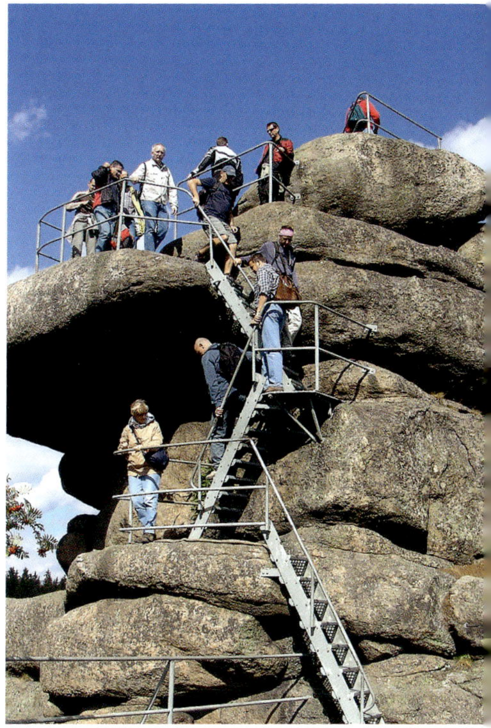

Der Ottofels

Wir nehmen jetzt den ausgeschilderten Naturweg nach links zum imponierend massigen Ottofels. Er besteht aus Wollsackgranit und bietet schwierige Kletterrouten. Er kann jedoch auch touristisch über steile Eisenleitern und Treppen zum von Geländern solide eingefassten Gipfel bestiegen werden. Dieser bietet grandiose Aussicht auf Wernigerode und das Vorland bis zum Huy.

Nach dem Ottofels führt der Weg an niedrigeren Felsen vorbei rasch zum Karlshaus (privat, gewöhnlich geschlossen). Danach folgen wir Pfadspuren steil aufwärts und dann in westlicher Richtung ohne festen Weg zwischen den niedrigen, den Geländebuckel krönenden Felsköpfen der Hohensteinklippen durch. Weil der Wald hier gerade geerntet worden ist, bieten sich weite Ausblicke, auch bis zum Brocken.

Die Felsgruppe wird westlich von der breiten Eschwegestraße begrenzt. Noch vor dieser folgen wir nun schräg rechts hinab einem steinigen alten Wanderweg zur ausgebauten Zufahrt Karlshaus und hinab zum schon vorher erreichten markanten Wegekreuz.

Linke Seite: Für den Lehrpfad nachgebautes Feldgestänge zur Umwandlung der Drehbewegung des Wasserrades in eine Schubbewegung

Hier überschreiten wir die breite Forststraße und folgen nun gegenüber einem anfangs breiten Waldweg. Er ist nicht mehr markiert, aber angenehm zu gehen und leitet rasch zu einem kleinen aufgelassenen Steinbruch. An seinem rechten Rand sind einige abschüssige felsige Meter mit etwas Vorsicht zu überwinden. Dann führt der Weg schmaler, aber deutlich erkennbar, weiter in einem Bogen nach links hinauf in Richtung auf die Forststraße bis vor einen niedrigen alten Steinbruch. Hier zweigt nach rechts ein schmaler Fußweg ab und leitet zwischen jungen Birken nach etwa 100 Metern zu einer kecken Granitklippe. Sie kann von links her über Felsstufen erstiegen werden (am Gipfel archaisch wirkende dicke Eisenkeile, Aussicht, kein Geländer!). Der Weg führt rechts unter der schroffen ostseitigen Wand des Felsens in nördlicher Richtung weiter, an Blöcken und

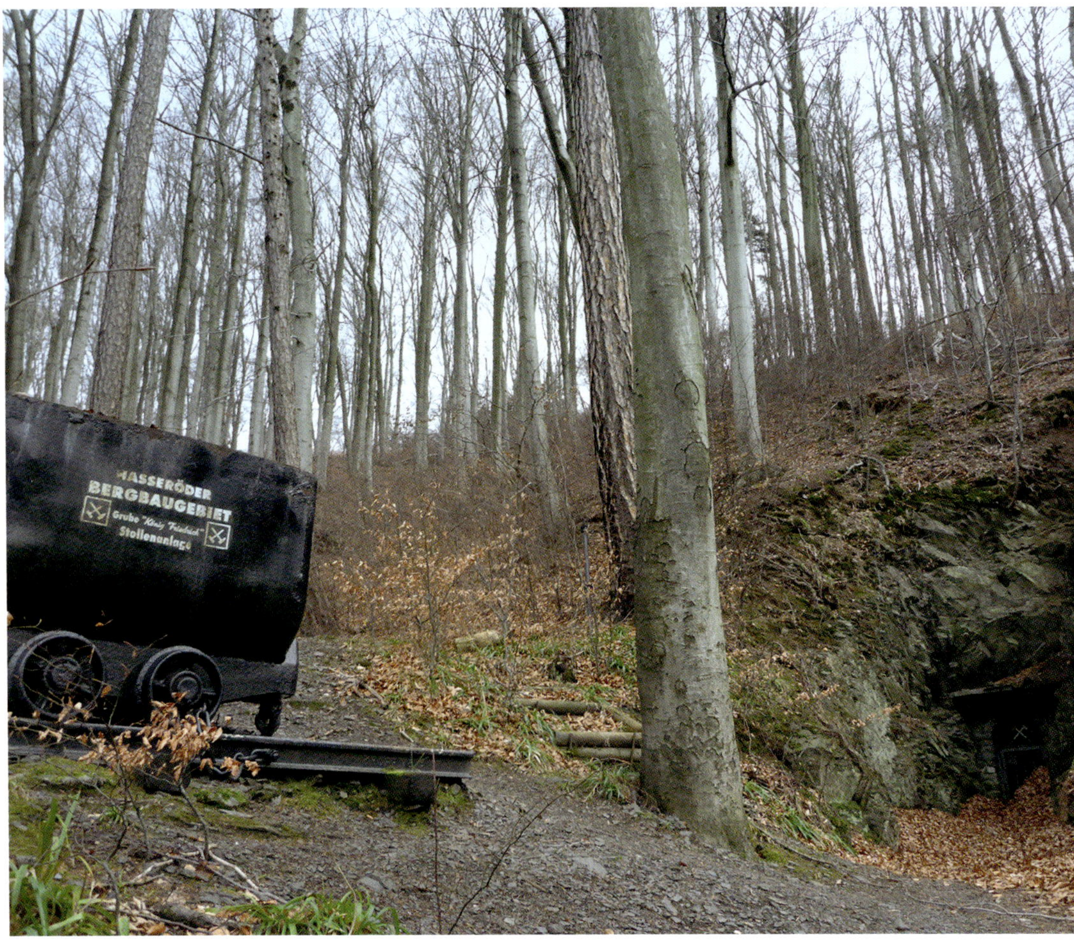

Alte Erzgrube oberhalb vom Bahnhof Steinerne Renne

Resten eines alten Steinbruchbetriebs vorbei. Wir überschreiten eine quer verlaufende Schneise. Geradeaus bringt uns der deutlich abgetretene Fußweg nun bald zum markanten Felsturm und Naturdenkmal Gebohrter Stein. In gleicher Richtung gelangen wir nach wenigen Minuten auf eine quer verlaufende Forststraße. (Hippelhangweg: Der jenseits in gleicher Richtung weiter hinabführende Fußweg erlaubt Verdurstenden und Verhungernden rasch einen rettenden Abstecher zum 500 Meter unterhalb gelegenen Gasthaus Steinerne Renne.)

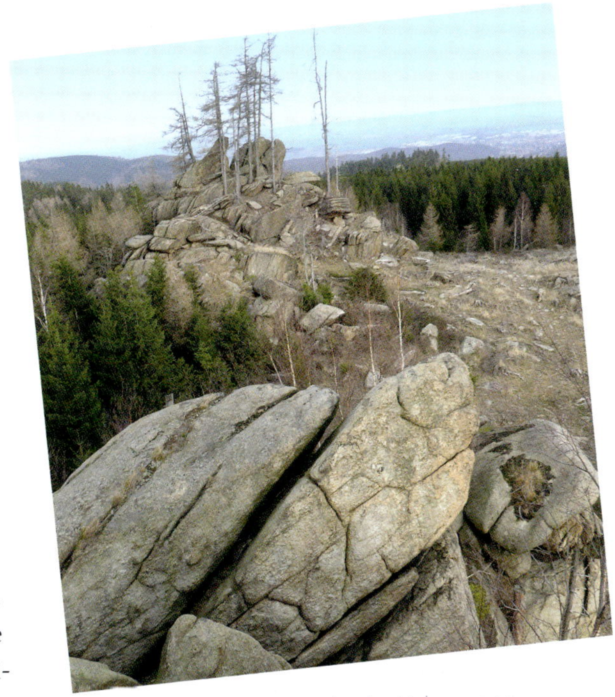

An den Hohensteinklippen

Wir folgen nun der Forststraße Hippelhangweg nach rechts hinab bis in einen breiten Bergsattel mit einem großen Wegekreuz. Hier biegen wir nach links ab und gehen auf der ausgeschilderten breiten Forststraße Hippelhangweg weiter hinab (nach etwa 100 Metern zweigt nach links ein Weg zur Steinernen Renne ab). Sie führt nach rechts stetig abwärts weiter. Dabei öffnen sich nun bald weite Ausblicke ins Tal der Steinernen Renne und bis Wernigerode. Nach panoramischen Querungen um mehrere Bergsporne passieren wir den unterhalb aufragenden Felsgrat Silberner Mann und nähern uns schließlich stramm und stetig abwärts dem Bahnhof Steinerne Renne.

Noch bevor dieser erreicht ist, leitet nach rechts der Bahnparallelweg am Hang oberhalb der Bahnlinie weiter. Der Weg steigt stetig an, führt an einem alten Bergwerksstollen vorbei und nach einer Biegung um einen Bergsporn näher an den Gleisen weiter. Nach einem weiteren Kilometer wird er von Geländern aus alten Schienen gesäumt und führt in einem Bogen rechts in ein Seitentälchen. Hier zweigt nach links ein schmaler Fußweg ab und zieht durch einen Brückenbogen unter der Bahnlinie durch steil hinab in Richtung Talgrund. Unten trifft er auf die Zufahrtsstraße zum Parkplatz und zum Ausgangspunkt.

8 Von Wernigerode per Bahn auf den Brocken

Mit dem Dampfross auf den Brocken – mit Stippvisiten unterwegs

leicht	1 km	50 m	0.45 Std.
	+ 3 km	50 m	+ 0.30 Std.
mittel	+ 5,5 km	200 m	+ 2 Std.

(1. Zeile Gipfelrundweg; 2. zu den Schierker Feuersteinen; 3. zum Gasthaus Steinerne Renne)

Tourencharakter
Die ersten beiden Wege sind Spaziergänge, der dritte schon eine richtige Wanderung. Landschaftlich eindrucksvoll sind sie alle drei. Die Einpassung aller drei in einen einzigen Tag verlangt genaue Beachtung von Fahrplänen und präzise Zeitkalkulation!

Ausgangs-/Endpunkte
Der Brockenbahnhof dicht unter dem Gipfel; Haltepunkt Schierke; Haltepunkt Steinerne Renne

Anfahrt
Auto: Weil auch Wernigerode Bahnhof gut mit ÖV zu erreichen ist, kann das Auto ruhig zu Hause bleiben!
ÖV: Siehe www.reiseauskunft.bahn.de, auch www.hsb-wr.de

Karte
Wandern im Westharz, 1:50 000, LGN

Informationen
Kundenservice, Im Bahnhof Westerntor, Unter den Zindeln, 38855 Wernigerode, Tel. 03943/558-0, www.hsb-wr.de

Einkehr
Auf dem Brocken, am Bahnhof Schierke und im romantischen Waldgasthof über den Wassern der Steinernen Renne

Diese Langschläfertour nutzt die als technisches Unikat und auch landschaftlich hochinteressante Brockenbahn, was vorweg allerdings ein genaues Fahrplanstudium verlangt. Das Wandern kann auf dem Rundweg auf der Gipfelkuppe und durch Abstecher vom Bahnhof Schierke oder vom Bahnhof Steinerne Renne aus erfolgen.

Rundweg über die Gipfelkuppe Vom Bahnhof Brocken auf der Brockenstraße etwa 100 Meter hinab zur Abzweigung eines Weges. Ein Denkstein erinnert an die am 3. Dezember 1989 auf Drängen demonstrierender Bürger dort erreichte Öffnung der damals die gesamte Gipfelkuppe umfassenden Mauer. Etwas oberhalb steht eine steinerne Bank, die dort von seinen Freunden zu Ehren von »Brocken-Benno« aufgestellt wurde, der bis 2017 bereits über 8000 Besteigungen des Gipfels getätigt hat und damit ein lebendiges Beispiel für rüstiges Altern und eine kommunikative Institution geworden ist (siehe auch www.brocken-benno.de). Dem Weg hinauf folgen und die Bahngleise überqueren. Der von

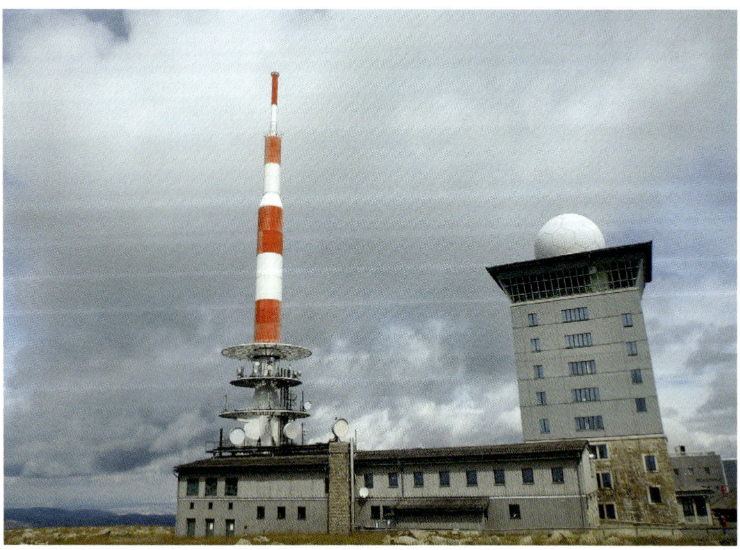

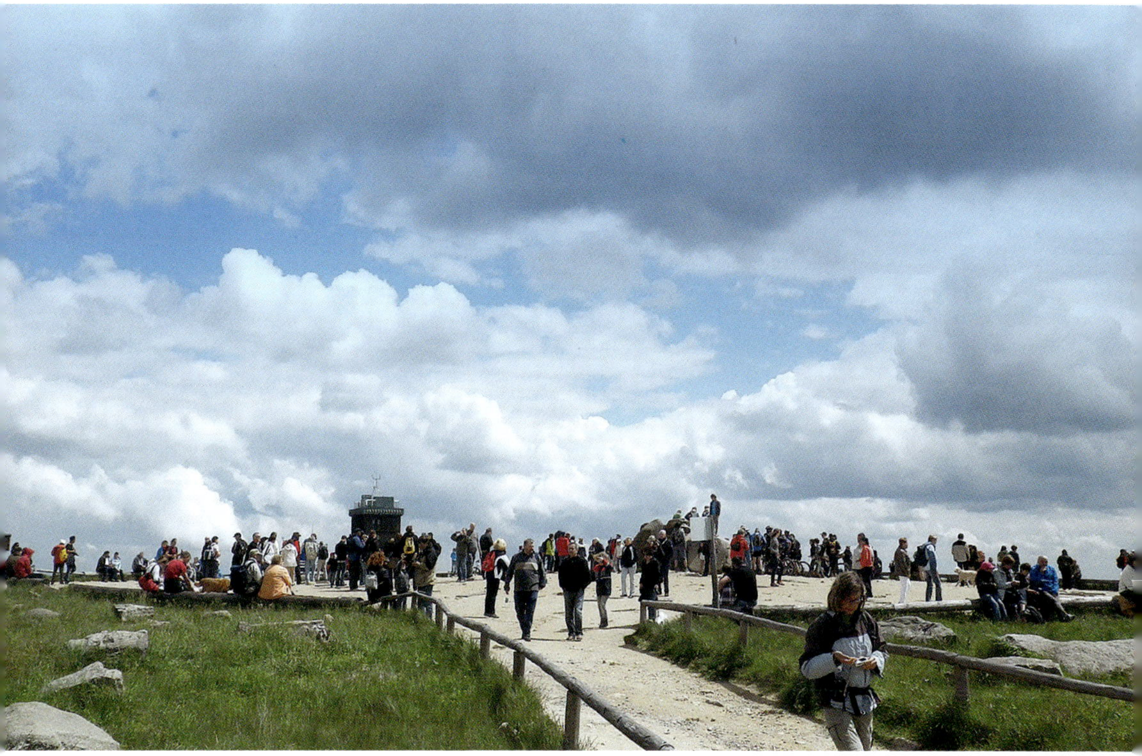

Brockengipfel im Sommer

Linke Seite: Sendeturm und Brockenhotel

Holzgeländern begleitete Weg führt nun am Brockengarten vorbei (Betreten nur mit Führung!) und zum links gelegenen Granitklippchen »Hexenaltar«. Danach leitet er etwas abwärts zu

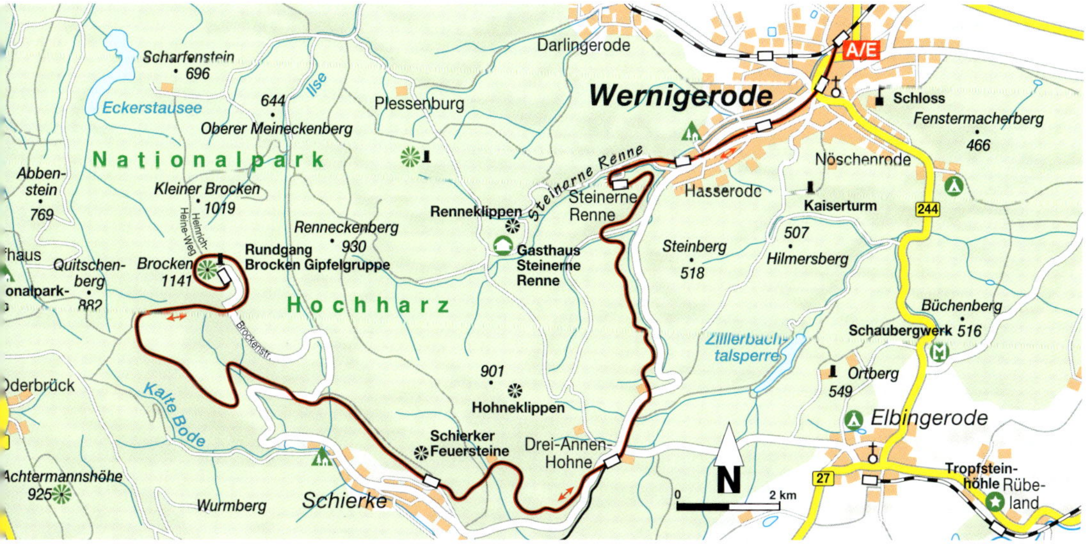

einer Biegung unweit der Bahnlinie und dann rechts hinauf zur Einmündung des von Norden heranführenden Heinrich-Heine-Weges. Unterhalb des Sendeturms (bei Raureif Gefahr von Eisschlag!) quert man weiter zum Betonkasten des Brockenmuseums (»Kaaba«) und zur Gaststätte. Auf dem Platz davor steht sehr viel übersichtlicher das historische Brockenhäuschen, das schon Goethe Schutz bot (woran ein Denkstein erinnert). Am alten viereckigen Turm (jetzt Hotel und Café Hexenklause, Aussicht von 1170 m Höhe, allerdings nur durch Glas) vorbei gelangt man geradeaus zur erfreulich renaturierten obersten Gipfelkuppe. Der höchste Punkt wurde nach Abräumen der Militärbaracken durch Richtungszeiger und die Transplantation einiger Granitblöcke hierher wieder auf die traditionelle Höhe von 1141 Metern gebracht und gelungen naturnah gestaltet.

Tipp

Von diesen beiden Zusatztouren wird allerdings ganz ohne Stress nur eine zusätzlich im gleichen Tag unterzubringen sein.

Auf einem zweiten Zugang, an weiteren Blöcken mit Infotafeln u. a. zu Klimadaten vorbei, gelangt man rasch direkt hinab zum Bahnhof Brocken.

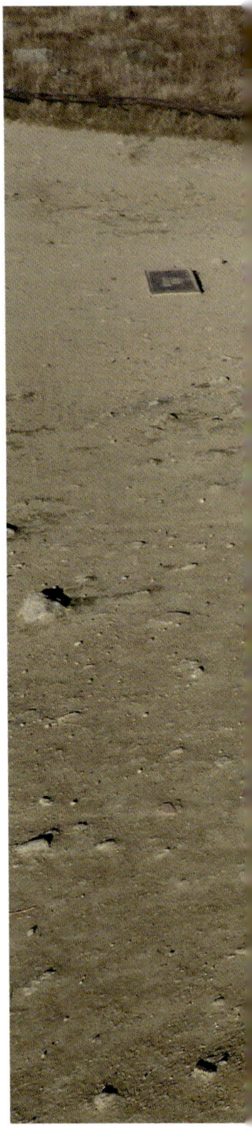

Vom Haltepunkt Bahnhof Schierke Gegenüber dem Bahnhof sind auf einem Waldweg in wenigen Minuten die Schierker Feuersteine und einige weitere originell durch die Wollsackverwitterung geprägte Granitfelsen zu erreichen. Sie können nur in schwieriger Kletterei bestiegen werden.

Vom Haltepunkt Steinerne Renne Im Talgrund entlang der Holtemme links vom Bach hinauf. An einer von früheren Bergbauversuchen angefressenen Klippe (»Silberner Mann«) vorbei führt der Weg später deutlicher ansteigend über viele glatt gelaufene Granitblöcke hinauf zu den Miniaturstromschnellen der Steinernen Renne. Schließlich geht es auf einem Brückchen über den Bach zur oberhalb keck auf eine Felsecke gebauten Gaststätte Steinerne Renne. Nach Genuss der täglich wechselnden Köstlichkeiten hinter der Terrasse auf Treppen hinauf zur Forststraße. Diese leitet unter den markanten Renneklippen vorbei zu einem deutlich eingeschnittenen Tälchen. Davor bringt eine steile Steintreppe hinab zum Bach. Nach einem Brückchen folgen wir dem schmalen Fußweg weiter durch steile Hänge der Kleinen Renne und zuletzt nachmals über Treppe hinab zu einem breiten Querweg. Er führt moderater weiter, zuletzt über eine Brücke und dann südlich vom Bach wie beim Hinweg zurück zum Haltepunkt Steinerne Renne.

Selfie am Brockengipfel

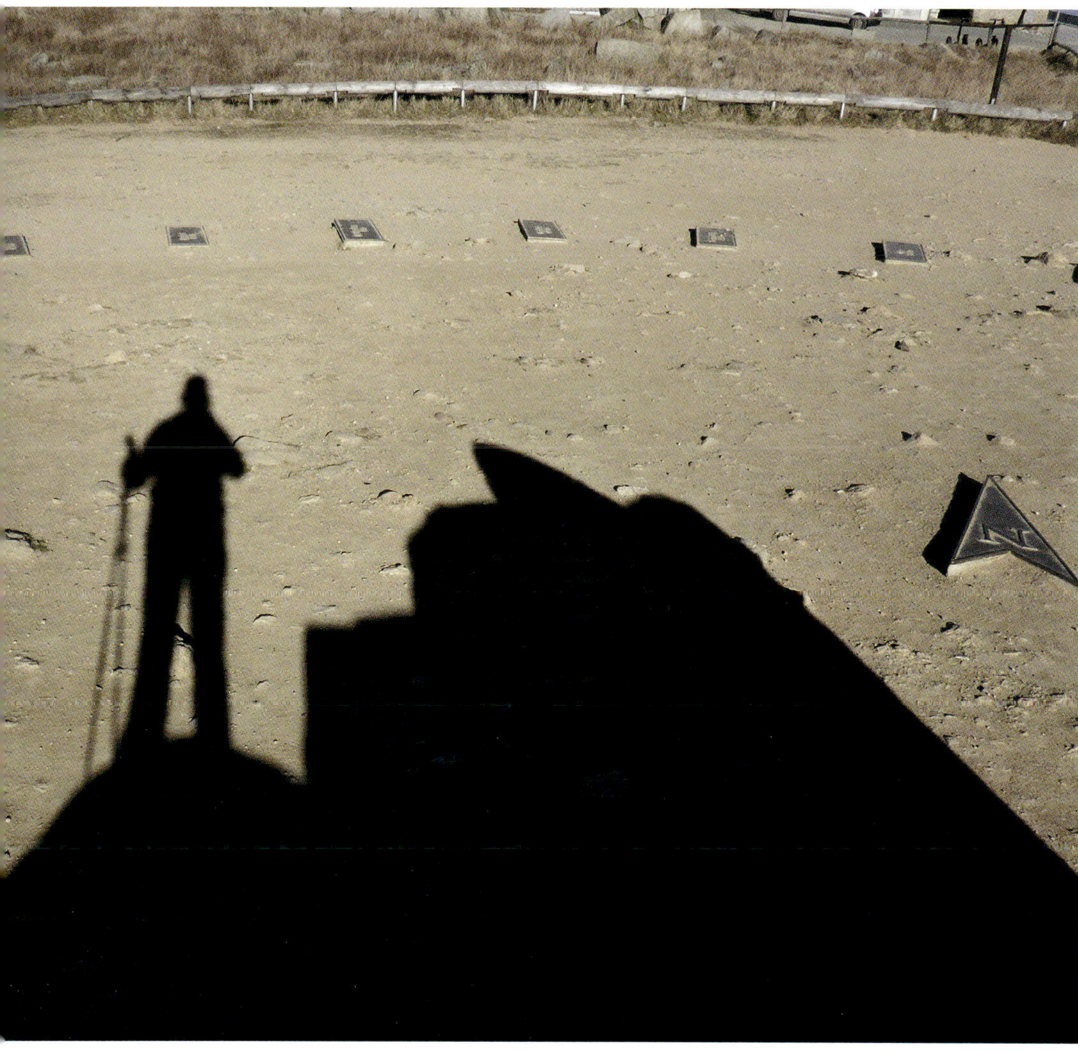

9 Über den Dreieckigen Pfahl auf den Brocken

Zu Fuß mit der geringsten Aufstiegsmühe auf den großen Berg des Nordens

Leicht | 14 km | 325 m | 3.30 Std.

Tourencharakter
Zu jeder Jahreszeit begehbare Wanderstraße zum Brocken mit dem herben Charakter der Waldgrenze, besonders im oberen Teil mit weiten Ausblicken. Dieser Aufstieg ist am schnellsten anzufahren und weist die geringste Höhendifferenz zu Fuß auf. Wegen der längeren Gehstrecke verlangt er aber mehr Gehzeit als der Aufstieg von Schierke aus.

Ausgangs-/Endpunkt
Parkplatz an der B 4, 2 km südlich von Torfhaus und 1 km von Oderbrück Süd, an der Einmündung einer Forststraße mit Bushaltestelle »Kriegsgräber«

Anfahrt
Auto: Über die B 4. Bei vollem Parkplatz kann auch am Straßenrand geparkt werden.
ÖV: Bahn bis Bad Harzburg, Bus in Richtung Braunlage, siehe www.reiseauskunft.bahn.de

Karte
Wandern im Westharz, 1:50 000, LGN

Informationen
www.brocken-harz.de; Servicebüro Harz, Dornbergsweg 2, 38855 Wernigerode, Tel. 03943/935608, www.harztourist.de

Einkehr
Auf dem Brocken, in Torfhaus und in der Häusergruppe Oderbrück Süd

Den mächtigen Brocken zünftig zu Fuß zu besteigen, das ist für Langschläfer nur auf den kürzesten Routen machbar. Der Aufstieg von der Bundesstraße 4 zwischen Torfhaus und Oderbrück aus ist der mit dem geringsten Höhenunterschied und führt durchwegs als breite Wanderstraße an Mooren vorbei durch urigen Wald und später mit weiten Ausblicken entlang der alten Grenze, dann neben der Bahn und zuletzt über die Brockenstraße zur Gipfelkuppe.

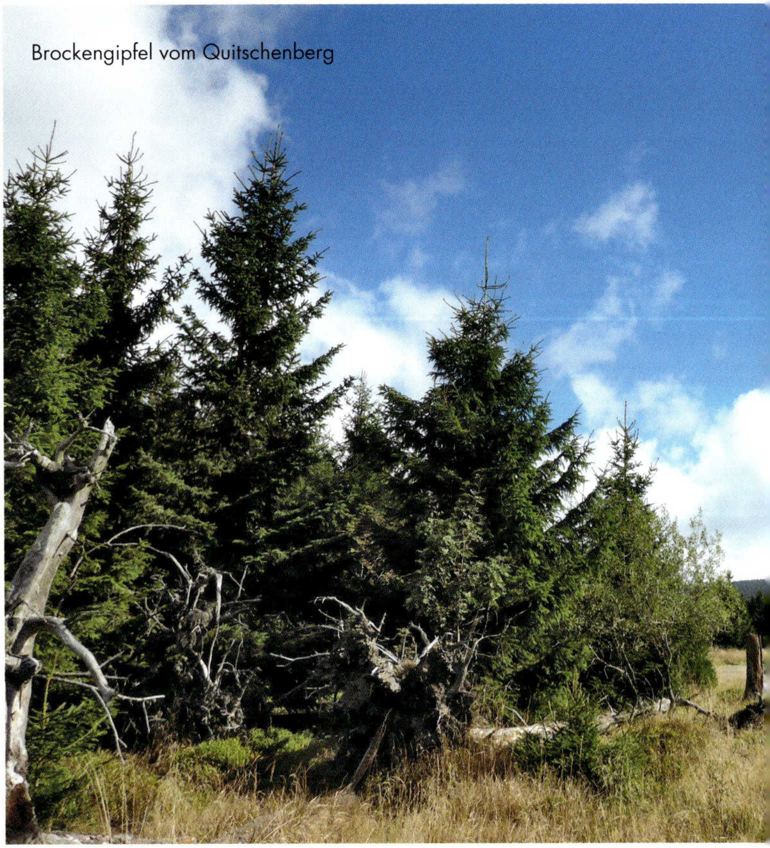
Brockengipfel vom Quitschenberg

Zum Dreieckigen Pfahl Vom Parkplatz an der B 4 auf der zuerst deutlich ansteigenden Forststraße bergan. Man geht am rechts gelegenen Friedhof vorbei (mit den Gräbern von in den letzten Kriegstagen bei Kampfhandlungen getöteten Volkssturm-Jugendlichen und russischen Kriegsgefangenen). Später quert die Straße den Fernwanderweg »Kaiserweg« und leitet dann etwas nach rechts an Moorgebieten vorbei zum Dreieckigen Pfahl (alter Grenzstein) und wenig später zum Info-Pavillon an der Grenze Niedersachsen/Sachsen-Anhalt.

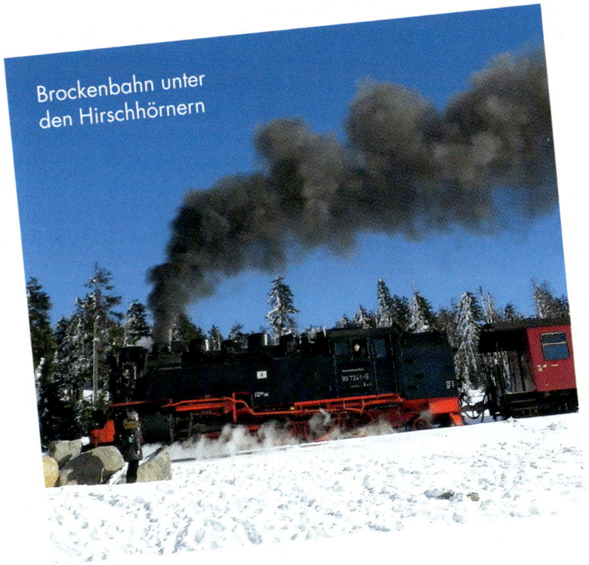
Brockenbahn unter den Hirschhörnern

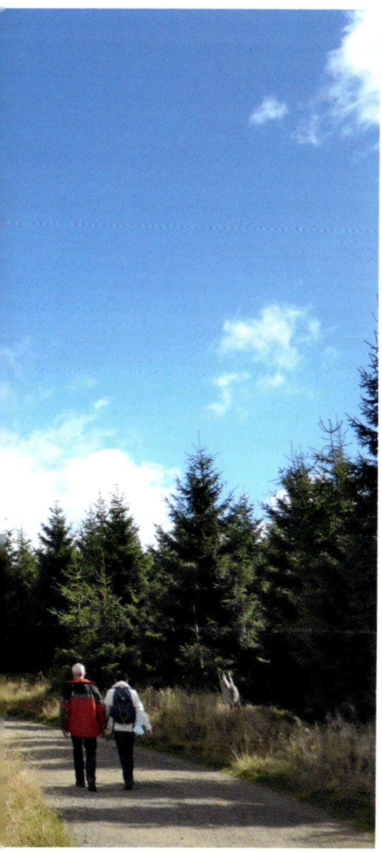

Tipp

Wer naturnähere Wegestrecken bevorzugt, dem empfehle ich die nachfolgende Variante: Gleich oberhalb des Parkplatzes auf dem Weglein in einer alten Schneise nordwärts gehen, an etwas nassen Stellen teilweise über Holzstege und gelegentlich um frisch umgefallene Baumleichen herum, in etwa 10 Minuten zu einem festeren Querweg. Dieser führt nun ostwärts und entspricht etwa dem originalen Verlauf von Goethes historischer Brockenbesteigung und wurde durch (nach einer Idee des ersten Leiters des neuen Nationalparks, Dr. von Barth) aufwendigen Rückbau einer breiteren Forststraße auf das heute verbliebene schmale Format gebracht. Er ist inzwischen wieder schön naturnah eingewachsen. Dieser Weg führt in östlicher Richtung nach etwa 15 Minuten zu einem Rastplatz am Kaiserweg. Nach links erreicht man nun schnell den von Torfhaus ausgeschilderten Goetheweg. Der leitet über die Kuppe des Quitschenberges (Brockenblick) und danach im Bogen nach rechts an abgestorbenem Wald vorbei zum Bergsattel Eckersprung (Schutzhütte) und mündet dort auf den oben beschriebenen Aufstieg.

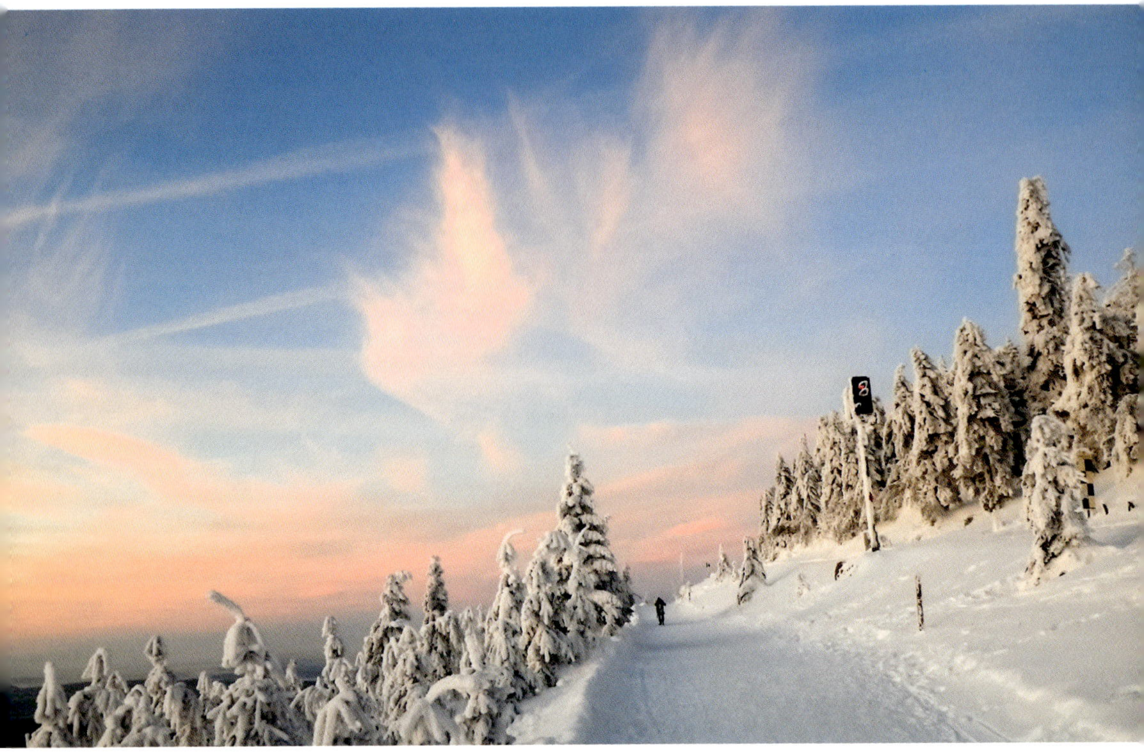

Auf dem Neuen Goetheweg

Rechte Seite: Am sommerlichen Brockengipfel-Rundweg

Alte innerdeutsche Grenze Auf dieser Grenzlinie, wo die DDR-Betonstraße in diesem Abschnitt abgeräumt wurde, geht es in nördlicher Richtung in die Quellmulde Bodesprung, dann

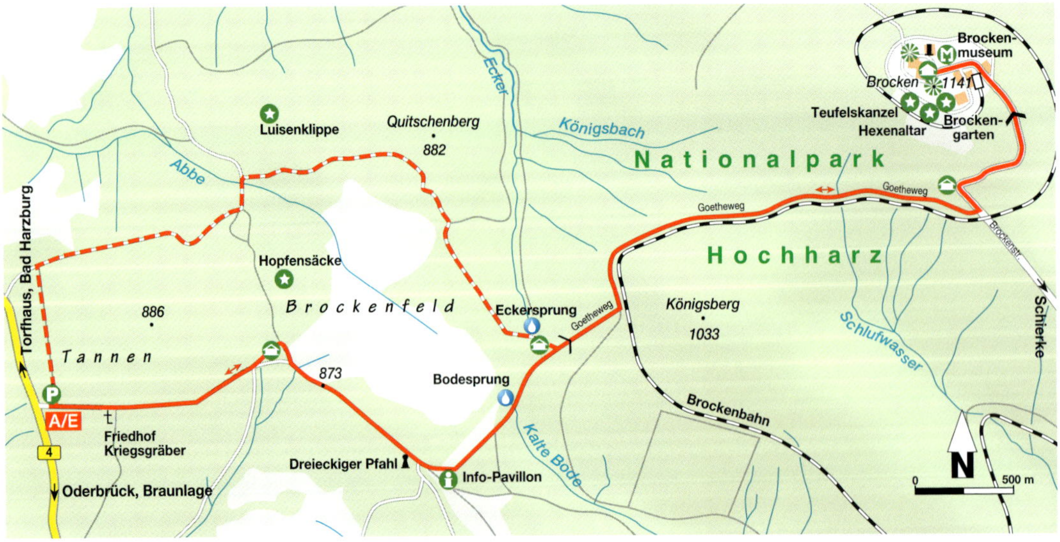

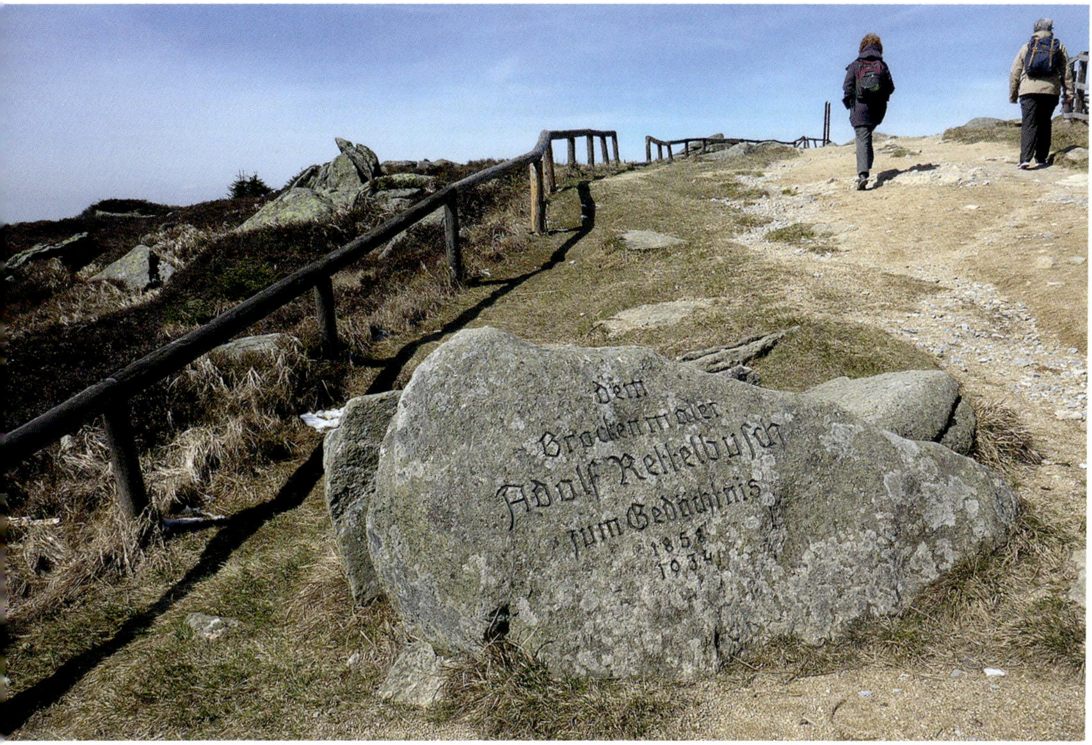

weiter auf der hier noch bestehenden Betonstraße zur Abzweigung zum nahen Eckersprung und danach zusammen mit dem Goetheweg steiler hinauf zu den Gleisen der Brockenbahn. Auf dem parallel zur Bahnlinie neuerdings klotzig breit ausgebauten Neuen Goetheweg zur Brockenstraße und auf dieser noch klotziger zum Gipfel des Brocken. Zurück geht es auf dem gleichen Weg.
Dieser Aufstieg wird auch im Winter oft begangen und bereitet dann normalerweise ebenfalls keine besonderen Probleme.

Der Brocken

Der Brocken ist auf diesem Wege besonders rasch zu besteigen. Der Aufstieg führt ein Stück weit über die ehemalige deutsch-deutsche Grenze und entlang der Brockenbahn über die Wanderstraßen Neuer Goetheweg und die Brockenstraße (beide 2009–2013 gar nicht nationalparkgerecht ausgebaut) zur Gipfelkuppe. Wegen der windexponierten Lage ist diese von Natur aus unbewaldet (maximale gemessene Windgeschwindigkeit 263 km/h!). Die früher und teils auch heute noch für den Ausgangspunkt benutzte Bezeichnung »Ehrenfriedhof« verschleiert, dass hier mit in den letzten Kriegstagen als Volkssturm verheizten Jugendlichen und einigen jungen russischen Kriegsgefangenen im Wesentlichen Opfer von Verbrechen bestattet sind.

10 Schierke–Eckerloch–Brocken

Zu Fuß auf dem kürzesten Weg zum Brockengipfel

Mittel | 11 km | 510 m | 2.30–3 Std.

Tourencharakter
Altehrwürdiger Wanderaufstieg durch nationalparkgerecht wilde Waldszenerien, weithin auf zünftig steinigem und überwurzeltem Weg. Im oberen Drittel führt er allerdings über die Brockenstraße. Im Winter und Frühjahr sind bei Schneelage und Eis Steigeisen ratsam.

Ausgangs-/Endpunkt
Parkplatz am nordwestlichen Ortsrand

Anfahrt
Auto: Von der nördlichen Harzrand-Schnellstraße durch Wernigerode und über Hasserode und Drei-Annen-Hohne nach Schierke. Von Westen von der Harzhochstraße B 242 oder der B 4 von Braunlage über Elend nach Schierke. Im Ort ganz hinauf bis zum Parkplatz (kostenpflichtig, 2021 6 Euro)
ÖV: Bahn bis Wernigerode, dann Brockenbahn bis Schierke, siehe www.reiseauskunft.bahn.de, auch www.hsb-wr.de

Karte
Wandern im Westharz, 1:50 000, LGN

Informationen
www.brocken-harz.de; Touristinformation Schierke, Brockenstr. 10, 38879 Schierke, Tel. 039455/86 80, www.schierke-am-brocken.de

Einkehr
Am Brockengipfel und in Schierke

Das südlich vom Brocken gelegene Schierke ist zwar etwas aufwendiger anzufahren, es bietet jedoch den nach Gehstrecke kürzesten Aufstieg zum höchsten Gipfel des Nordens. In seinem ersten Teil führt er als naturnaher, wegen Steinen und Wurzeln gute Trittsicherheit fordernder Weg steil an Resten von verdorrtem Bergwald und Sümpfen vorbei hinauf.

Von Schierke zum Brocken Vom Parkplatz nordwärts Weg zur Jugendherberge. Davor links Straße am Bach entlang. Nach 500 Metern rechts über Holzbrücke gehen und zur Brocken-

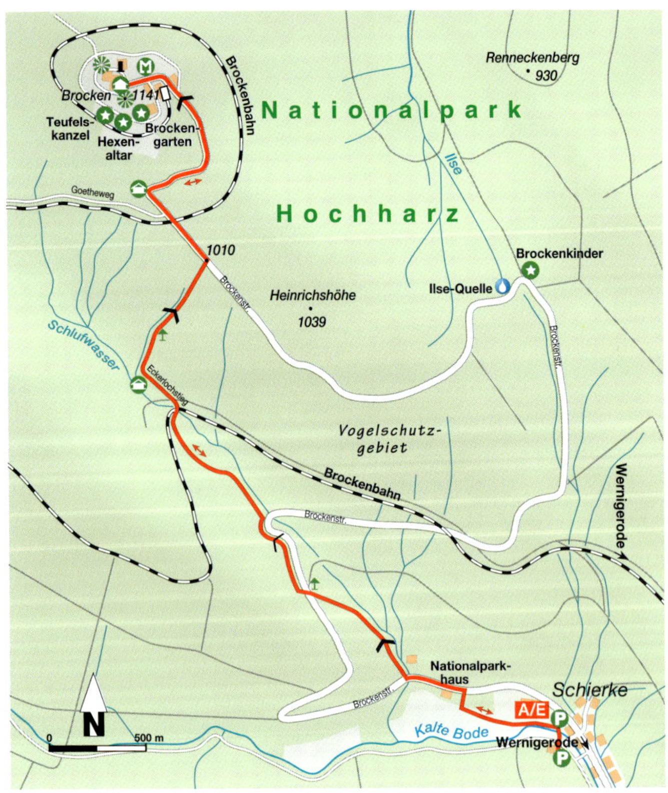

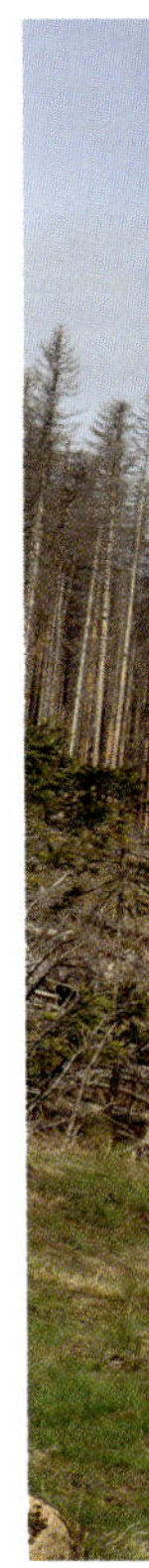

straße. Links rasch zu einem Wasserbehälter und einer Brücke. Gleich dahinter führt nach rechts der steinige Naturweg über abgewetzte Blöcke und Platten durch zuerst jüngeren, dann hohen Nadelwald. Der Weg erreicht bei einer frischen Lichtung wieder die Brockenstraße. Diese wird überquert und der teilweise nasse Weg auf der anderen Seite oberhalb der Straße nach rechts verfolgt. Vor einer Holzsperre leitet der Weg nochmals nach rechts rasch hinab zu einer Kurve der Straße.

Gleich wieder nach links auf der Fortsetzung des Weges links vom Bach ansteigen. Bald wird er schmal und von Block-

Ausgerissene Wurzelteller kurz vor der Bahn

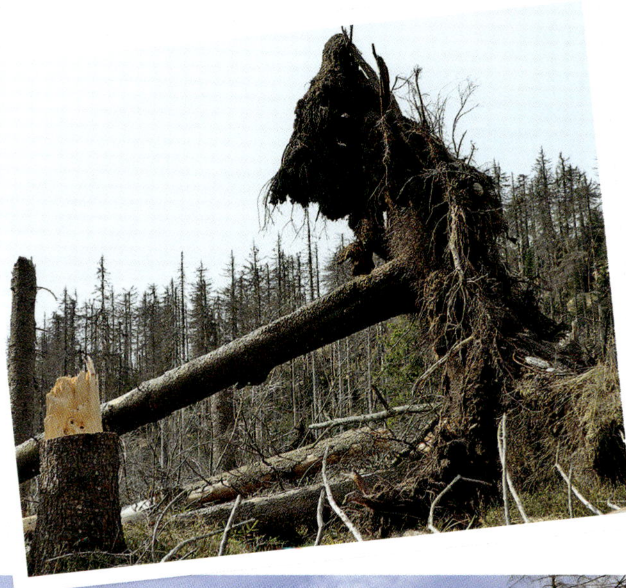

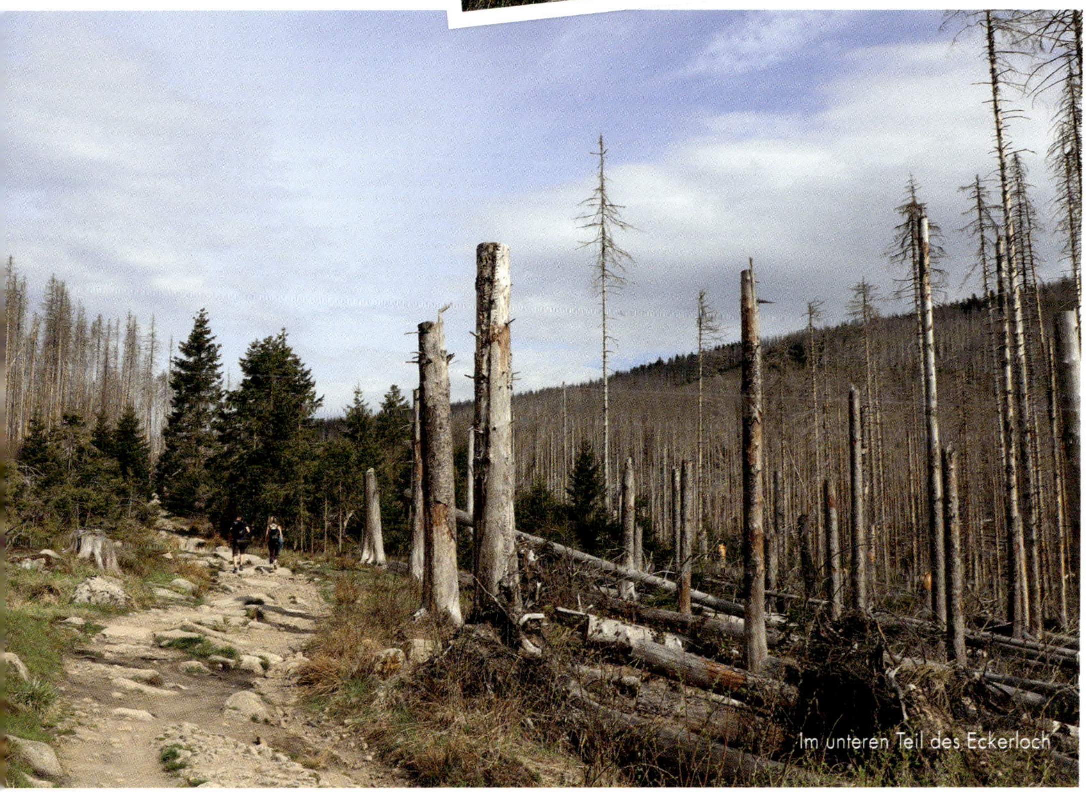

Im unteren Teil des Eckerloch

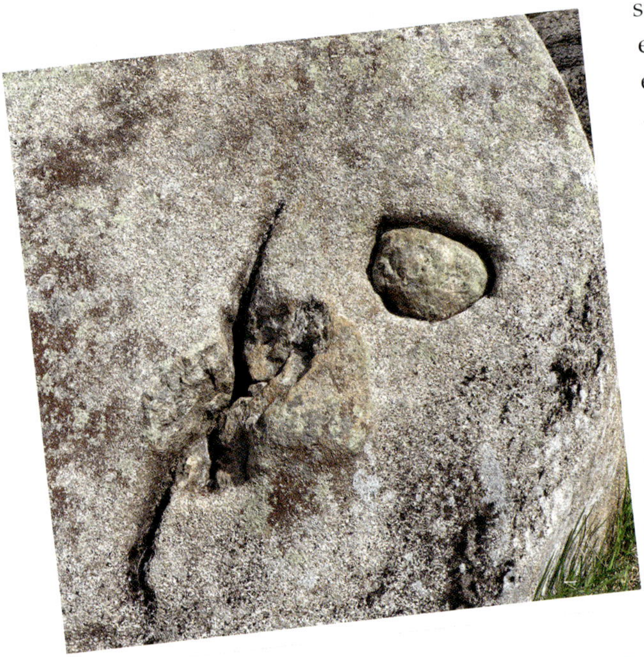

stufen und Wurzeln kleinteilig interessant gestaltet. Das macht ihn zu einem Test für die Trittsicherheit, aber zugleich kurzweilig. Der große Wurzelteller eines umgestürzten Baumes gewährt nicht nur Einblick, wie die Bäume unter der Erde aussehen, sondern auch, wie so ein durch Windwurf entstandenes Objekt wieder von kleinen Erosionsvorgängen und dem stetigen Wirken kleiner Destruenten zerlegt wird.

Nach einem kurzen Holzsteg ist auf 850 Meter Höhe die Bahnlinie zu überqueren. Der Weg wird nun nochmals gröber steinig

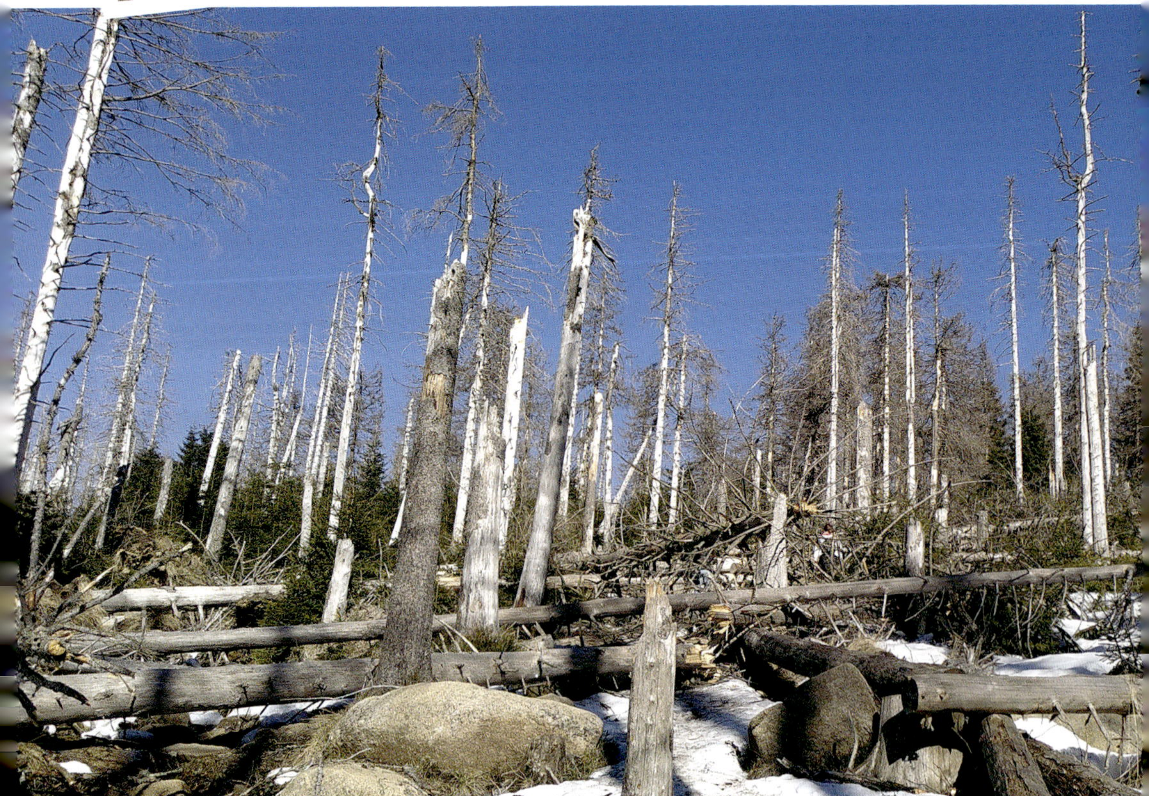

und blockig und bei Nässe schikanös rutschig. An einem Pavillon und einem hübschen Frühstücksplatz mit Bänken und Tischen vorbei geht es auf dem von Generationen von Wanderern deutlich ausgelaufenen Weg stetig stramm bergan. Bei oder kurz nach Regen und bei Schneeschmelze wird auf dem nächsten Abschnitt der Weg auch zum Bett eines Bächleins. Nach einigen sumpfigen Stellen erreicht man schließlich bei 1010 Metern Höhe wieder die Brockenstraße.

Nach dem echten Naturweg ist die Straße nun zwar gehtechnisch weniger anspruchsvoll, aber für natursensible Menschen allemal ein Schock. Man steigt nach links hinauf, nun deutlich weniger wildromantisch mit Autofahrerperspektive. Bald wird die Bahnlinie überquert. Auch danach ist die Route trotz einiger Biegungen kaum zu verfehlen und leitet am Bahnhof vorbei zum Gipfel des Brockens.

Der Rückweg erfolgt am angenehmsten und kürzesten auf dem gleichen Weg.

Linke Seite oben: Einschluss von Deckgestein im erstarrten Granit

Linke Seite unten: Oberes Eckerloch

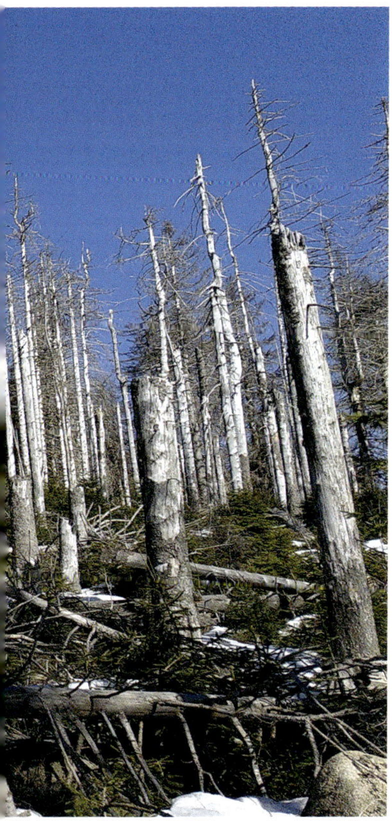

Tipp

Die Gipfelkuppe des Brockens ist eine andere Welt. Hier kann es Windgeschwindigkeiten geben wie in Patagonien und Schneelage bis zum Mai. Im Winter bietet sich bei kalten Hochdruckwetterlagen mit der dann üblichen Temperaturumkehr (»Inversion«) ein atemberaubender Rundblick über ein Wolkenmeer. Bäume halten es hier nicht aus, dafür aber eine besondere Vegetation alpiner Matten.

Dieser Aufstieg erlaubt die rascheste Besteigung des Brockengipfels – wenn man nur erst mal Schierke erreicht hat. Die Chance auf eine bei der Sanierung dem Nationalpark und den vielen Fußwanderern besser angepasste Gestaltung der Brockenstraße wurde vom Landkreis gründlich vertan. Sie wurde nicht nur wieder auf ganzer Breite asphaltiert, sondern auch die Moore beschädigend verbreitert und unter Einbringen von massenhaft ortsfremden Gesteinen hingeklotzt. Offenbar waren den Entscheidern die Interessen einiger mit Fahrerlaubnis privilegierter Anlieger wichtiger als die Idee Nationalpark.

11 Von Oderbrück auf den Achtermann

Über ein Stück des alten Handelsweges zum Panoramagipfel

Mittel	6 km	150 m	2 Std.

Tourencharakter
Ruhige Waldwanderung, teils auf steinigen, blockigen oder überwurzelten Wegen zu einem markanten Aussichtspunkt

Ausgangs-/Endpunkt
Oderbrück Süd

Anfahrt
Auto: Auf der Bundesstraße 4
ÖV: Bahn bis Bad Harzburg, dann Bus, siehe www.reiseauskunft.bahn.de

Karte
Wandern im Westharz, 1:50 000, LGN

Informationen
www.brocken-harz.de

Einkehr
»Hütte am Achtermann« in Oderbrück Süd

Dieser Aufstieg zu einem der markantesten Gipfel des Hochharzes liegt mitten in der Kernzone des Nationalparks Harz. Er führt anfangs über die teilweise noch im originalen Zustand erkennbaren Reste des uralten Handelsweges, der unter Wanderern als »Kaiserweg« bekannt ist. Für dessen komplette Begehung muss man allerdings mehrmals richtig früh aufstehen.

Kaiserlich unterwegs Vom Parkplatz/Bushalt Oderbrück Süd auf dem Kaiserweg an den Skihütten und an der »Hütte am Achtermann« vorbei und dem Weg folgend zuerst zu den Masten

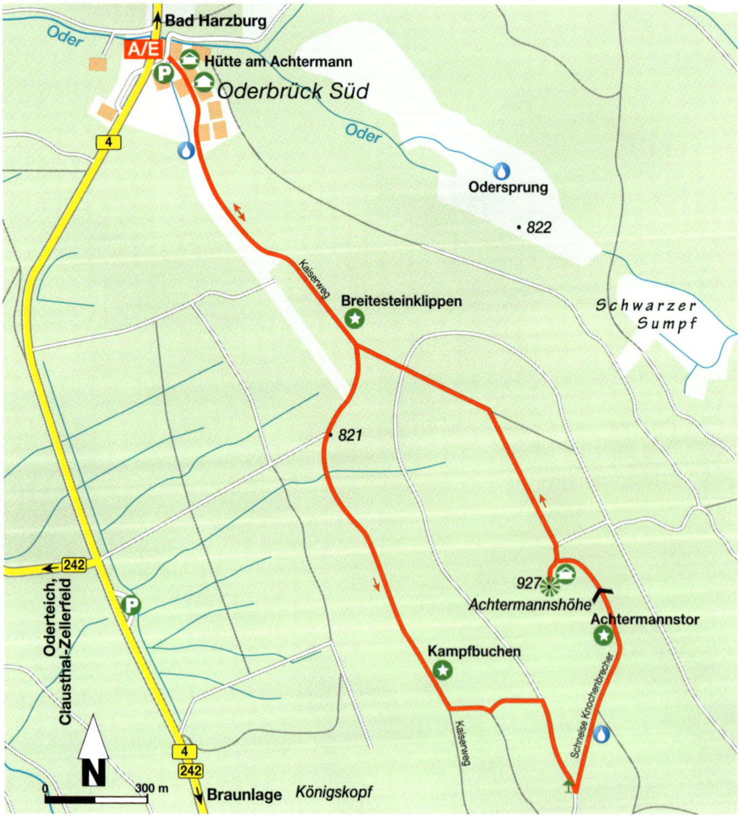

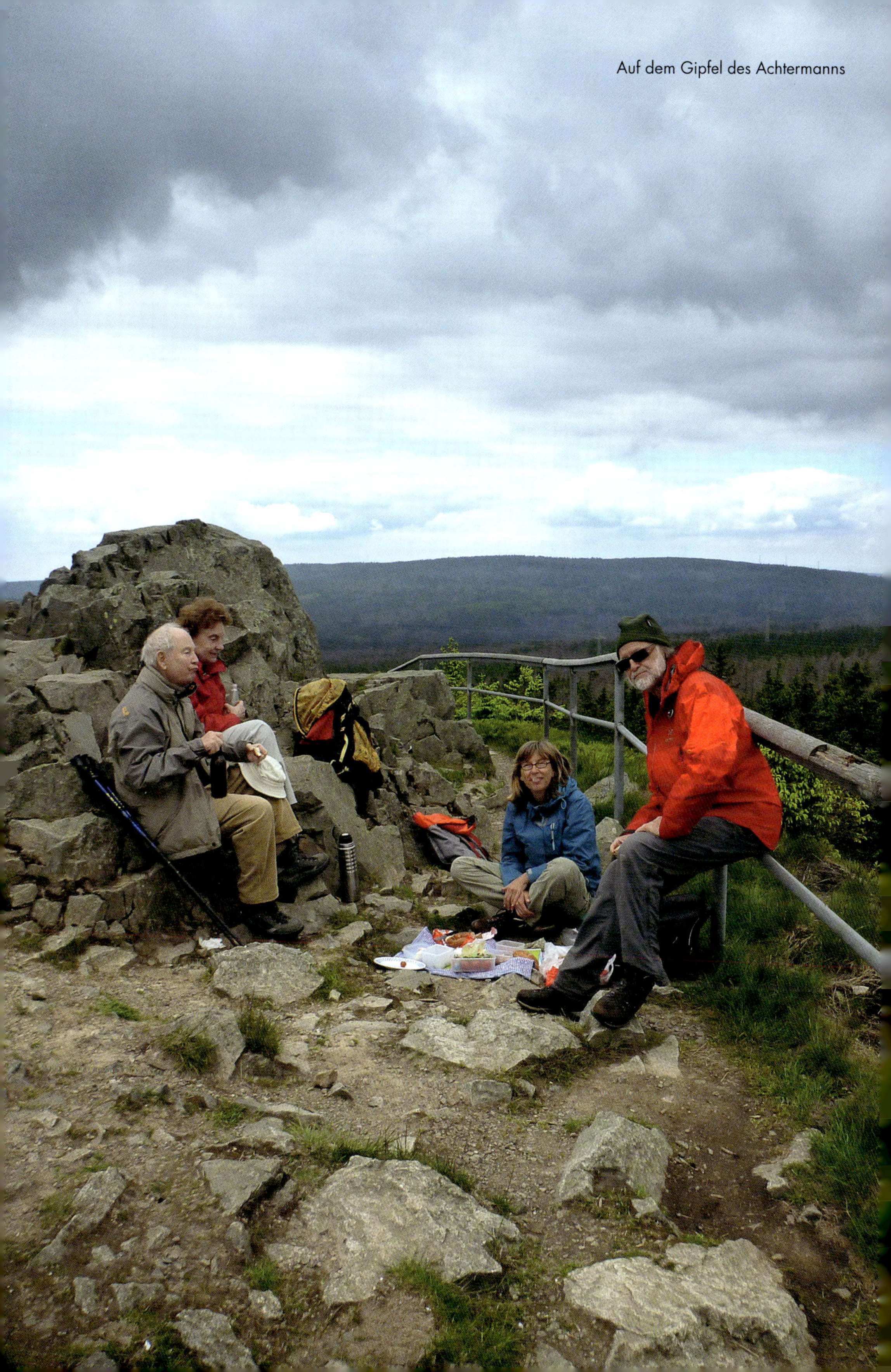

Auf dem Gipfel des Achtermanns

der niedrigen Stromleitung. Der Weg leitet bald nach links in den Wald und führt als Hohlweg – oder neben diesem – weiter. Am Grunde des Hohlweges liegt teilweise die alte blockige Gesteinsoberfläche zutage, in der hier und da sogar die Fahrspuren der alten Handelskarren erkennbar sind. Der Weg führt an den Breitesteinklippen vorbei (Granit mit Wollsackverwitterung) und leitet später wieder auf die grasige Schneise. Der Markierung »Kaiserweg« nach nun den Holzmasten der niedrigeren Stromleitung folgen zu einem links am alten Hohlweg stehenden Hochspannungsmast (Nr. 127). Eben weiter (links eindrucksvoll abgestorbener Fichtenwald) und nach einigen Minuten zu einem rechts vom Weg stehenden großen Hochspannungsmast (Nr. 128). Wenig später stehen links im Wald die urigen »Kampfbuchen« (mehrere alte Krüppelbuchen, denen man in dieser Höhe und bedrängt von den Fichten den Kampf ums Dasein ansieht). Etwa 50 Meter danach weitet sich die Schneise zu einer Art Platz.

Die alte Harzstraße bei Oderbrück, an einem Stück in historischem Zustand

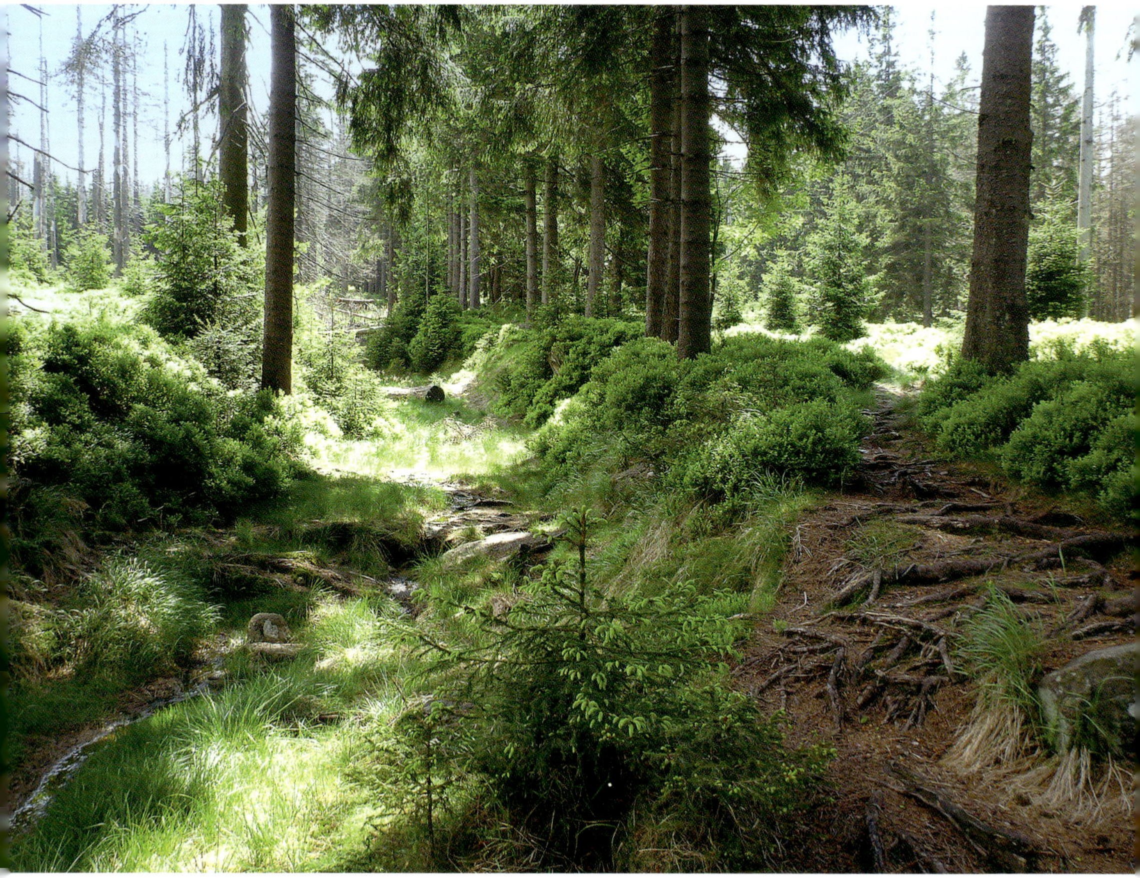

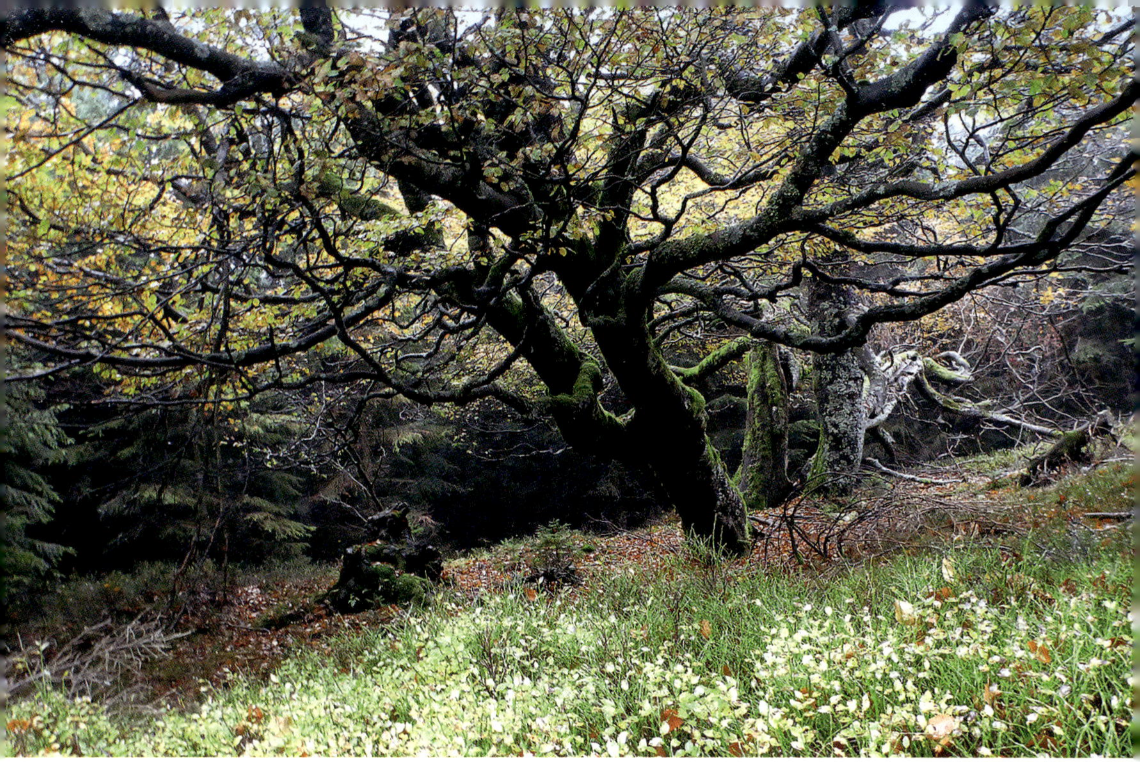

Die »Kampfbuchen«

Zum Gipfel des Achtermanns Hier nach links in den nicht markierten grasigen Weg einbiegen und nach 300 Metern auf einen befestigten Forstweg. Diesem folgen wir nach rechts 300 Meter hinab zu einem Wanderwegweiser. Hier scharf nach links und den blockigen und teils auch von Wurzeln überzogenen, stark begangenen Weg kurzweilig hinauf. Oben wird er steiler und leitet zu den beiden Felsen des »Achtermannstors«. Entlang des linken, höheren Felsens über Treppenstufen ansteigen und dann flacher das nun beginnende Geländer entlang zu einer offenen Wanderschutzhütte. Von hier den ausgelatschten Weg mit Geländer zur kahlen und oft eindrucksvoll windigen Gipfelkuppe des Achtermanns (927 m, herrlicher Rundblick, unter anderem zum nahen Brocken). Wieder hinab zum Platz an der Hütte führt schräg links in Richtung Oderbrück ein blockiger Weg weiter und bald links in breiter Schneise hinab zu einer festen Forststraße. Diese wird direkt überschritten. Zuletzt wie beim Hinweg auf dem Kaiserweg zurück nach Oderbrück.

Tipp

Der aus Granit aufgebaute Achtermann wird durch seine aus härterem Hornfels bestehende Gipfelkuppe vor stärkerer Abtragung geschützt. Der Kaiserweg ist Teil eines alten Handelsweges. In einem Teil des Aufstieges ist das grobe Blockwerk der historischen Straßenoberfläche zu sehen und lässt ahnen, was die Handelskarren und Zugtiere (!) aushalten mussten.

Neinstedter Teufelsmauer

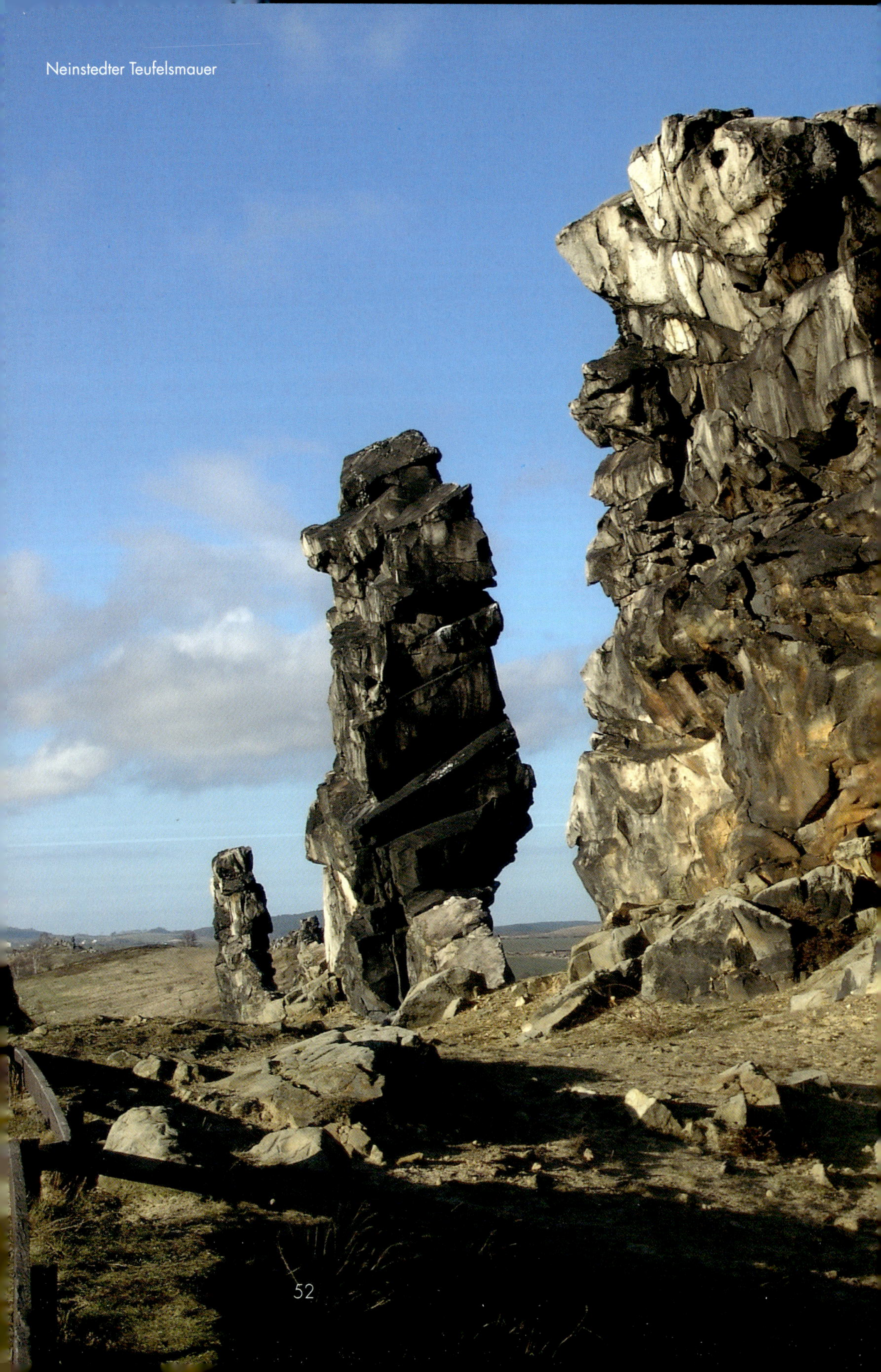

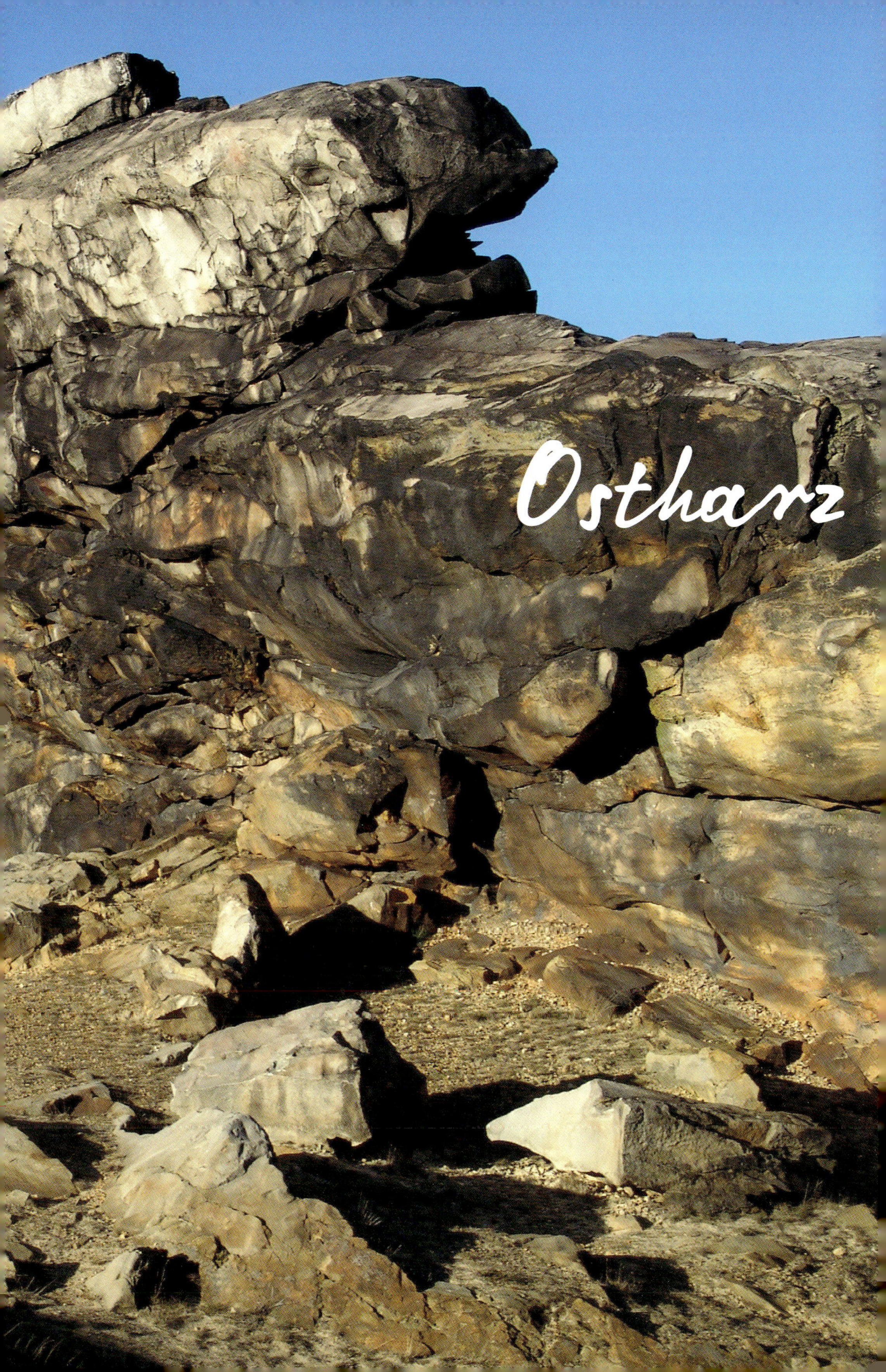
Ostharz

12

Von Benzingerode auf den Ziegenberg und Augstberg

Über Schichtkämme der Harzrandhöhen

Leicht | 7,2 km | 200 m | 2 Std.

Tourencharakter
Abwechslungsreiche und zu jeder Jahreszeit lohnende Harzrandwanderung, mit Auto von Norden rasch erreichbar

Ausgangs-/Endpunkt
Dorfkirche Benzingerode

Anfahrt
Auto: Von der nördlichen Harzrand-Schnellstraße B 6n bei Ausfahrt Wernigerode Zentrum oder Heimburg abzweigen und über die alte B 6 rasch nach Benzingerode. Parkmöglichkeiten nahe der Kirche
ÖV: Bahn bis Wernigerode, Stadtbus, Verbindungen könnten besser sein. Siehe www.reiseauskunft.bahn.de

Karten
Wandern im Ostharz, 1:50 000, LGN

Informationen
Servicebüro Harz, Dornbergsweg 2, 38855 Wernigerode, Tel. 03943/935608, www.harztourist.de

Einkehr
In Benzingerode kaum Möglichkeiten, im östlich gelegenen Ort Heimburg Gaststätte

Reizvolle Wanderung über die am Nordrand des Gebirges das Vorland überragenden Schichtkämme. Diese sind von botanisch wertvollen Trockenrasen und lichten Wäldchen bewachsen. Die weiten Ausblicke werden vom Kontrast zwischen Vorland und Gebirge geprägt.

Zur Struvenburg In Benzingerode vom Platz bei der Kirche nach Osten in die Ziegenstraße. Dort führt hinter den ersten Häusern ein Weg steil nach links hinauf und dann als schmalerer Pfad direkt zum grasigen Kamm des Struvenberges (auch »Ziegenberg«); auf diesem in südöstlicher Richtung weiter. Dabei sind auch kurze Abstiege und Wiederaufstiege zu überwinden. Man passiert die nordseitig wenig unterhalb der Kammhöhe gelegenen Reste der Struvenburg und folgt dem Kammweg über weitere Buckel, teils durch Wald, aber meist mit weiten Ausblicken

Natur

Der Ziegenberg und der Augstberg sind Teil der bei der geologisch jüngeren Heraushebung des Harzblockes hier senkrecht aufgestellten Schichten. Sie waren im Erdmittelalter als Meeresboden abgelagert worden. Der hier anstehende Muschelkalk ist trocken und unfruchtbar und wurde deshalb als Weide genutzt. Der so entstandene Trockenrasen zeigt eine Fülle seltener Pflanzen und ist deshalb unter Naturschutz gestellt. Er kann aber nur bei Fortsetzung der Weidenutzung auf Dauer erhalten werden. Nahe an den Steilhängen des Harzrandes steht im Untergrund Gips an und hat dort durch seine Auslaugung zum Einbrechen von Erdfällen geführt. Der solide restaurierte Aussichtsturm auf dem Augstberg ist eine mittelalterliche Warte der Stadt Wernigerode, von der aus heranziehende Feinde von Weitem erkannt und die Bürger frühzeitig vor ihnen gewarnt werden konnten.

zum Harz und zu den Halberstädter Bergen. Nach der Überschreitung der höchsten Kuppe (305 m) ist von einem kleinen Sattel nach rechts bald eine Feldstraße zu erreichen.
Auf dieser kurz nach rechts und dann links (südwärts) gelangt man auf einer anderen Feldstraße durch die beackerte Mulde im Tälchen des Hellbaches zum Wald. Sie führt am Waldrand nach rechts zu einem hübsch verwilderten Steinbruchgelände. Nach seiner Durchquerung leitet ein Feldsträßchen am Waldrand entlang zurück nach Benzingerode.

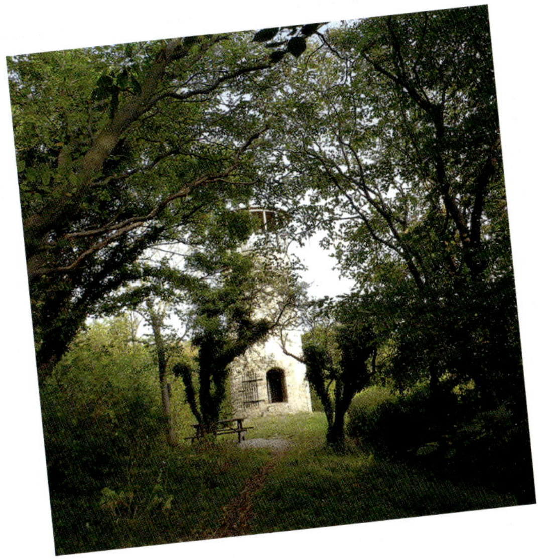

Alte Warte auf dem Augstberg – der neue Aufbau ermöglicht Rundblick!

Zum Aussichtsturm Durch den Ort, über die alte Straße und dann hinauf zu einem Gartengelände an der Nordwestecke des Ortes. Zuletzt im Wald einen schmalen Weg rasch hinauf zum Bergkamm und zum frisch renovierten Aussichtsturm auf dem Augstberg (meist offen, weiter Rundblick). Der Abstieg erfolgt nach Osten zum Waldrand mit dem Dreiburgenblick. Nun nicht über die Wiese hinab! Stattdessen folgen wir noch im Wald dem ausgebauten Fußweg hinab und gehen oberhalb der Gärten und Häuser nach links zurück zur Kirche Benzingerode.

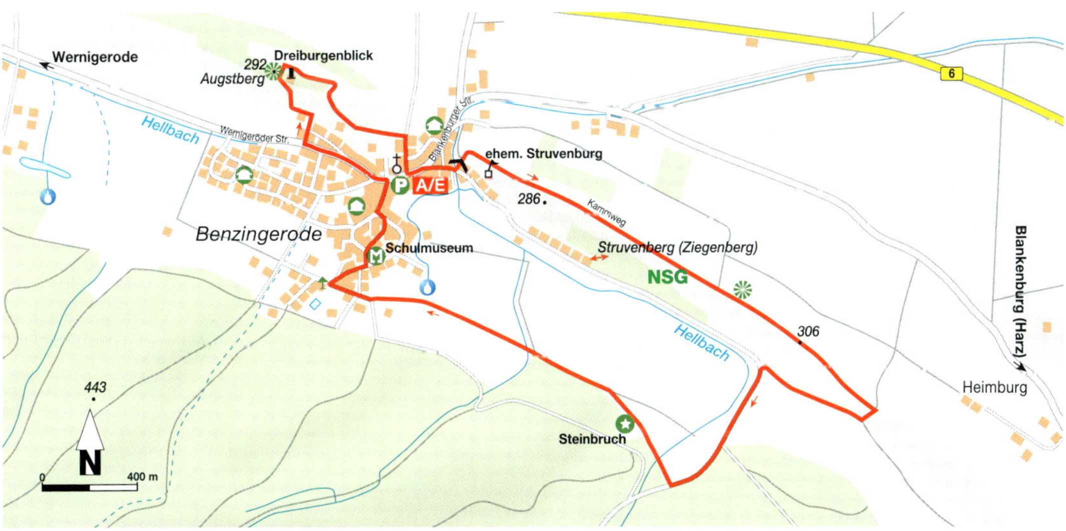

13 Die Blankenburger Teufelsmauer

Über den Kamm der Sandsteinfelsen

mittel | 5 km | 190 m | 2 Std.

Tourencharakter
Abwechslungsreiche Wanderung durch Laub- und Kiefernwald mit schönen Nah- und Fernblicken. Die Tour liegt bei den häufigen Süd- und Westwetterlagen in der Leeseite des Brockens und hat deshalb überdurchschnittlich häufig sonniges Wetter. Unterhalb der Felsen verläuft auch ein bequemer Weg.

Ausgangs-/Endpunkt
Gaststätte Großvaterstuhl. Das Zufahrtssträßchen zweigt von der B 81 in Richtung Hasselfelde gleich nach dem Passieren der von der Straße angeschnittenen kleinen Felswand nach links ab.

Anfahrt
Auto: Über die B 6n bis zur Ausfahrt Blankenburg Ost. Noch vor dem Ortszentrum beim Kreisel links in Richtung Hasselfelde, aber noch vor dem Ortsrand links ein Sträßchen hinauf zum Parkplätzchen der Gaststätte Großvater
ÖV: Bis Blankenburg siehe www.reiseauskunft.bahn.de

Karten
Wandern im Ostharz, 1:50 000, LGN

Informationen
Touristinformation, Im Kleinen Schloss, 38889 Blankenburg (Harz), Tel. 03944/2898, www.blankenburg.de

Einkehr
Gaststätte Großvaterstuhl

Das Städtchen Blankenburg ist mit großen Schlossbauten und weiteren Spuren repräsentationsbedürftiger Adelsgeschlechter gesegnet. Landschaftlich ist es gleichfalls von der Harzrandverwerfung geprägt. Östlich vom Ort bietet sie mit den bizarren Sandsteinfelsen der Teufelsmauer ein besonders reizvolles Wanderziel.

Großvaterstuhl und Topograph Von der Gaststätte Großvaterstuhl hinauf, zuletzt (altehrwürdige Treppen, Geländer) auf den bizarr verwitterten Sandsteinfelsen Großvaterstuhl mit großartigem Rundblick auf die Stadt und das Vorland. Danach geht es in südöstlicher Richtung auf dem schmalen, aber hier und da durch Stufen und Geländer entschärften Kammweg unterhaltsam über Felsbuckel und an Felszacken vorbei. Nach etwa 300 Metern passiert man mit dem Felsen Topograph den höchsten Punkt des Kammes (nur mit etwas richtiger Kletterei zu ersteigen). Immer wieder bieten sich reizvolle Ausblicke. Nach 1,5 Kilometern fächert sich der Kamm auf. Hier den Wegen nach rechts folgen und hinab zu einem kleinen Sattel (Wasserbehälter, südseitig verläuft hier die Autostraße nur wenig unterhalb).

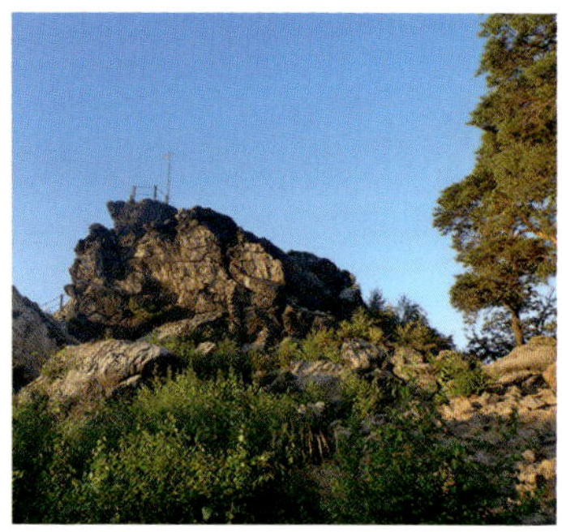

Hinab zum Sautrog Von diesem Sattel nach links den breiten Weg hinab in den besonders im Sommer waldesdunklen Talgrund des »Sautroges« (links die Felswände um die Siegfried-Grotte, unten Wanderer-Schutzhütte, 200 Meter weiter rechts am Weg zum Helsunger Krug die malerische Gewittergrotte, nochmals kurz dahinter der originell als Beschäftigungsmaßnahme der 1930er-Jahre in den Untergrund gebaute Fuchsbau).

Von der Wanderer-Schutzhütte queren wir auf dem Weg links eben aus dem Talgrund heraus und gehen an kleinen Felsen vorbei zu einem Bergsporn (Bank). Der Weg führt nun auf der Nordseite des Bergkammes durch den Wald zurück. Er erreicht die Straße »Heidelberg« und danach die Bundesstraße 81. An dieser gleich links vom Großvater über Treppen hinauf.

Links unten: Am Beginn des Kammweges

Linke Seite: Der Großvaterstuhl

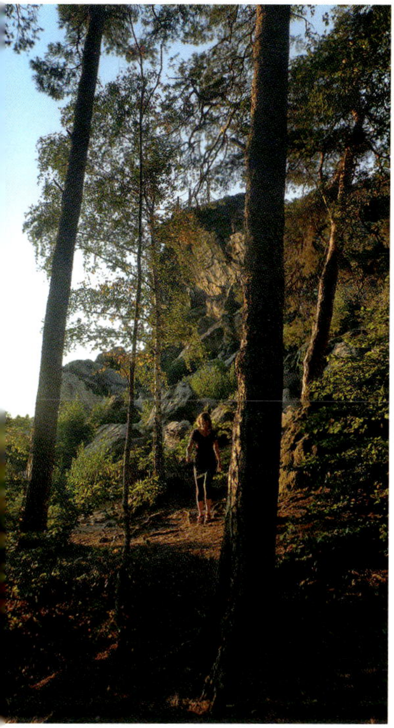

Natur

Die Teufelsmauer ist Teil der jüngeren Schichten, die bei der Heraushebung des alten Harzblockes hochgebogen wurden. Während der Ziegenberg aus Schichten des Muschelkalks aufgebaut ist, bestehen die Felsen der Teufelsmauer aus Sandstein der Kreidezeit. Der hübsch restaurierte Marktbereich von Blankenburg wird überragt vom markanten großen Schloss, wo derzeit Bemühungen um seine Erhaltung gegen den Verfall stattfinden. Auch die nördlich der Stadt gelegene Felskuppe des Regensteins besteht aus Sandstein. Auf seinem Gipfel finden sich die Reste einer teilweise aus dem Stein gehauenen Burg (Aussicht, Gaststätte, Greifvogelschau). Im Untergrund ist das Massiv durch ein Bunkersystem ausgehöhlt. Oberhalb von Blankenburg gibt es auf der Harzhochfläche unweit der Rappbodetalsperre am Stemberghaus ein sehenswertes Köhlermuseum.

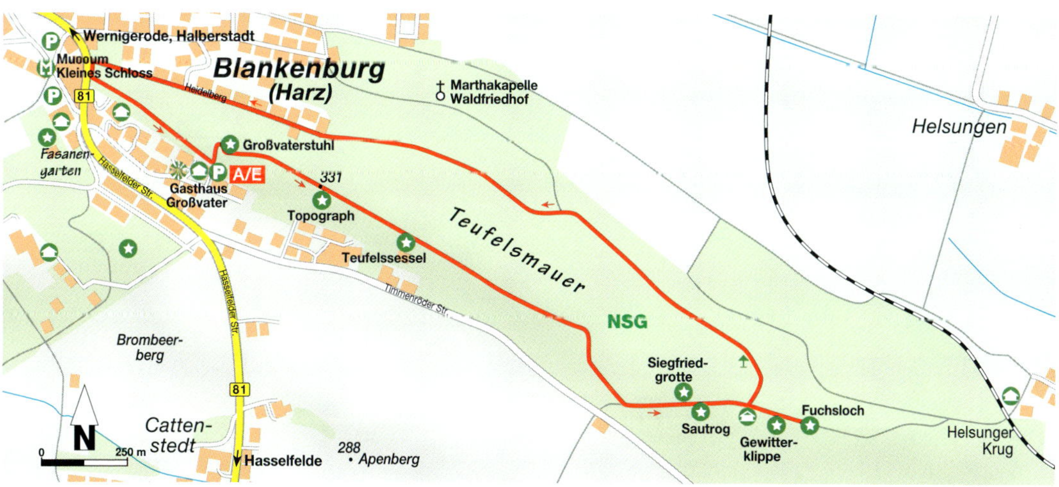

14 Von Thale durch das Bodetal zum Hexentanzplatz

Ins wildeste Tal des Harzes zu sagenumwobenen Felsen

Mittel | 7 km | 200 m | 2 Std.

Tourencharakter
Klassische Wanderung auf steinigen Wegen durch den spektakulärsten Teil des romantischen Bodetales und zu seinem touristisch intensiv erschlossenen Rand. Weniger rüstigen Menschen und Gehfaulen erlaubt die Kabinenbahn eine Kürzung der Tour.

Ausgangs-/Endpunkt
Am westlichen Ausgang des Tales bei der Talstation der Kabinenbahn

Anfahrt
Auto: Die B 6n an der Ausfahrt Westerhausen verlassen und nach Thale zum Parkplatz nahe der Talstation der Kabinenbahn des Sesselliftes
ÖV: Bahn bis Thale, Bahnhof nahe der Talstation, siehe www.reiseauskunft.bahn.de

Karten
Wandern im Ostharz, 1:50 000, LGN

Informationen
Touristinfo, Bahnhofstraße 1, 06502 Thale, Tel. 03947/2597, www.thale.de; www.huettenmuseum-thale.de, www.harzer-bergtheater.de

Einkehr
Jugendherberge Waldkater, Kleiner Waldkater, Königsruhe und Am Hexentanzplatz; in der Stadt Thale weitere Angebote

Der früher industriell bestimmte Ort hat auch schon früh markante touristische Strukturen entwickelt. Das wildromantische Bodetal ist einer der landschaftlichen Superlative des gesamten Gebirges. Die vorgestellte Wanderung führt durch den reizvollsten Teil des Tales, vorbei an wilden und hohen Granitfelsen.

Im Bodetal In Thale an der Talstation vorbei auf dem Fußweg ins Bodetal hinein, gegenüber dem »Waldkater« (JH) über

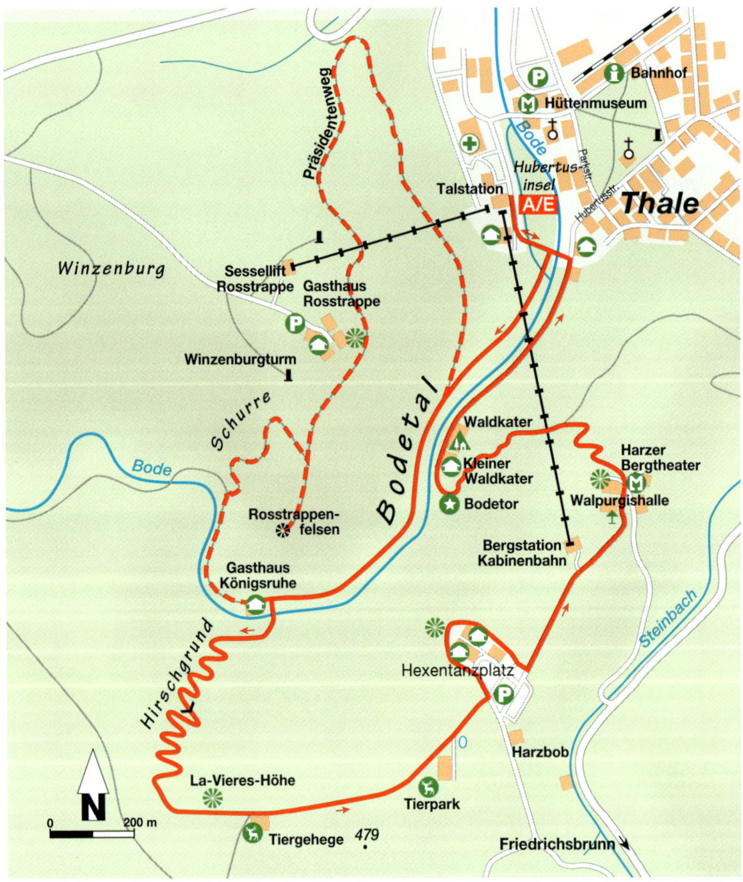

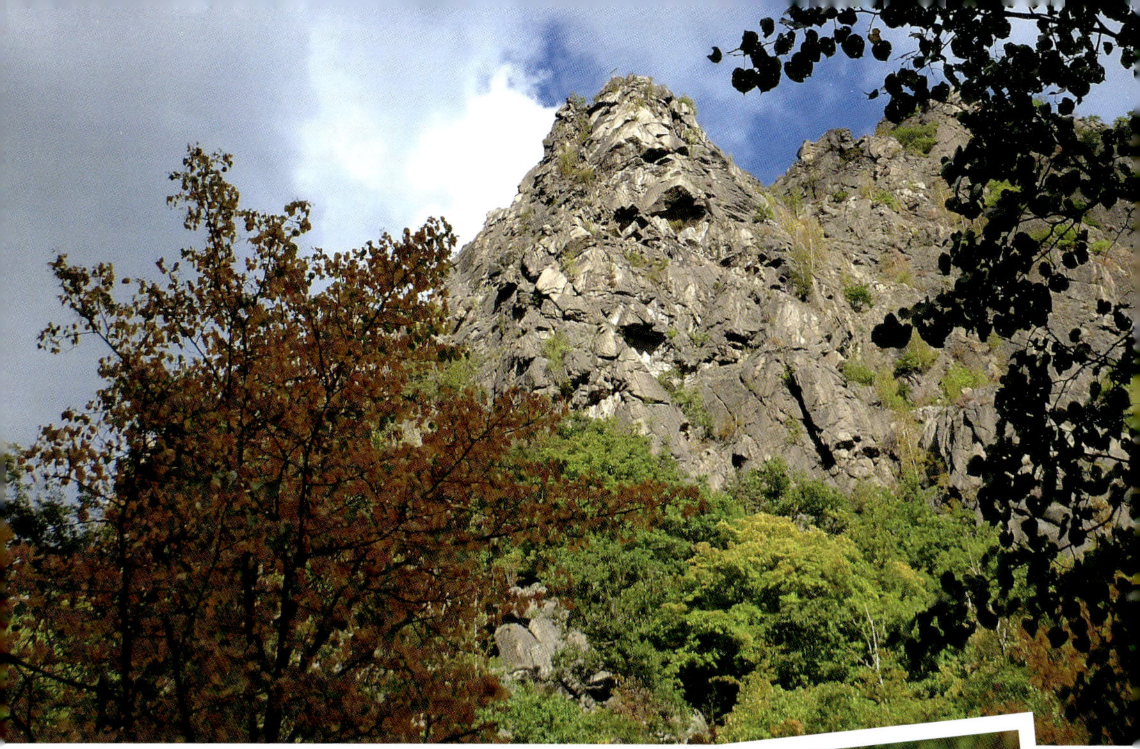

die Brücke und an der Gaststätte Kleiner Waldkater vorbei. Nun auf dem westseitigen Wanderweg nicht weit über der munter dahinfließenden Bode und mit gelegentlichen Durchblicken auf die beachtlichen Felsen etwa eine Viertelstunde taleinwärts bis zur schmalen Brücke an der Gaststätte Königsruhe gehen.

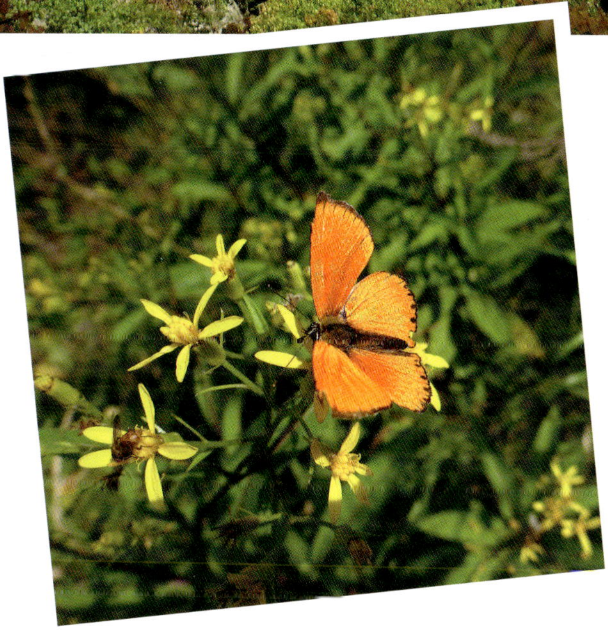

Zum Hexentanzplatz Der ausgebaute Weg führt nun mit vielen Kehren im Seitental Hirschgrund an dem markanten Zackengrat der Hirschhörner vorbei (und anfangs mit großartigem Rückblick auf die gegenüber schroff und hoch aufragende Felswand der Rosstrappe) bis ganz hinauf zur Hochfläche. Kurz bevor man sie erreicht, kann man links noch über Treppen zu einer mit einem Geländer versehenen Felskanzel kommen (Aussicht). Dann am Tierpark (u. a. mit Greifvögeln und Wölfen) vorbei zum Trubel des mit den verschiedensten Jux- und Juhu-Angeboten vollgestopften »Hexentanzplatzes« (kostenpflichtiger Großparkplatz,

Lebendige Farbtupfer

Ganz oben:
Die Granitwand der Rosstrappe von der Königsruhe

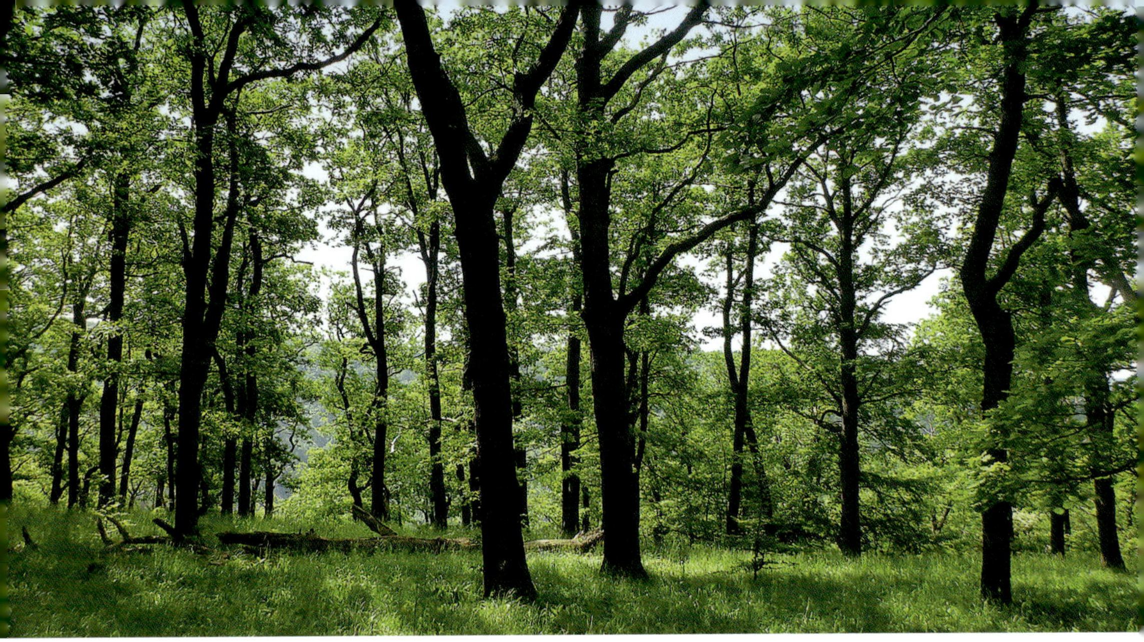

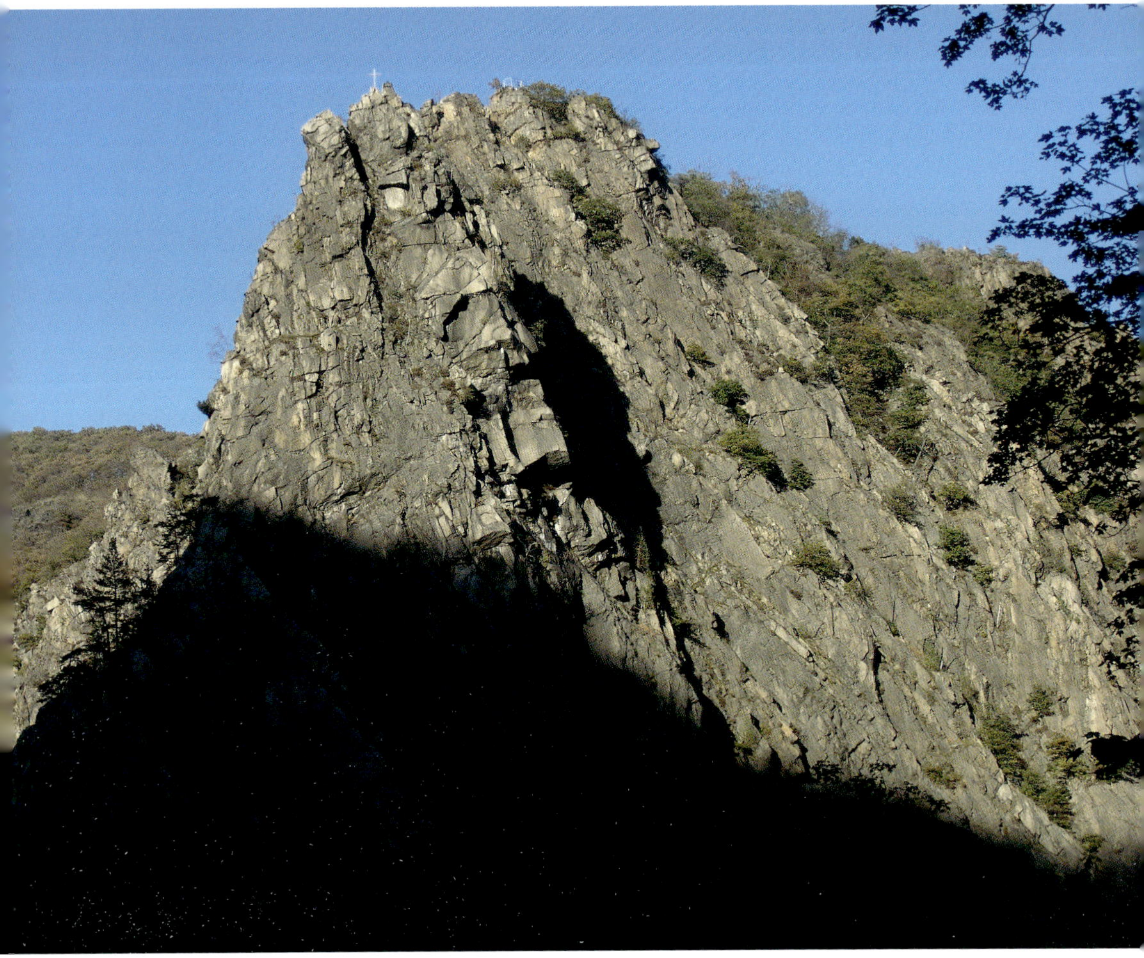

Bergstation der Kabinenbahn, Berghotel, Restaurant, Kioske, Bergtheater usw.; vom Rand der Hochfläche eindrucksvoller Blick ins Bodetal).

Linke Seite oben: Eichenwald oberhalb der Rosstrappe

Linke Seite unten: Rosstrappenfelsen vom oberen Hirschgrund

Abstieg Den kann man natürlich gegen Bares per Kabinenbahn antreten. Wer sich jedoch sportlich der Mühe eines steilen Abstiegs stellen will, geht nordwärts hinab zur beim Bergtheater stehenden Walpurgishalle und kann von hier noch auf die Felskanzel Wachtler-Felsen steigen (Aussicht). Rechts hinter dem Gebäude beginnt ein nach links führender steiniger Weg. Dieser leitet im Zickzack steil hinab, später unter der Kabinenbahn durch und an der Felskanzel Bodetor vorbei zum Kleinen Waldkater und nach Thale.

Natur

Das Bodetal ist mit großen Bögen tief in Granit eingeschnitten. Solch steiles Felsgelände ist durch Erosion und Spaltenfrost eine Intensivbaustelle der Natur. Da bewegt sich immer mal wieder ein Stein oder auch mal ein Gesteinspaket. Vor einigen Jahren wurde nach einem Bergsturz auch mal eine Beräumung der Felsen versucht. Die begrub unter anderem den herrlichen, um 1900 gebauten Zickzackweg „Schurre" unter Trümmern und führte auch zu weiteren, nicht unsichtbaren Felssicherungsmaßnahmen. Die können allerdings die natürliche Dynamik nicht völlig beseitigen. Hier bleiben unvermeidlich einige Restrisiken. So kann die Begehung der Wanderwege im Tal nur auf eigene Gefahr erfolgen. Andererseits ist kein einziger Fall bekannt, dass hier schon einmal ein Mensch durch Steinschlag verletzt oder gar umgebracht worden wäre. Und auch dem Autor, der das Bodetal von Kindesbeinen an oft und immer mit großem Vergnügen betreten hat, wurde dort vom Steinschlag noch keine Schramme zugefügt.

Seit Mai 2021 ist der renovierte Schurre-Weg hinauf zur Rosstrappe wieder offen.

Der Hexentanzplatz soll eine vorgeschichtliche Kult- und Opferstätte sein. In den Geschichten um Hexen und Walpurgisbräuche und der Rosstrappensage wird das bis heute tourismusgerecht gepflegt, ebenso in einem Teil des Programms des dort angesiedelten Harzer Bergtheaters. Das älteste Gebäude in Thale ist der Wendhusenturm (9. Jh.) als Rest eines ehemaligen Klosters. Die Stadt wurde dann jedoch vor allem durch die Metallverarbeitung industriell geprägt. Die zeitweilige massenhafte Herstellung von Stahlhelmen wurde später recht erfolgreich in die Herstellung von zivilen Metallbehältern überführt (etwa nach dem Motto »Macht Helme zu Kochtöpfen …«), bevor das Werk dann von der Treuhand kaputtsaniert und schließlich samt riesigem Grundbesitz für die berühmte eine Mark verkauft wurde. Dass es eine Ex-Ministerin an ihren Ex-Ministerpräsidenten veräußerte, war ein zusätzlicher Skandal.

15 Von Stecklenberg zu alten Burgen

Zu malerischen Burgresten und Aussichtspunkten am Harzrand

Mittel | 7,5 km | 250 m | 3 Std.

Tourencharakter
Kurze Wanderung zu einigen historisch, geologisch und landschaftlich reizvollen Orten, die teils auch mit Infotafeln erläutert werden. Sie verläuft über Natur- und Forstwege, mit einigen herzhaften Steigungen und hübschen Nah- und Fernblicken.

Ausgangs- und Endpunkt
Kirche und Gemeindeverwaltung in Stecklenberg, an der Hauptstraße

Anfahrt
Auto: Von der B 6n von Ausfahrt Quedlinburg Ost in Richtung Bad Suderode und von dort nach Stecklenberg. Parkmöglichkeiten auch nördlich vom Ausgangspunkt
ÖV: Bahn (selten) bis Neinstedt, auch (öfter) bis Quedlinburg und von dort per Schmalspurbahn HSB bis Bad Suderode (s. www.hsb-wr.de)

Karte
Wandern im Ostharz, 1:50 000, LGN

Informationen
Servicebüro Harz, Dornbergweg 2, 38855 Wernigerode, Tel. 03943/935608, www.harztourist.de

Einkehr
Im nahen Gernrode bei der zu Recht berühmten romanischen Stiftskirche das Jugendstilcafé Der Froschkönig

Die nahe dem Kurort Bad Suderode verlaufende Wanderung bietet sowohl den Besuch einiger kulturhistorisch aufgeladener Orte als auch romantische Naturszenerien auf angenehmen, anfangs steilen Wegen. Im Wechsel der Jahreszeiten bringt sie sehr unterschiedliche Eindrücke.

Von Stecklenberg steigen wir vom Platz bei der Backsteinkirche, am mit Liebe zu Details gestalteten Modell der Lauenburg vorbei, über einen steilen Treppenweg oder einen grasigen Zickzackweg entlang einer großen Rutsche auf. Wir folgen dem Weg nach links hinauf zu den malerischen Mauerresten der Stecklenburg. Nach rechts hin gelangen wir an einer Wiese vorbei rasch zu einem Wall. 150 Meter danach wird das Gelände steiler. Nun führt ein steiler Weg schräg nach rechts hinauf zu einem Platz vor einem neuen Gebäude. Von hier führt nach links ein Abstecher über einen mit Treppen versehenen Einschnitt auf das mit Tafeln erläuterte weitläufige Ruinengelände der alten Lauenburg.

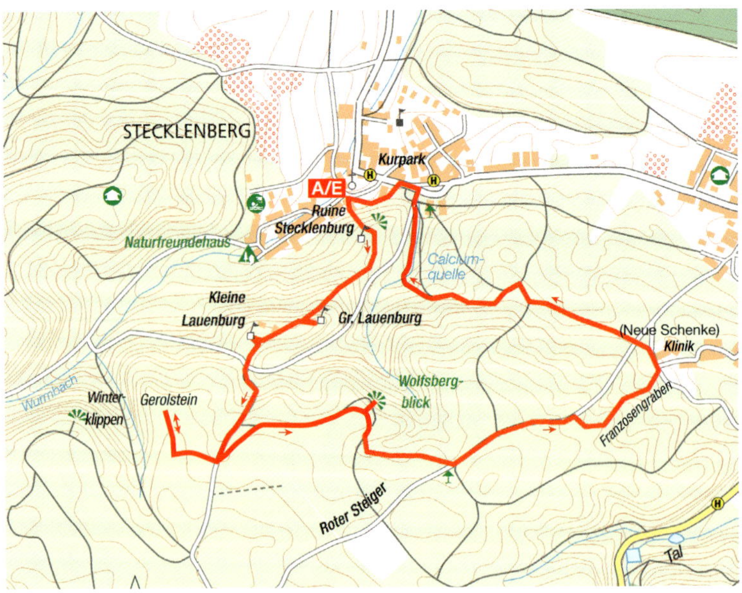

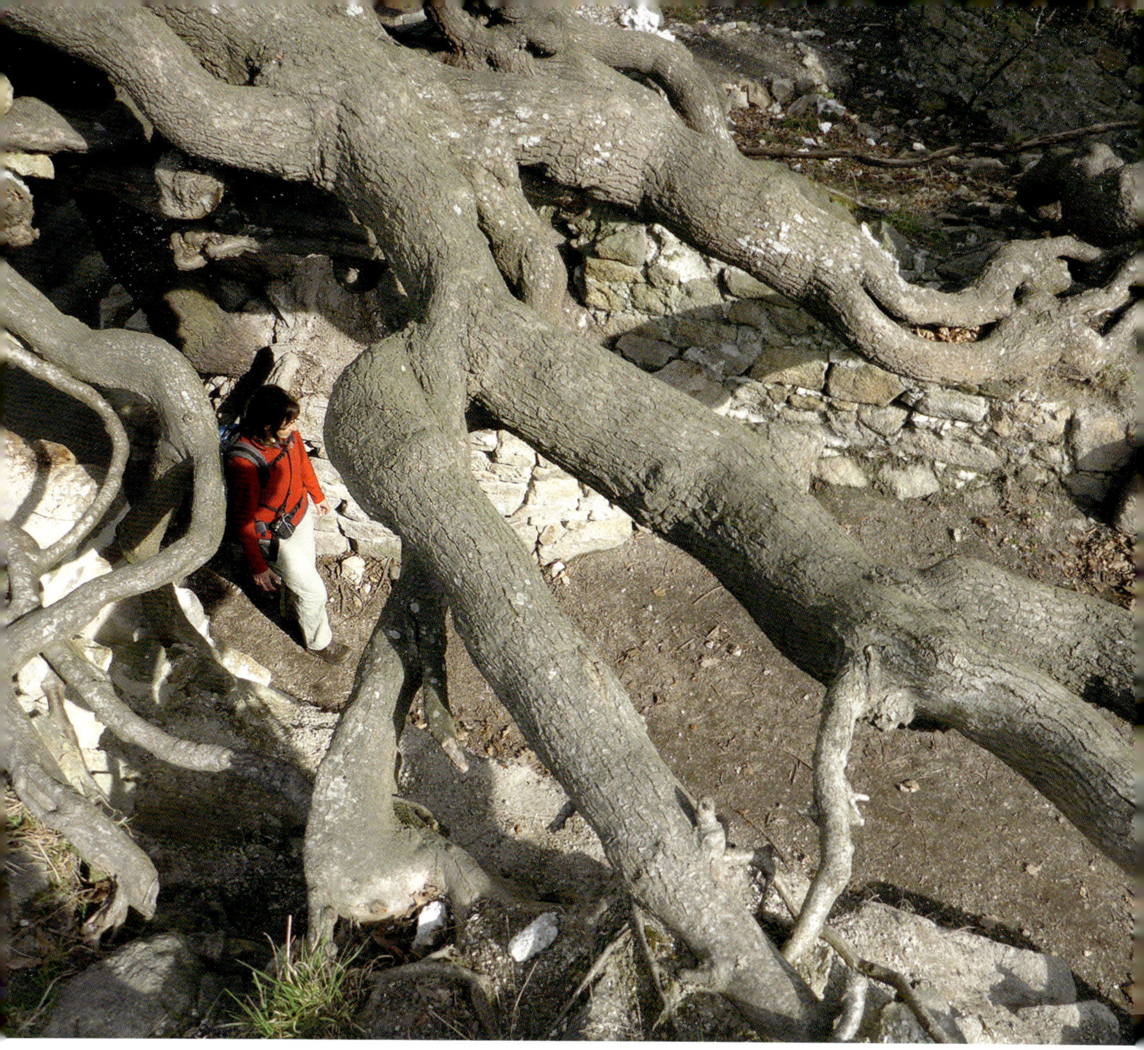

Auf dem Rundgang Große Lauenburg

Zurück vor den neuen Gebäuden leitet der Weg abwärts und nach wenigen Metern bietet sich nach rechts über Treppen der Aufstieg zum Aussichtspunkt Vorburg an (weiter Blick ins Vorland). Danach gehen wir den breiten Weg weiter hinab zu einer Kreuzung beim nahen Bergsattel. Wir folgen dem Weg nach links steil ansteigend und über eine Kehre etwa 500 Meter bis zu einem Wegekreuz am Bergkamm.

Von hier führt ein Abstecher 300 Meter nach rechts über einen unbefestigten Weg zur Bergkuppe (406 m). Hinter einer Eichen-Dickung liegen am nach Westen abfallenden Hang unterhalb die niedrigen, aus Granit bestehenden Geroldsklippen (derzeit kaum Ausblick).

Tipp

Eine besondere Attraktion von Stecklenberg ist das jährliche Osterfeuer. Das bisher größte Stecklenberger Osterfeuer wurde mit 34 Meter Höhe im Jahr 2000 angezündet und kam damit ins Guinessbuch der Rekorde.

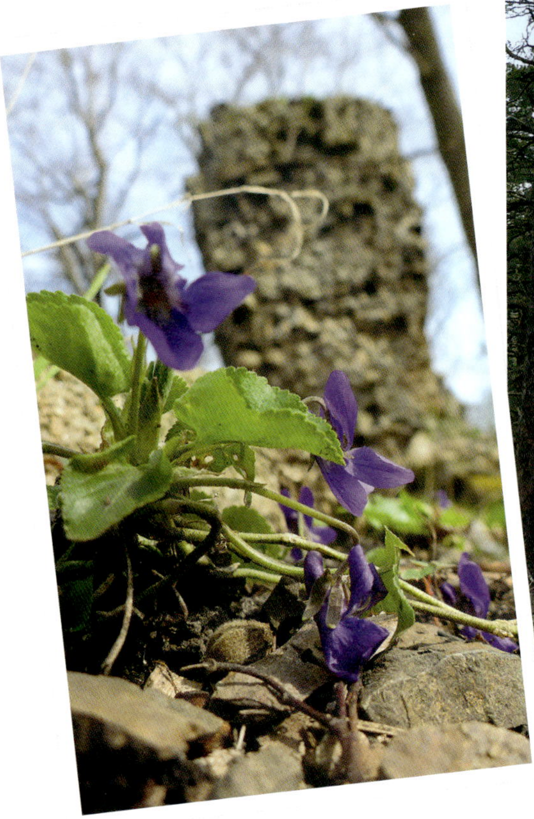

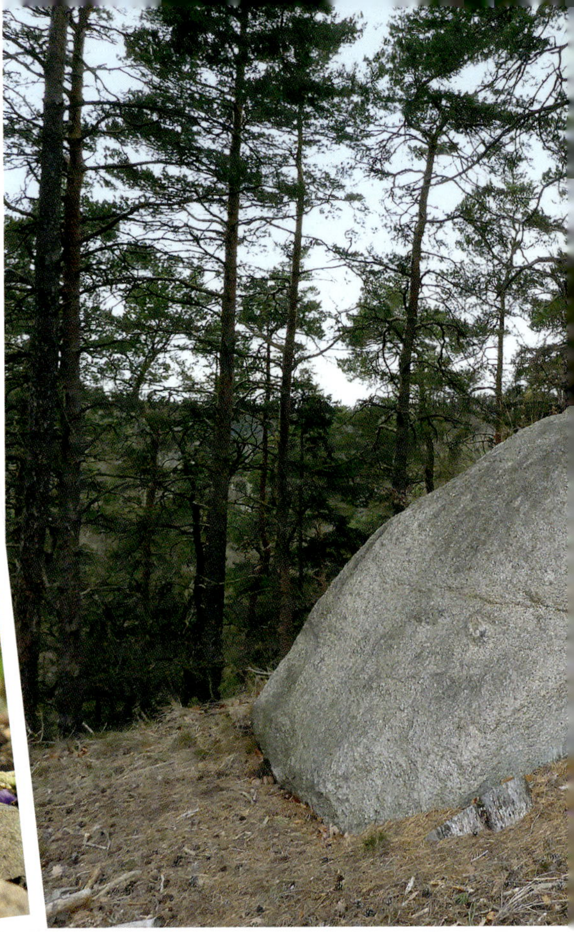

Frühlingsveilchen vor dem Bergfried Große Lauenburg

Zurück am Wegekreuz folgen wir nun dem auf der Höhe scharf nach links (nordwärts) verlaufenden Forstweg. Er biegt bald nach rechts ab und leitet, etwa in gleicher Höhe bleibend, nach etwa einem Kilometer zur Abzweigung eines Stichweges. Dieser führt nach links zum an der Geländekante gelegenen Wolfsbergblick (Bank, Aussicht bis zu den Halberstädter Bergen und nach Quedlinburg).

Zurück am Forstweg gehen wir diesen nahe der Geländekante weiter, um einen Talanfang herum und weiter zur festen Forststraße Alter Steiger. Dieser folgen wir nach links über eine flache Kuppe bis zu einer Wanderhütte. Hier biegen wir rechts in den Wald ein und gleich den ersten alten Hohlweg nach links hinab in Richtung Paracelsusklinik. Der Weg (»Franzosengraben«) ist mehrere Meter tief ins Gelände eingeschnitten und fast gruselig steil und im Herbst mit vom Wind eingewehtem Laub angereichert. Schließlich führt er jedoch ohne besondere Hindernisse bis vor den großen Gebäude-

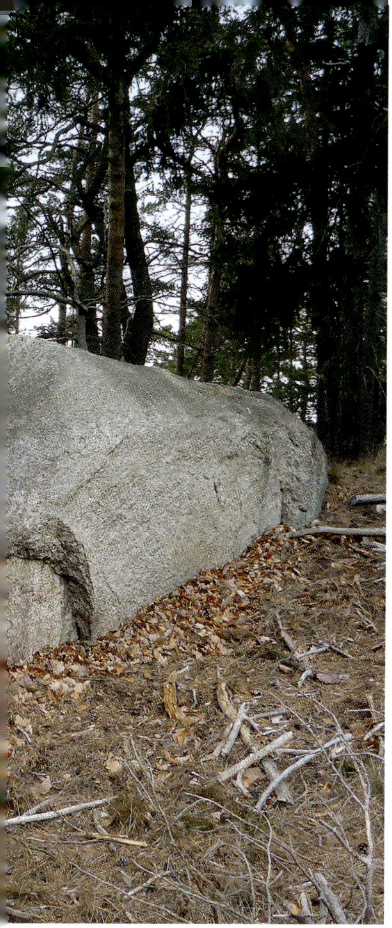

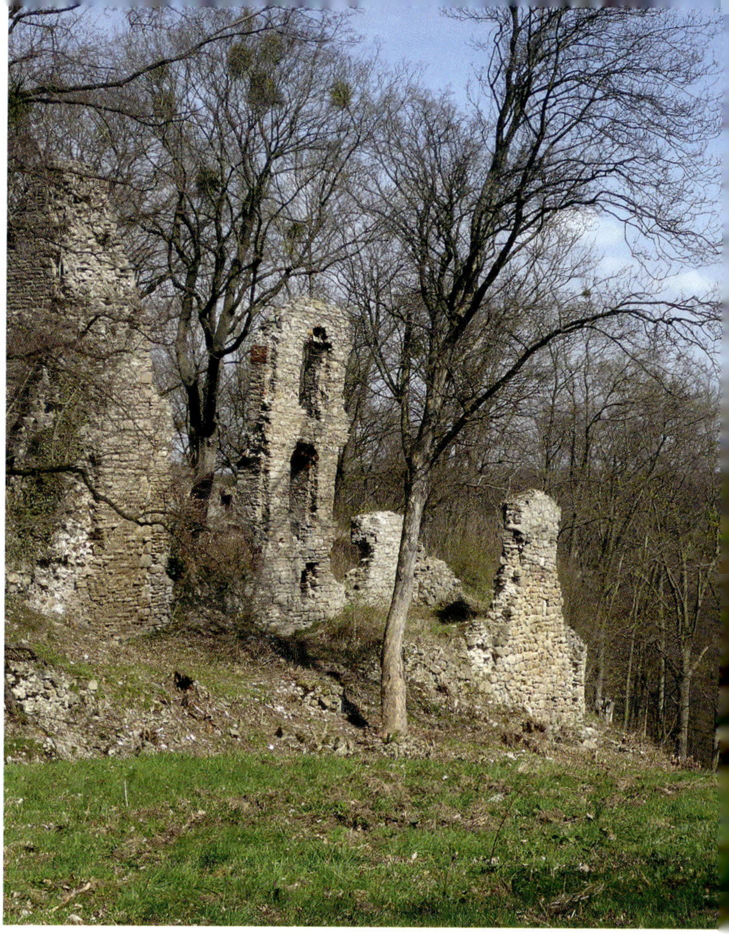

komplex der Klinik hinab, wo ein bequemer, breiter und beschilderter Wanderweg nach links zur Forststraße abzweigt.

Ruine Stecklenburg

Mitte: Gerolstein – Granitblock am Gipfel

Zur Kalziumquelle und nach Stecklenburg Gegenüber beginnt ein Weg, der die Hänge meist abwärtsquerend zur im Talgrund und im Kurpark gelegenen Calziumquelle leitet (Bänke, Tische, gratis Mineralwasser aus der monumental gefassten Quelle des Kurortes Bad Suderode im Angebot, Trinkgeschirr ist mitzubringen). Von hier führt der gegenüber nach kurzem Aufstieg erreichbare Weg nordwärts zügig hinab zum Ortsrand von Stecklenberg. Links oberhalb der Straße kommen wir auf einem Fußweg und zuletzt wieder an der Mini-Lauenburg vorbei zum Ausgangspunkt.

Tipp

Diese Wanderung am Harzrand führt über Gesteine des Ramberger Plutons. Im Bereich der beiden alten, mit malerischen Ruinen sehenswerten Burgen stehen metamorph angeschmolzene Gesteine an. An den Geroldsklippen und im Wurmbachtal ist es dagegen der in der Tiefe unter den Deckschichten langsam erkaltete, grobkörnige Granit.

16 Gernroder Stiftskirche und Anhaltiner Saalstein

Vom Kleinod der Romanik zu Relikten einer vergangenen Grenze

Leicht | 8,1 km | 300 m | 3 Std.

Tourencharakter
Landschaftlich reizvolle, kultur-historisch angereicherte Laubwaldwanderung

Ausgangs-/Endpunkt
Bei der Stiftskirche in Gernrode

Anfahrt
Auto: Von der nördlichen Harzrand-Schnellstraße B 6n von der Anschlussstelle Quedlinburg Ost auf neuer Schnellstraße zügig nach Gernrode
ÖV: Bahn bis Quedlinburg. Von dort über die erst vor einigen Jahren als Anschluss zur UNESCO-Welterbestadt neu gebaute Strecke der HSB Selketalbahn nach Gernrode, www.reiseauskunft.bahn.de und www.hsb-wr.de

Karten
Wandern im Ostharz, 1:50 000, LGN

Informationen
Allgemeine Infos siehe Wikipedia, touristische siehe Servicebüro Harz, Dornbergsweg 2, 38855 Wernigerode, Tel. 03943/93 56 08, www.harztourist.de

Einkehr
Bei der Gernroder Stiftskirche Jugendstilcafé Der Froschkönig

Vom etwas verträumten Städtchen Gernrode mit dem Kleinod der romanischen Basilika führt die abwechslungsreiche Wanderung entlang der alten preußisch-anhaltinischen Grenze durch lichten Traubeneichenwald zu den Granitfelsen des Saalsteins und vereint so Eindrücke des Harzrandes mit solchen der Harzhöhen.

Beginn bei der Stiftskirche Vom Westausgang der Stiftskirche Gernrode leitet die Straße hinab zum Spittelteich. Zwischen Fachwerkhäusern aufwärts und zum oberhalb gelegenen Hagenteich. Vom nördlichen Ufer des Hagenteiches steigt man die Treppen der Teichgasse steil hinauf und oberhalb in gleicher Richtung in einer unbenannten Straße weiter bergan bis vor eine private Einfahrt. Links hinter dem Haus Nr. 16 einen kleinen Weg steil aufwärts in den Wald gehen und zum oberhalb eben verlaufenden Panoramaweg (links Aussicht auf die Stadt). Auf diesem nach rechts (westwärts) durch Wald und später an einer Lichtung vorbei abwärtsgehen. Nach etwa einem Kilometer gelangt man so oberhalb von Bad Suderode zur beschilderten Ab-

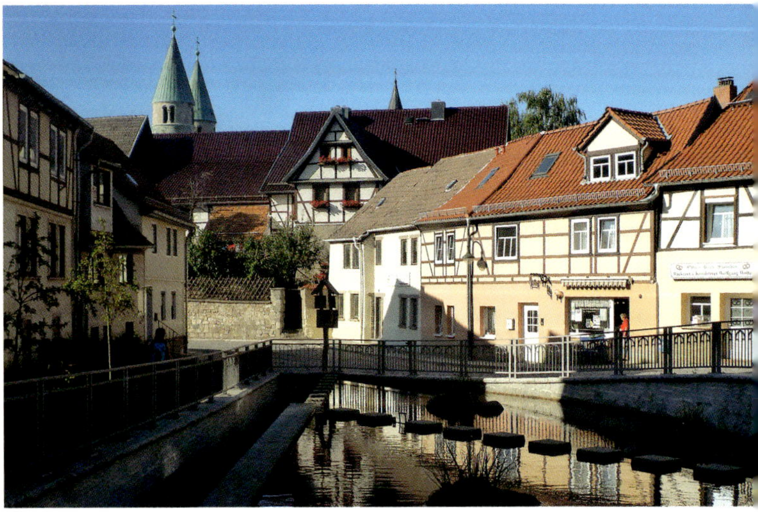

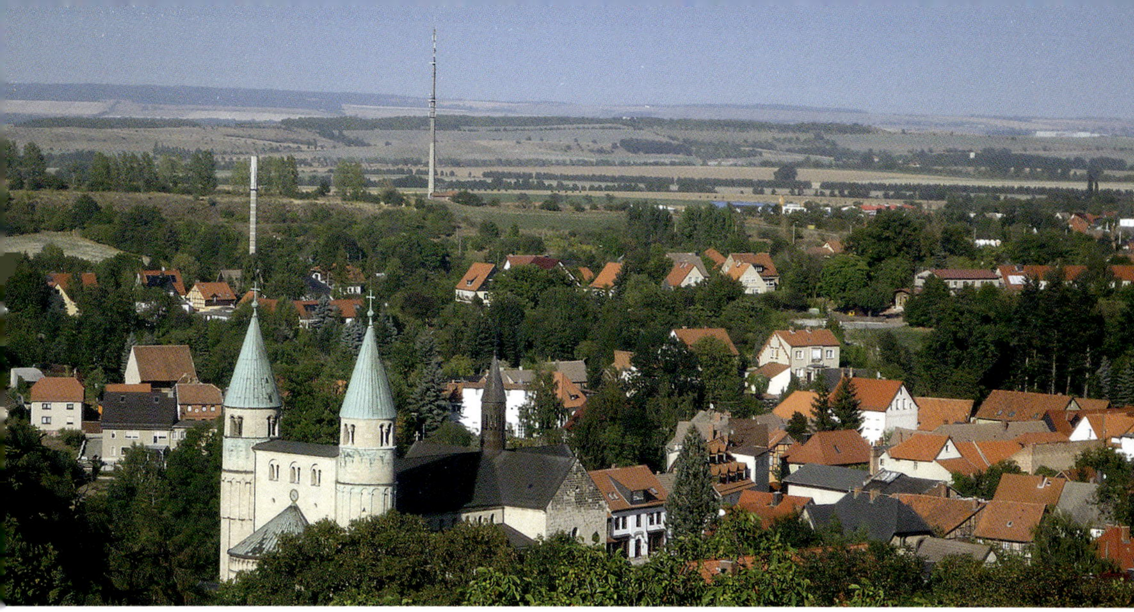

zweigung eines Weges nach links hinauf. Dieser leitet steil als »Forstbotanischer Wanderweg 2007« hinauf zum Preußenturm (hölzerner Aussichtsturm mit weitem Rundblick).

Blick über Gernrode vom Panoramaweg

Linke Seite: Spittelteich und Stiftskirche in Gernrode

Die Grenze entlang Weiter dem Weg folgen auf den schmalen Kamm der Olbergshöhe (Bank, Aussicht) und dem nahe dem Kamm verlaufenden Weg nach zu einem Querweg. Auf diesem etwa 100 Meter nach links und dann rechts auf dem als »Forstbotanischer Wanderweg 2007« ausgeschilderten Weg über den flachen Bergkamm hinauf. Der Weg ist deutlich eingetieft und von zahlreichen alten Grenzsteinen als Grenzweg markiert (A für Anhalt, P für Preußen). Dieser führt, zuletzt mit einem kleinen

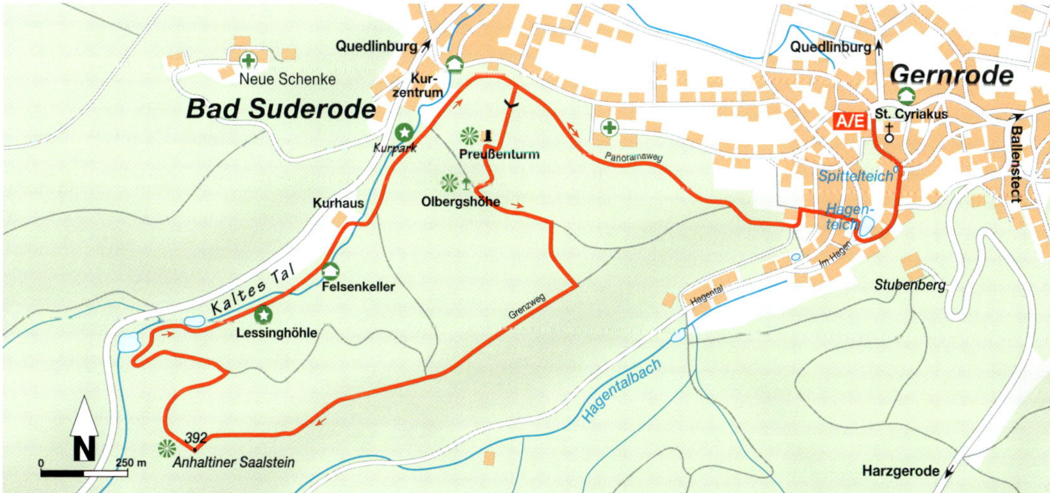

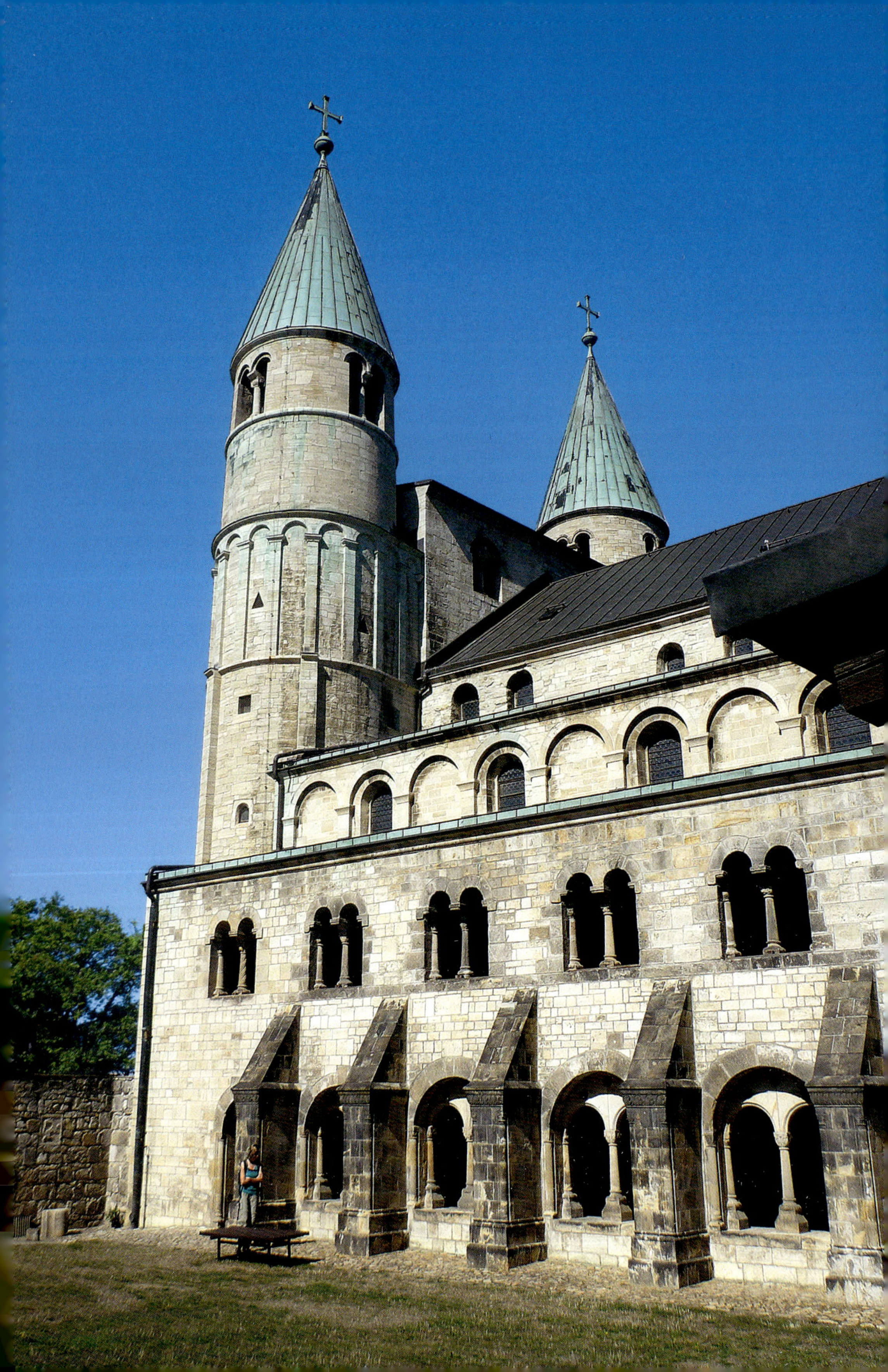

Schlenker nach rechts, zum Anhaltiner Saalstein (392 m, Granitklippe hoch über dem Tal, gegenüber dem auf der anderen Talseite gelegenen Preußischen Saalstein, Bank, Aussicht).

Linke Seite: Die Stiftskirche St. Cyriakus in Gernrode

Unten: Kapitell an der Stiftskirche

Über das Kalte Tal zurück Entlang der Klippe einen steilen Weg hinabgehen und weiter unten nach rechts halten (hier ist derzeit teilweise Altholz zu umgehen). Der Weg führt bald breiter und weniger mühsam nach rechts zu einem Wegekreuz und danach links hinab in den Grund des Kalten Tales. Dort den Weg entlang des Baches hinabgehen, am Lessingschacht vorbei, zum Kurpark Bad Suderode mit der Gaststätte Felsenkeller. Schließlich gelangt man, immer den Wegen dicht am Bach folgend, oberhalb des schicken Wellnessbades zu einem Steingarten mit Blöcken von harztypischen Gesteinen.

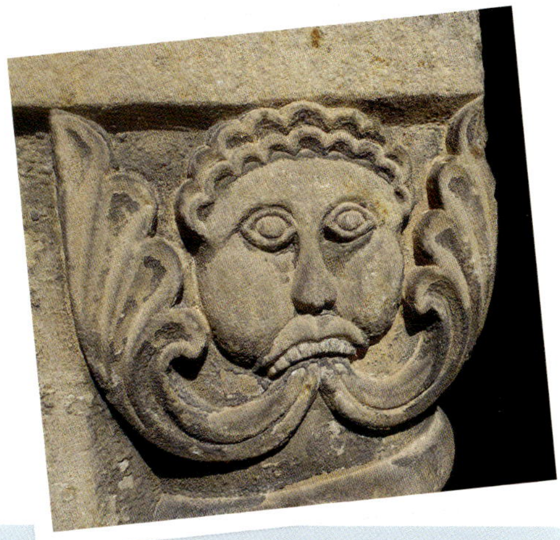

Nun nahe dem Waldrand mit dem Fernwanderweg E 11 (teils auch als »Selketalweg« ausgeschildert) wieder zur bereits vom Hinweg bekannten Abzweigung in Richtung Preußenturm. Etwas ansteigend auf dem Panoramaweg weiter und schließlich wie beim Aufstieg hinab zu den Teichen und zum Ausgangspunkt in Gernrode.

Tipp

Die über 1000-jährige Stiftskirche St. Cyriakus in Gernrode ist eine dreischiffige Basilika mit u. a. sehenswertem Kreuzgang und als Juwel der Romanik bekannt. Südlich vom Ort verlief die noch an alten Grenzsteinen kenntliche Grenze zwischen Sachsen-Anhalt und Preußen. Im Tal oberhalb von Bad Suderode gibt es mit dem Lessingschacht Spuren des einstigen Bergbaus. Das Wasser des Spitteiches ist immer noch vom früher oberhalb betriebenen Schwerspatabbau belastet. Der Ort Gernrode wurde 2013 zu Quedlinburg eingemeindet. Westlich vom westlich benachbarten Bad Suderode liegen am Hang des Gebirges die Ruine der Stecklenburg und die teils noch erhaltene Lauenburg. Als botanische Raritäten begegnet man bei der Stiftskirche einigen schönen Exemplaren der Elsbeere. An der Olbergs-Höhe wächst der seltene, früher in der Weinherstellung benutzte Speierling. Am teilweise als »Forstbotanischer Wanderweg 2007« beschilderten alten Grenzweg gedeiht ein vorwiegend aus Traubeneichen bestehender Wald. Die im Vorland gelegene UNESCO-Welterbestadt Quedlinburg ist ein rundum sehenswertes Ziel auch für mehr als einen Tag.

17 Vom Gartenhaus zur Burg Falkenstein

Wanderziel mit Burgenromantik und Wald- und Wiesenidylle

Mittel | 4,5 km | 150 m | 2 Std.

Tourencharakter
Teils über viel begangene Wege, teils naturnäher durch urigen Wald und idyllische Talszenerien zur einzigen niemals eroberten Burg des Harzes. Bei starkem Regen kann der Weg hinab ins Selketal nass und dreckig werden, bei starkem Wind ist wegen der unvermeidlich an den gewaltigen Bäumen hängenden toten Äste besser zu verzichten.

Ausgangs-/Endpunkt
Parkplatz bei der Gaststätte Gartenhaus. Dort auch im Sommer Angebot für Erlebnisreiten, Waggonfahrten oder Kutschfahrten zur Burg Falkenstein

Anfahrt
Auto: Von Meisdorf ins Selketal und in Richtung Pansfelde bald den Talgrund verlassend zur Kreuzung bei der Gaststätte Gartenhaus
ÖV: Bahn bis Aschersleben, dann Bus bis Meisdorf, siehe www.reiseauskunft.bahn.de

Karten
Wandern im Ostharz, 1:50 000, LGN

Informationen
www.burg-falkenstein.com, www.dome-schloesser.de/falkenstein

Einkehr
Gaststätte Gartenhaus, Burggaststätte und Hotels Talmühle und Zum Falken

Nahe dem östlichen Ende des Harzes verbindet diese Rundwanderung Eindrücke des idyllischen unteren Selketales mit dem Besuch einer alten und auch zu besichtigenden Burg auf einem kecken Bergsporn. Dieses Unternehmen lässt sich als kleine Rundwanderung oder auch als bloßer Kurzbesuch der Burg machen und lohnt zu jeder Jahreszeit.

Im wildromantischen Wald Vom »Gartenhaus« in westlicher Richtung auf der Friederikenstraße entlang einer Wiese zum Wald und dort nach rechts abzweigen. An den unscheinbaren Resten der oberen Vorburg vorbei (links Wälle, Erläuterungstafel) und hinab zu einer Wegteilung. Auf dem ersten der beiden Wege in einem bald deutlicher werdenden Tälchen hinunter zu zwei Teichen und einer Schutzhütte. Der von hier rechts aufwärtsführende Weg leitet direkt zur Burg Falkenstein.

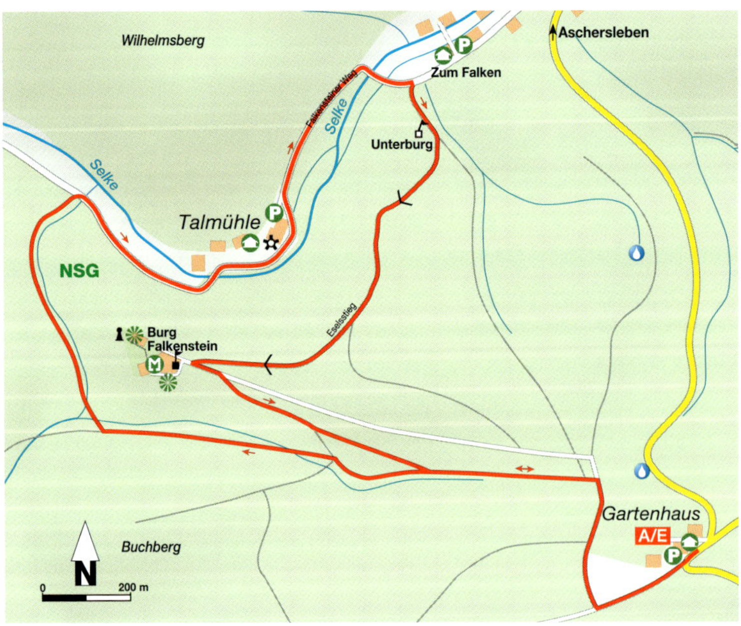

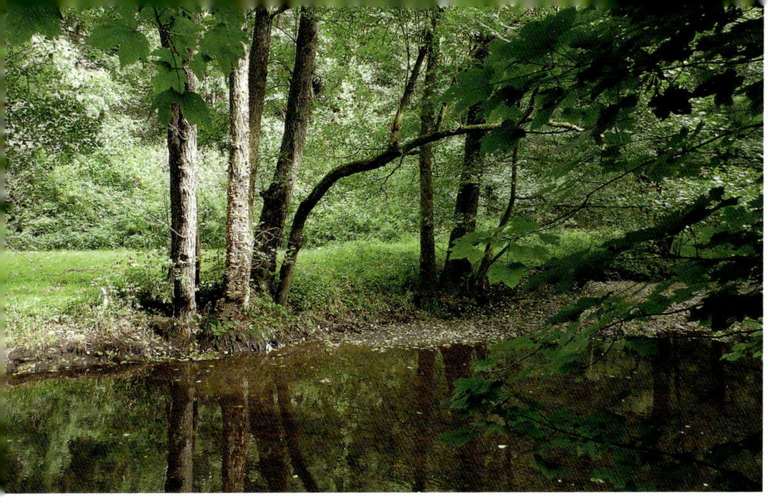

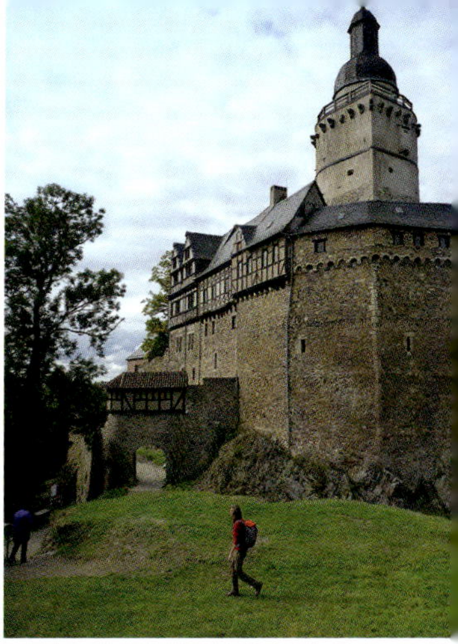

Die Burg Falkenstein

Links: An der Selke

Die hier vorgeschlagene Wanderung nimmt jedoch den abwärts weiterziehenden Weg. Dieser ist weniger gut ausgetreten und führt bald zu einer Stelle, wo ein Bächlein zu überqueren ist. Dies geschieht entweder über die Gangsteine einer kleinen Furt oder über hingeworfenes Holz. Jenseits dann auf dem Hangweg oberhalb des Baches durch romantisch wilden Wald und später, immer abwärtsgehend, an einem kleinen Felsen vorbei (Bänke) und schließlich ins Selketal zur Straße im Talgrund.

Zur Burg Falkenstein Auf dieser rechts – mit hübschen Nahblicken auf den breiten Bach und die Wiesen und Bäume seiner Aue – zum Hotel Talmühle. Nach einem weiteren Kilometer, nach der zweiten Brücke und nur noch etwa 100 Meter vor dem Parkplatz der Gaststätte Zum Falken rechts auf den ausgeschilderten Eselsstieg abzweigen. Dieser leitet zunächst nur sanft ansteigend zu den Resten der unteren Vorburg (Infotafel). Danach steiler rechts hinauf zum Sattel vor der Burg Falkenstein (Besichtigung kostenpflichtig!).

Zurück zum Gartenhaus Der Weiterweg führt vom Platz vor der Burg gemeinsam mit der Fahrstraße in östlicher Richtung und nach etwa 50 Metern rechts über den Bergkamm. Dort auf Fußweg straßenfern durch schönen, weitgehend aus Traubeneichen bestehenden Wald zur Schutzhütte bei den beiden kleinen Teichen und wie beim Hinweg zum Gartenhaus.

Sehenswert

Die Burg Falkenstein wurde nie erobert und nie warm rückgebaut oder anderweitig zerlegt. Entsprechend ist sie eine Rarität zum Erfahren mittelalterlicher Atmosphäre. Die Angebote der aktuellen Eigner der Gemäuer für Events und Feiern sind entsprechend originell, wenn auch nicht besonders billig.

18 Von Mansfeld zum Schloss Mansfeld

Im Land von jahrtausendealtem Bergbau

Leicht | 4 km | 100 m | 1.30 Std.

Tourencharakter
Kulturhistorisch und geologisch »aufgeladene« Kurzwanderung um das alte Zentrum des Ostharzer Bergbaus

Ausgangs-/Endpunkt
Im Ort Mansfeld, an der Abzweigung der Straße nach Klostermansfeld (K 2333) von der Bundesstraße B 86, unterhalb vom Schloss

Anfahrt
Auto: Über die B 86, von der neuen Schnellstraße B 180 (Aschersleben–Eisleben) her. Parkmöglichkeit direkt an der Abzweigung der Kreisstraße nach Klostermansfeld
ÖV: Bahn bis Klostermansfeld, siehe www.reiseauskunft.bahn.de

Karte
Wandern im Ostharz, 1:50 000, LGN

Informationen
Mansfeld-Südharz, Rudolf-Breitscheid-Straße 20/22, 06526 Sangerhausen, Tel. 03464/535-0, www.mansfeldsuedharz.de

Einkehr
Café im Schloss

Die sanft wellige Landschaft am Ostende des Harzes ist geprägt von über 3000 Jahren Bergbau. Bereits seit der Bronzezeit wurde hier nach Kupfer und Silber geschürft. Der dadurch erhaltene Reichtum spiegelt sich auch in der wuchtigen Festung Mansfeld, die die im Tal gelegene Geburtsstadt Martin Luthers überragt.

Zum Mansfelder Schloss In Mansfeld von der Abzweigung der Kreisstraße nach Klostermansfeld am Fuß des bewaldeten Schlossberges auf der Flutgrabenstraße in Richtung Süden. Nach dem Passieren des Friedhofes wird die Straße schmal und leitet bald nach links als geschotterter, tief eingeschnittener Weg hinauf. Auf halber Höhe ist an der Wegböschung links ein Felswändchen mit schwarzem Kupferschiefer zu sehen, der Grundlage des frühen Reichtums dieser Gegend wurde. Der Weg führt nach einem Kilometer auf die quer verlaufende, grob gepflasterte Alte

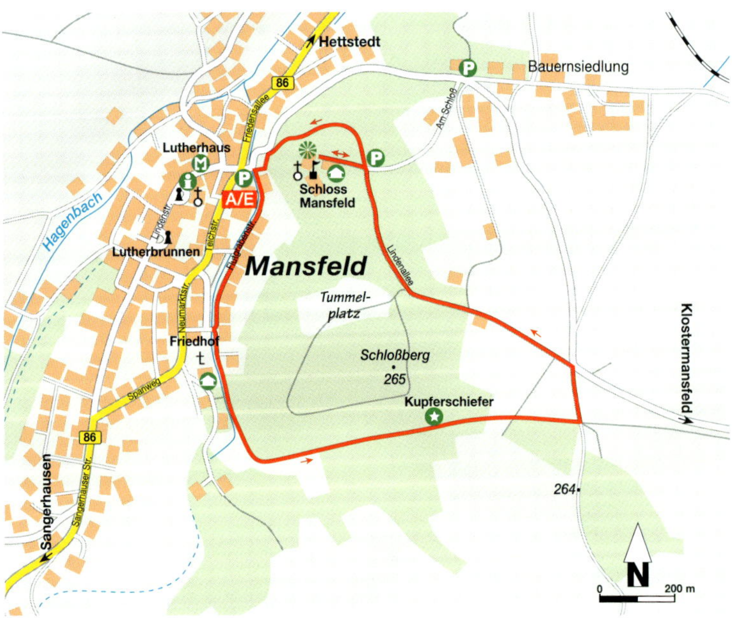

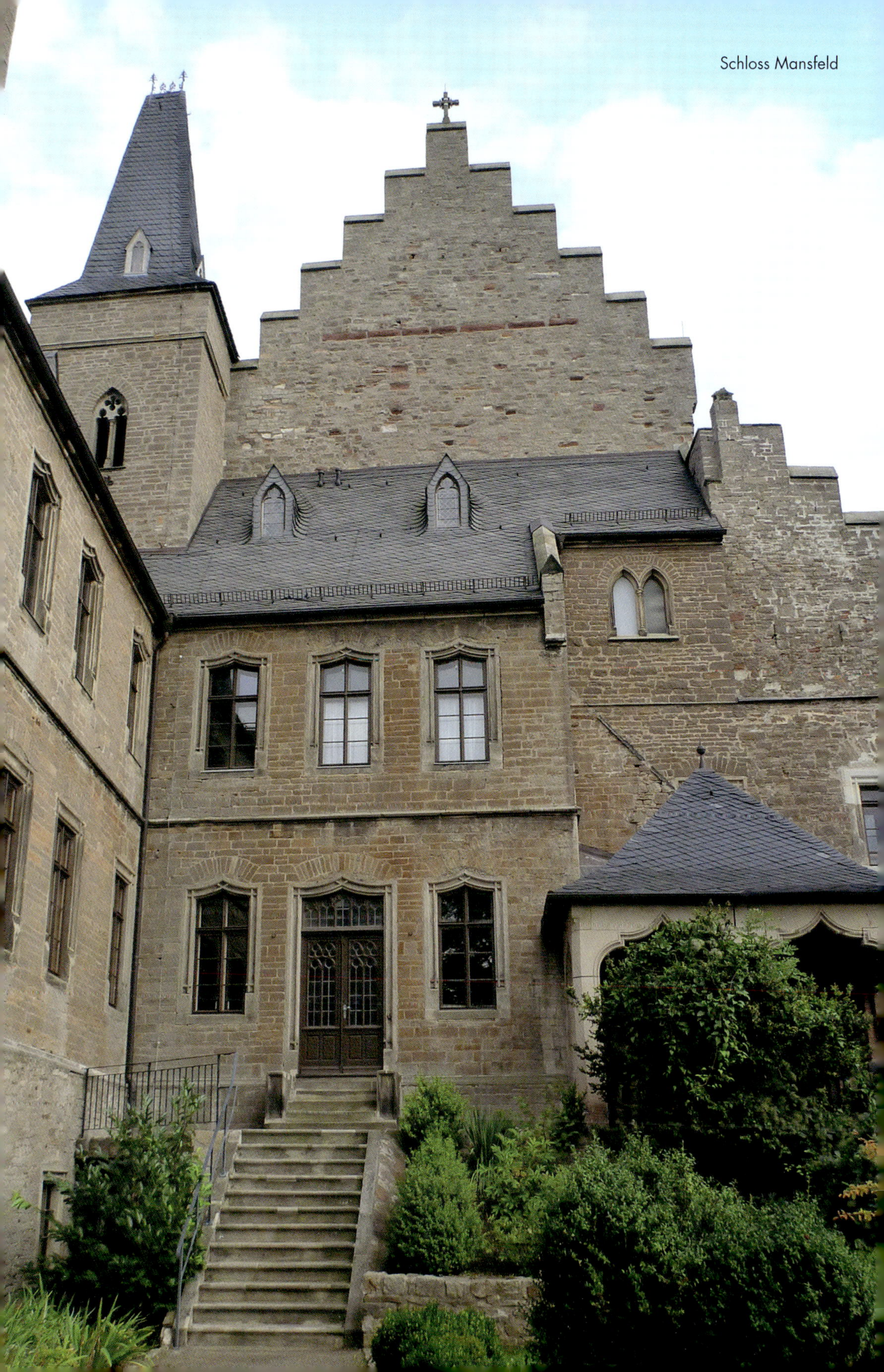

Schloss Mansfeld

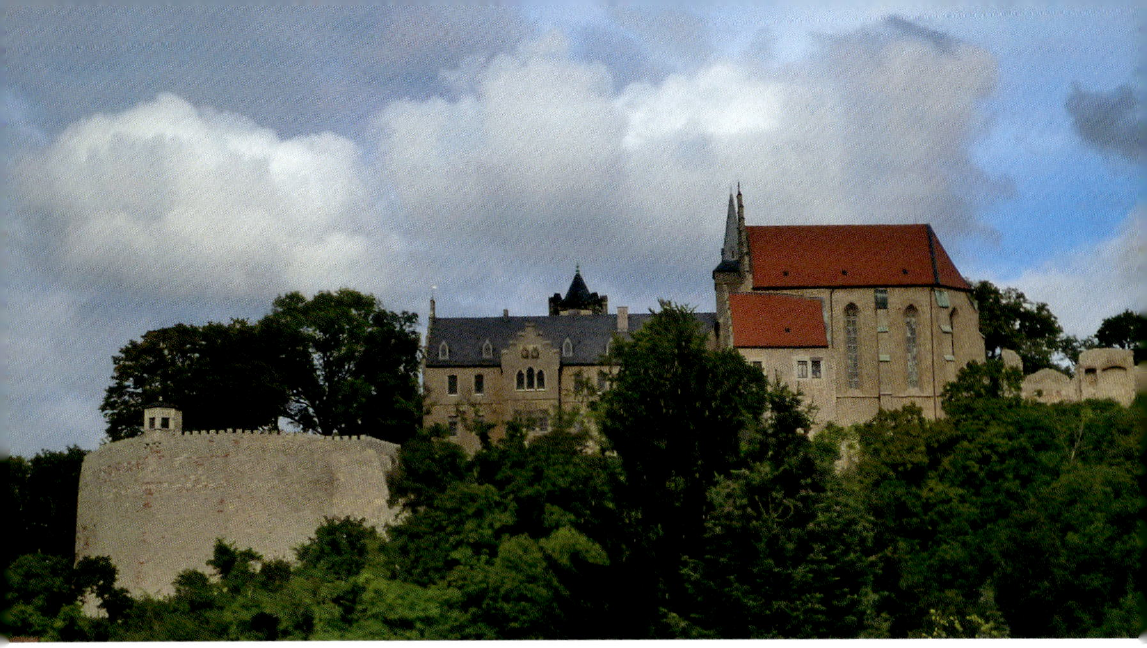

Schloss Mansfeld vom Ort aus gesehen

Poststraße. Auf dieser nach links bis vor die Kreisstraße Mansfeld–Klostermansfeld.

Hier nach links auf einem Feldweg mit weitem Blick über das industriell geprägte Gebiet um Hettstedt zum Wald. In glei-

Tipp

Im Gebiet von Mansfeld liegt der am Grund des Zechsteinmeeres über dem Rotliegenden entstandene schwarze Kupferschiefer nahe der Erdoberfläche. Deshalb wurde er hier bereits seit der Bronzezeit in kleinen Gruben abgebaut und das Kupfer als seltenes Handelsgut schon damals teils weit exportiert. Auf den Satellitenbildern von Google Earth sind die zahlreichen kleinen, meist mit Buschwerk überwachsenen Abraumhalden noch heute vielerorts auf den Äckern zu erkennen! Ab dem 17. Jahrhundert wurde weiter östlich zunehmend aus tieferen Schächten gefördert und der Abraum auf riesigen Halden gelagert. Der Bergbau um Mansfeld, Hettstedt und Sangerhausen machte die Landesherren reich und ermöglichte dann auch protzige Bauten wie das Mansfelder Schloss. Auch ein gewisser Herr Luder aus Mansfeld wurde im 16. Jahrhundert durch den Bergbau wohlhabend, während sein Sohn unter dem Namen Martin Luther als protestantischer Reformer bekannt wurde, an den hier in seinem Geburtsort mit allerlei sehenswerten Bauten und Denkmälern erinnert wird.

Das weiter südlich gelegene Sangerhausen ist berühmt durch das Spengler-Museum mit seinem Skelett eines Mammuts und das Rosarium mit seinen über 70 000 Rosenstöcken. Landschaftlicher Superlativ ist jedoch die den Ort um über 100 Meter überragende Bergbauhalde. Ihre Besteigung ist natürlich wie viele andere reizvolle Betätigungen verboten, eröffnet aber einen grandiosen Rundblick.

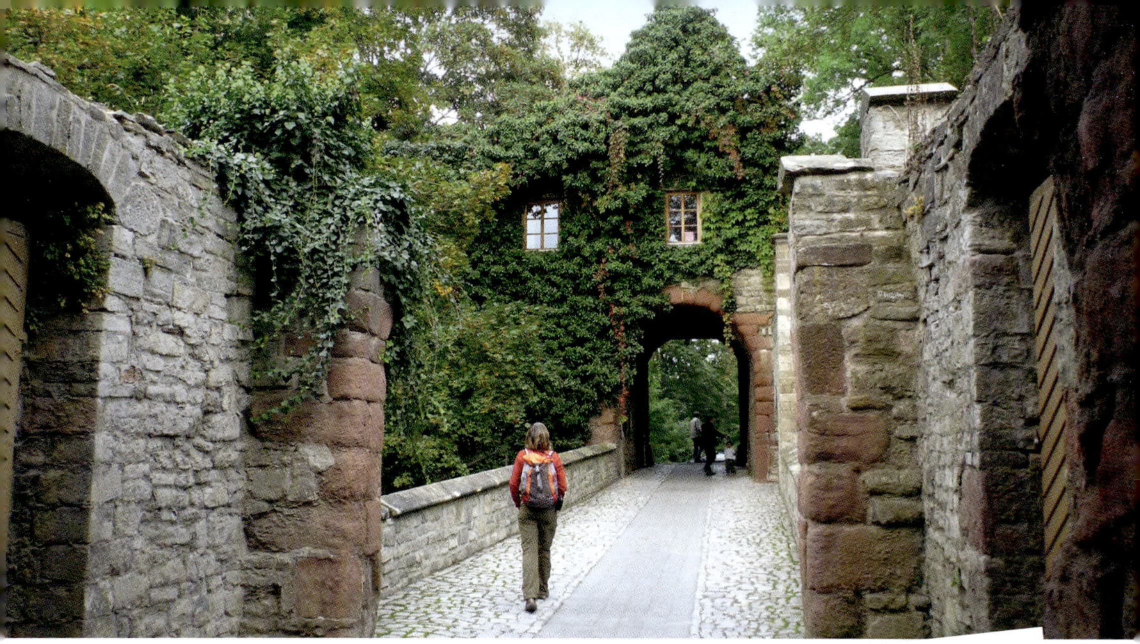

cher Richtung auf einer schönen Kastanienallee durch den verwilderten Schlosspark weiter bis zu einer Wegkreuzung vor einer großen Wiese mit Schwermetallrasen (industriell durch den Bergbau vergiftet, aber hübsch anzusehen). Hier von der Kreuzung rechts auf einer alten Allee mit prächtigen Sommerlinden bis zum Eingang zum Mansfelder Schloss. Dieses ist jetzt evangelische Tagungsstätte und bietet mit seinen Befestigungsanlagen, Schlosskirche und Aussichtspunkten einen lohnenden Rundgang.

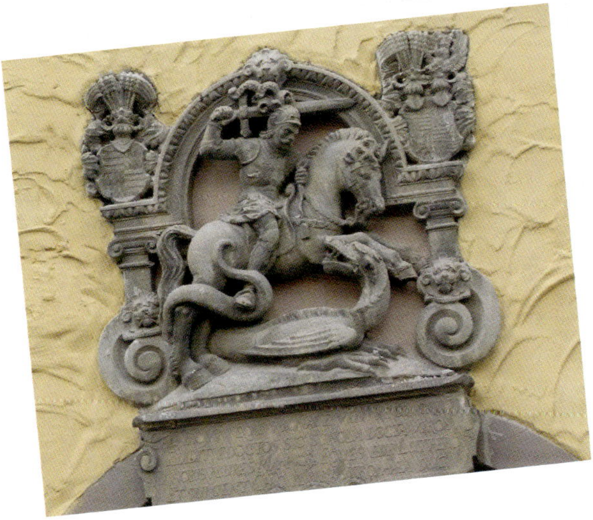

Mansfelder Wappen

Ganz oben: Eingang zum Schlosshof

Schlackenreste am Weg Wenn man aus dem vordersten Tor wieder herauskommt, wählt man 20 Meter gleich hinter einer Erläuterungstafel den deutlich ausgetretenen Weg nach links hinab. Er führt mit interessanten Nahblicken auf die teils vergammelnden, teils restaurierten Befestigungsmauern ziemlich steil hinunter, zuletzt durch einen schmalen Zickzackweg über alte Schlacken zum Ausgangspunkt am Beginn der Flutgrabenstraße in Mansfeld zurück. (Womit reichlich Zeit für einen Rundgang durch die kleine Stadt und einen Besuch des Luthermuseums sowie des Lutherbrunnens bleibt.)

19 Von Stolberg zu den Waldhöhen

Rund um das Fachwerkstädtchen im Thyratal

Mittel | 8,5 km | 300 m | 2.30 Std.

Tourencharakter
Abwechslungsreiche und mit hübschen Nah- und Fernblicken gewürzte Wanderung auf Hangwegen über dem reizvollen Ort und durch Buchenwald

Ausgangs-/Endpunkt
Rathaus und Marktplatz in Stolberg

Anfahrt
Auto: Von der südlichen Harzrandautobahn Nordhausen–Sangerhausen bei Berga abzweigen und nach Norden über Rottleberode nach Stolberg; von Norden über Hasselfelde. Parken meist im Ort, bei großer Nachfrage auch oberhalb östlich vom Schloss
ÖV: Von Süden Bus vom Raum Nordhausen her, siehe www.reiseauskunft.bahn.de

Karten
Wandern im Ostharz, 1:50 000, LGN

Informationen
Touristenbüro am Markt, Markt 2, 06536 Südharz/OT Stolberg, Tel. 034654/454, www.stadt-stolberg.de

Einkehr
Im Ort vielfältige gute Angebote

Zu dieser Wanderung fährt man vom südlichen Vorland ein Stück in den Ostharz hinein. Das Städtchen Stolberg im Waldtal der dem Bundesland Thüringen den Namen gebenden Thyra ist eine Idylle. Die Rundtour führt durch die bewaldete Umgebung und lässt noch Zeit für das Durchstreifen des reizvollen Ortes.

Auf Luthers Spuren In Stolberg vom Markt/Rathaus am Salgerturm vorbei in die Neugasse und rechts durch die Stubengasse am knuddeligen Café Alt vorbei zum Bach. Kurz nach links und dann einen Treppenweg (»Lutherweg«) hinauf, mit schönen Ausblicken zum Schloss und auf die Stadt, zu Bänken am Unteren Bandweg und noch weiter den nächsten Treppenweg hoch bis zur Lutherbuche am Waldrand. Hier lässt sich von der ak-

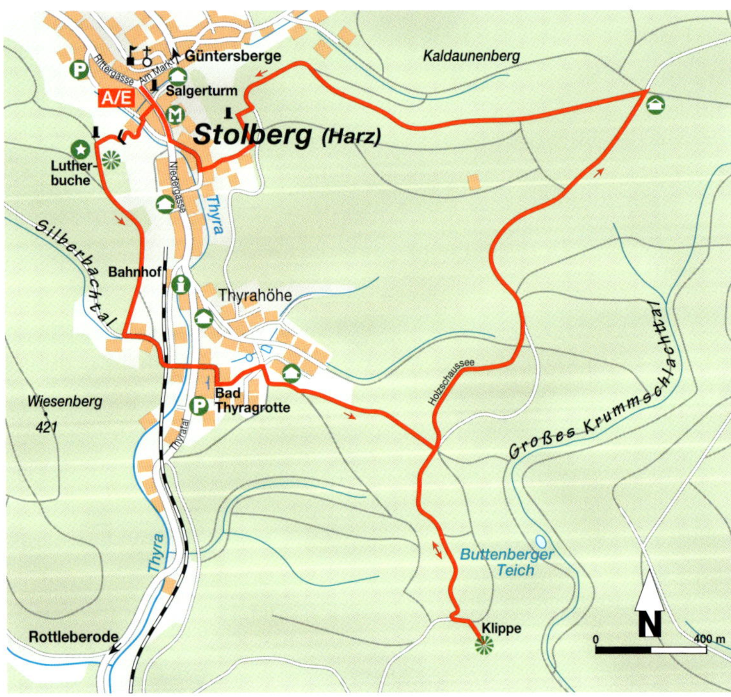

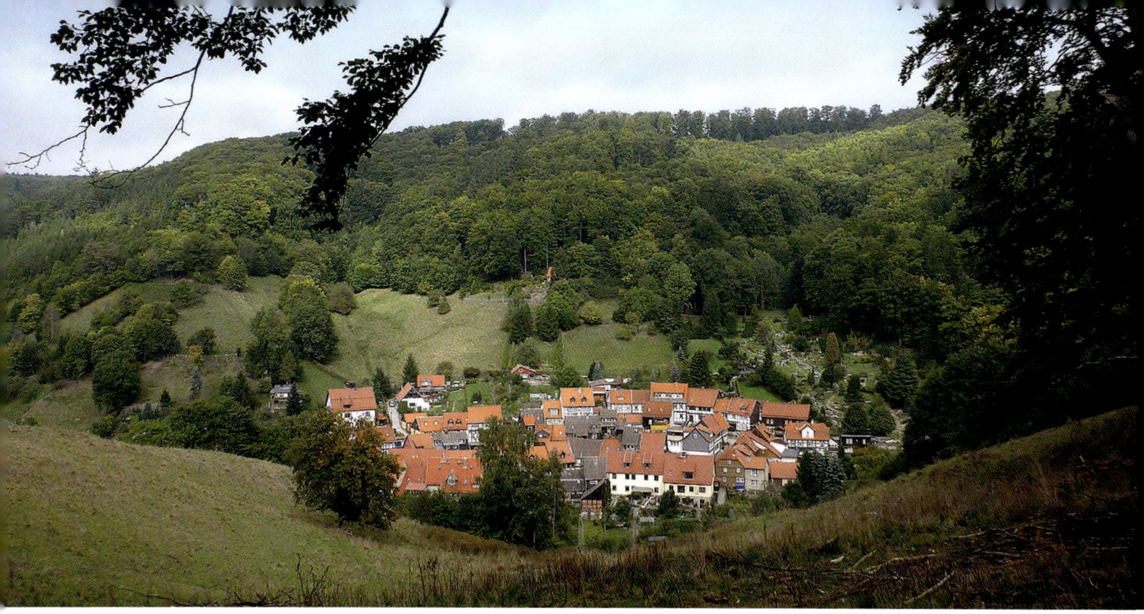

Blick auf den oberen Ortsteil von Stolberg

tuellen Lutherbuche bzw. den Resten ansehnlicherer Vorgänger nochmals der Blick über das ins Tal gezwängte Städtchen genießen, das Luther einst von hier aus begeistert mit dem Bild eines Vogels verglichen haben soll.

Im Thyratal Nun links auf dem Oberen Bandweg nach Süden, talauswärts, leicht abwärtsgehen. Der nicht ständig gleich schöne Hangweg leitet zur Mündung des Silberbachtales. Hier über die noch vorhandenen Schienen der stillgelegten Stichbahn hinab und auf einer Brücke über den Thyrabach zur Hauptstraße.

Sehenswert

Stolberg, im Quellgebiet der Thyra gelegen, war Bergbauort und Grafensitz. Das auf einem Bergsporn gewaltig lagernde und vom Markt über Treppen erreichbare Renaissanceschloss macht schon was her, wenn es auch derzeit für die Stiftung Denkmalschutz eine teilweise noch gewaltige Restaurierungsaufgabe bedeutet. Der ins Tal gezwängte Ort selbst zeigt prächtige Fachwerkensembles und ist ganz besonders am Markt mit dem liebevoll gestalteten Rathaus, dem Thomas-Müntzer-Denkmal und dem Salgerturm sehenswert. Schon seit alter Zeit ist Stolberg Kurort. Die Spuren der früher betriebenen Bergwerke sind vielerorts noch erkennbar, so etwa im Silberbachtal, wo teilweise einbrechende Hohlräume das Begehen der Hänge riskant machen und auch schon mal eine Straße perforieren können (wie z. B. 2013 geschehen). Das sechs Kilometer östlich vom Ort stehende monumentale stählerne Josefskreuz auf dem Großen Auerberg ist ein prächtiger Aussichtspunkt, der am raschesten von der L 235 oder L 236 aus erreicht werden kann.

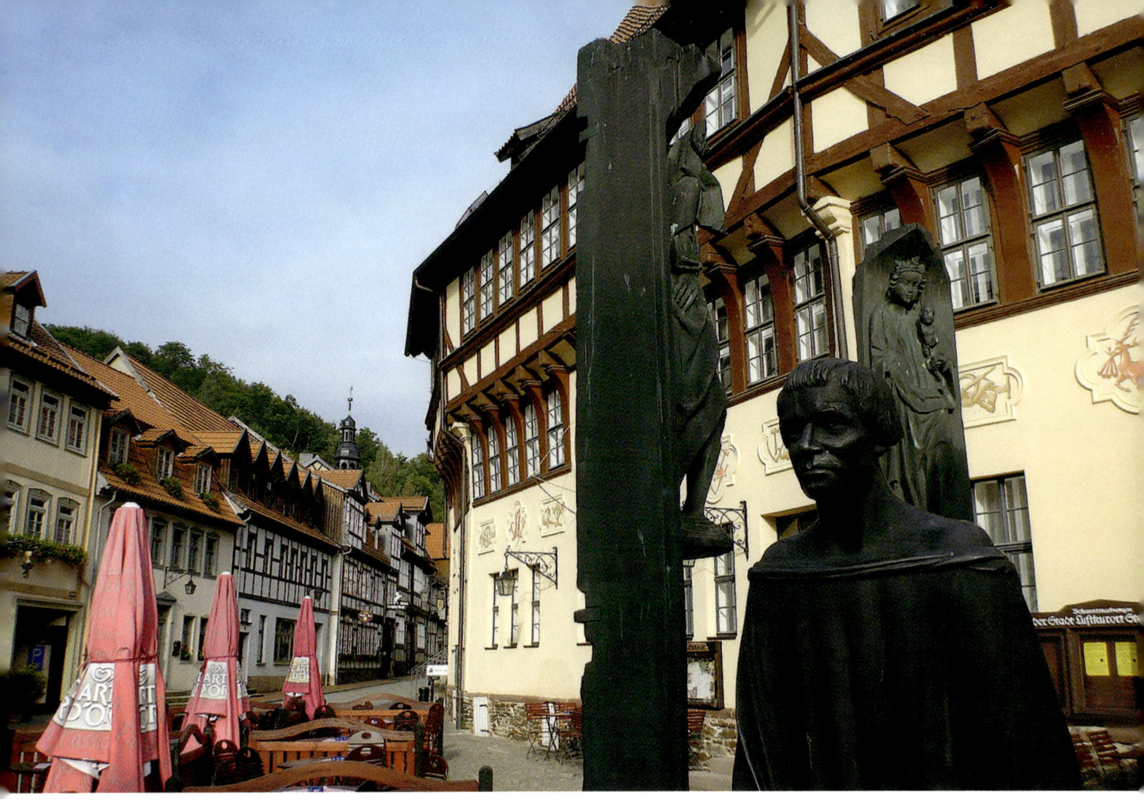

Thomas-Müntzer-Denkmal und Rathaus

Genau gegenüber, links vom Bad Thyragrotte, den Weg »Thyrahöhe« hinein und rechts hinauf bis vor eine private Einfahrt. Davor steigen wir links am Zaun entlang über einen Treppenweg steil auf bis zur Kehre einer Asphaltstraße. Hier gleich wieder nach rechts den unbefestigten Weg steil hinauf zum Wald. Dort auf dem derzeit (2013) sehr zerfahrenen Bergmannsweg ein kurzes Stück steil aufwärts zu einem horizontalen Hangweg. Nun diesen nach links verfolgen, mit Blicken in ein Seitental, bis zum Grund des Seitentälchens. Darin (immer noch Bergmannsweg) steil hinauf bis zu einer in flachem Gelände verlaufenden Querstraße (»Holzchaussee«).

Variante Ein empfehlenswerter Abstecher führt nach rechts 600 Meter in südliche Richtung, bis die Straße deutlich nach rechts (in Richtung Westen) abbiegt. Hier links abzweigen und einen Grasweg 200 Meter hinab, dann nochmals in einen Pfad nach links abzweigen und 100 Meter absteigen zum Kopf einer hübsch gelegenen Klippe (Blick ins Große Krummschlachttal). Den gleichen Weg wieder zurück zur Einmündung des Bergmannsweges (hin und zurück 1,8 km, etwa 30 Min.).
Nun auf der Holzchaussee noch etwa zwei Kilometer weiter bis zu einem markanten Wegekreuz mit zwei Schutzhütten.

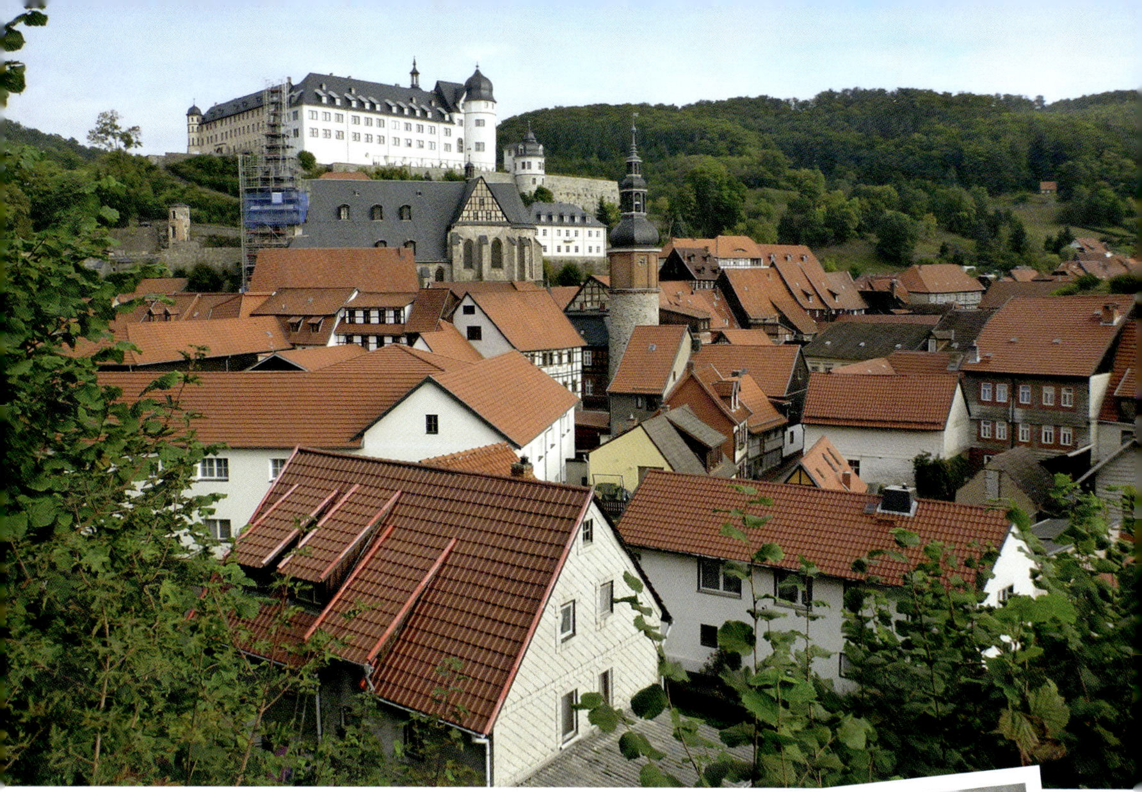

Nach Stolberg zurück Hier scharf nach links die Forststraße in Richtung Stolberg weiter. Sie wird bald deutlicher zu einem Hangweg. Auch bei der Abzweigung nach rechts (zum düsteren Grunde des Zechentales und direkt nach Stolberg) auf dem Hangweg bleiben, bis zu einer deutlichen Kurve um den Bergsporn nach links (rechts Wiese mit schönem Tiefblick zum oberen Ortsteil von Stolberg). Kurz danach zweigt rechts ein breiter Weg ab hinunter zu einem großen neuen Antennenmast. Auf diesem Weg daran links vorbei. Er führt als Oberer Bandweg nach links deutlich hinab bis nahe an den Waldrand. Nun aber wieder nach rechts abzweigen und rasch bis ganz zum Waldrand. Dort kurz nach links und dann entlang eines Zaunes einen schmalen Weg steil hinabgehen. Bei den oberen dichter stehenden Häusern am Café Bauernstube vorbei, zuletzt über Treppen im Talgrund in eine Gasse. Diese führt nach rechts neben einem kanalisierten Bach bald zur Hauptstraße. Auf dieser (»Neugasse«) gelangen wir zurück zum Salgerturm und zum Markt und Rathaus Stolberg.

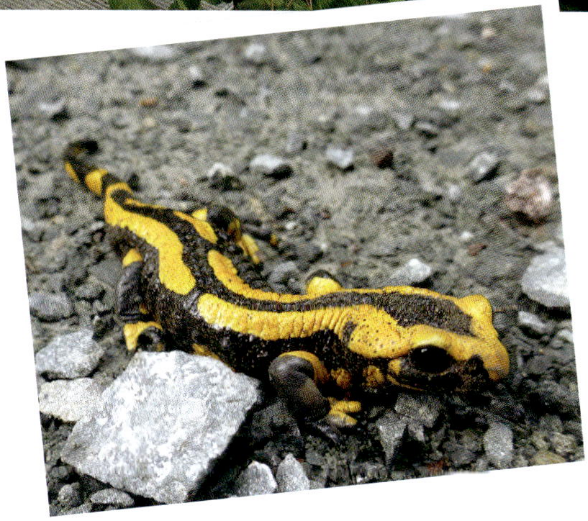

Salamander

Ganz oben: Schloss Stolberg vom Aufstieg zur Lutherbuche

20 Von der Burg Hohnstein auf den Poppenberg

Im Porphyrland des südlichen Harzrandes

Mittel | 10 km | 400 m | 3 Std.

Tourencharakter
Reizvolle Waldwanderung von einer romantisch und gastronomisch geprägten Burgruine zu einem der markantesten Aussichtspunkte des südlichen Ostharzes

Ausgangs-/Endpunkt
Ruine Hohnstein bei Neustadt

Anfahrt
Auto: Von der B 84 in Ilfeld abzweigen in Richtung Neustadt. Kurz vor dem Ortsende von Osterode nach links über Sträßchen zum Parkplatz vor dem Waldschwimmbad. Am Bad vorbei die etwas holprige Straße im Wald hinauf zum Parkplatz an der markanten Linkskurve vor dem letzten Anstieg zur Burg
ÖV: Nach Ilfeld siehe www.reiseauskunft.bahn.de, auch www.hsb-wr.de, ab Ilfeld Bus in Richtung Neustadt bis Osterode – oder auch Taxi

Karten
Wandern im Ostharz, 1:50 000, LGN

Informationen
www.burg-hohnstein.de

Einkehr
In der Burg Hohnstein originell zu haben. Vom Wegekreuz Tische aus ist mit 2 km Weg (hin und zurück) zusätzlich das Hufhaus zu erreichen (ehemaliges Gestüt der Grafen von Stolberg, jetzt Gaststätte und Hotel in idyllisch ruhiger Lage).

Diese Wanderung durch romantische Szenerien am südlichen Rand des östlichen Harzes besticht durch den Kontrast zwischen dem weithin landwirtschaftlich genutzten Vorland und den von einigen Porphyrfelsen geprägten bewaldeten Randbergen, ebenso wie durch kulturhistorische Relikte.

Treppen hoch zum Poppenberg Vom Sattel unterhalb der Burgruine Hohnstein (an der Kehre des Zufahrtsweges, reichlichere Parkmöglichkeiten als direkt an der Gaststätte) etwa 60 Meter in Richtung des ersten Burgtores und dann rechts auf einem unauffällig abzweigenden Weglein über eine kleine Stufe. Es führt gleich über einen kleinen Sattel, dann in der Nordseite des Burgberges nach links und danach im Zickzack hinab in den Talgrund. Über eine kleine Brücke gelangen wir zur jenseits verlaufenden Straße. Auf dieser einige Minuten nach rechts bis hinter eine

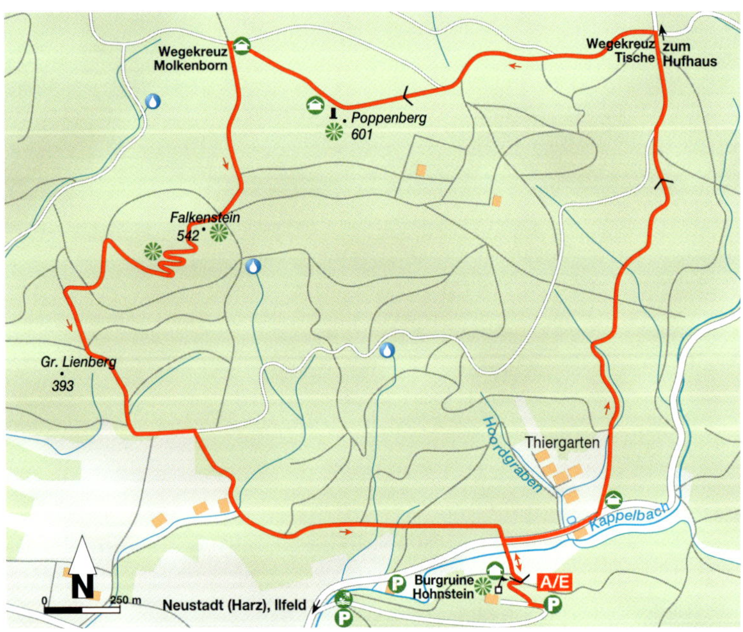

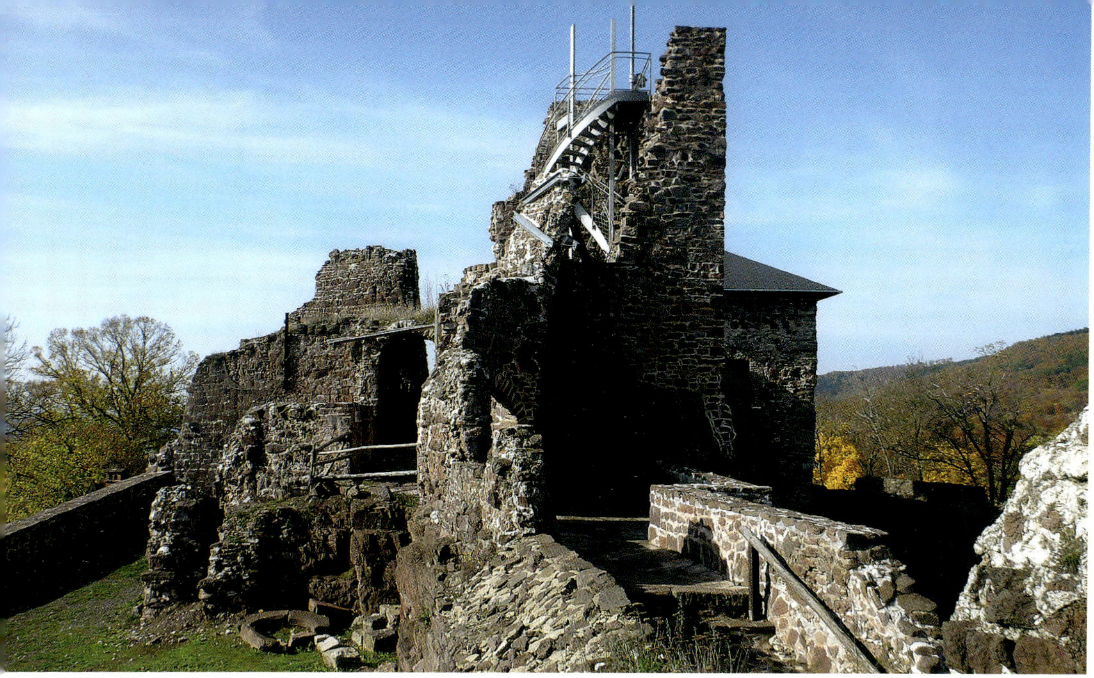

Burg Hohnstein

Wiese. Nun rechts von dieser am Waldrand entlang die Feldstraße hinauf. An der jenseits der Wiese gelegenen Siedlung Thiergarten vorbei und in den Wald. Darin in gleicher Richtung weiter ansteigen zum großen Wegekreuz Tische (von hier ist in gleicher Richtung einen Kilometer weiter das Hufhaus zu erreichen). Vom

Nordhausen

Nordhausen war schwer zerbombt, enthält jedoch im Stadtkern noch einige sehenswerte alte Gebäude, wie das Rathaus mit der mittelalterlichen Ritterstatue »Nordhäuser Roland« und den Dom. Die originelle Harzquerbahn verbindet es über den Harz hinweg mit Wernigerode. An der Station Netzkater sind im Bergwerksmuseum Rabensteiner Stollen Einblicke in die frühere Förderung eines kleinen Steinkohlevorkommens zu gewinnen. Die etwas talabwärts im Behretal aufragenden Porphyrfelsen sind leider durch überdimensionierte Straßensicherungsanlagen herzhaft verschandelt. An den Türmchen des Falkensteins lässt sich sehen, wie toll Felsen ohne solche Metalldeko aussehen können. Die aus Porphyr gebaute, liebevoll restaurierte Burgruine Hohnstein liegt oberhalb des von schlichtem Fachwerk geprägten Neustadt. Sie bietet hübsche Sitzplätze und -nischen, ebenso wie die im unteren Burghof gelegene Gaststätte. Im südlichen Harzvorland wurden im Zweiten Weltkrieg in den mächtigen Gipsablagerungen der Zechsteinzeit in natürlichen Höhlen und teils weitläufigen Stollensystemen Raketen und Flugzeuge produziert, so bei Niedersachswerfen im berüchtigten KZ Mittelbau Dora (Museum, Führungen). Viele der dafür eingesetzten Häftlinge und Kriegsgefangenen wurden noch in den letzten Kriegstagen in Todesmärschen umgebracht.

großen Holzplatz links die Forststraße weiter und bald deutlicher ansteigend nach links um einen kleinen Bergsporn herum. Danach auf dem links abzweigenden, schmaleren und steileren Weg schräg hinauf zur Kuppe des Poppenberges (600 m) zum altehrwürdigen Turm. Mehr als 200 Treppenstufen helfen hinauf zur Aussichtsplattform und zum weiten Rundblick auf Brocken, Bärenhöhe und im Vorland auf Kyffhäuser und Ohm.

Ruine Hohnstein

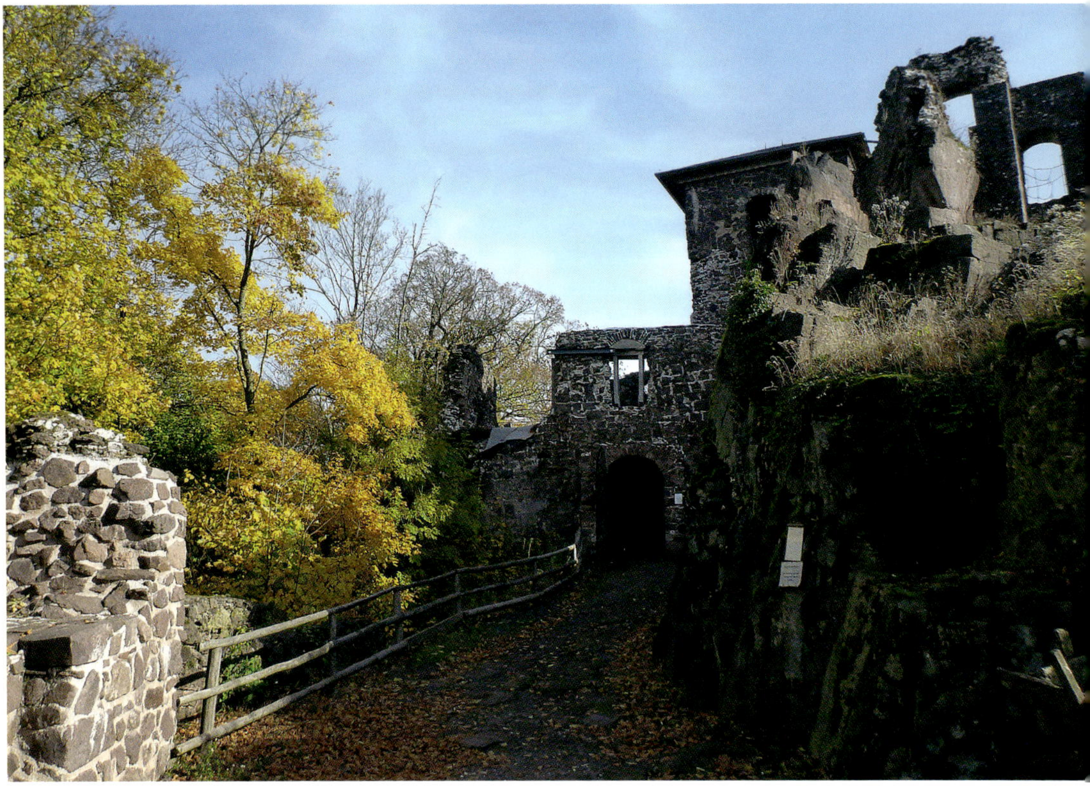

Weiterweg über den Falkenstein Vom westlich des Turmes an der Wiese gelegenen Wanderschutzhüttchen die Forststraße auf dem breiten Bergrücken hinab zum großen Wegekreuz Molkenborn. Scharf links auf ebenem Forstweg, an einer schönen alten Buche vorbei und den Schildern zu einem Bergsattel mit Wegeteilung folgen. Hier rechts zu einer Bergkuppe. Danach nach links hinab (Schild Richtung Falkenstein) zum vorgelagerten Buckel und zum malerischen Aussichtspunkt an den Felstürmchen des Falkensteins. Den schmalen, aber gut ausgebauten Zickzackweg etwas rechts haltend steil hinab. Dann auf breiterem Weg gut beschil-

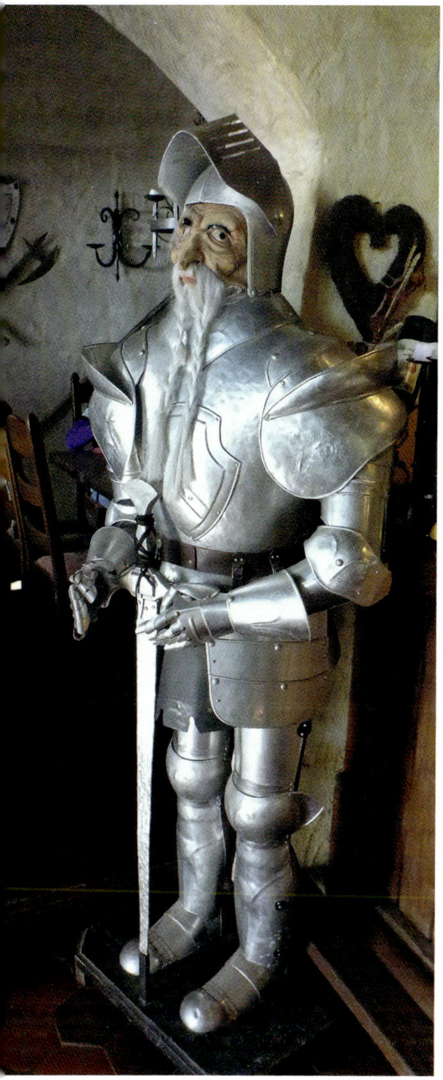

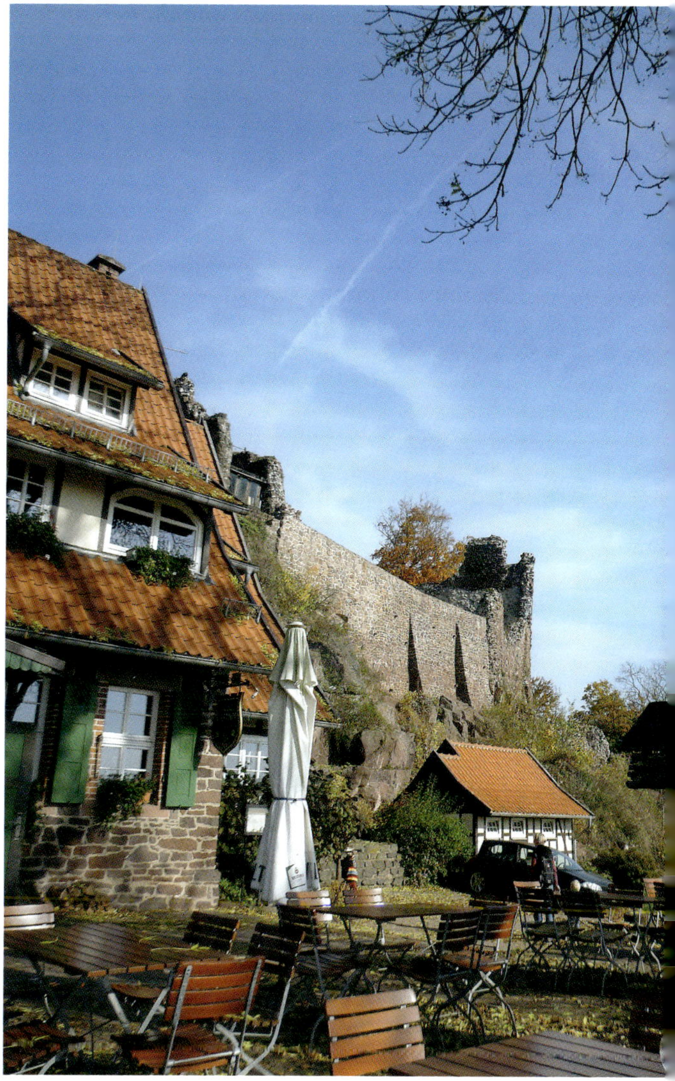

dert in Richtung Burg Hohnstein bis in die Nähe des Waldrandes. Nach links (ostwärts, Markierungen grüner Strich) zur Talstraße vor der Burgruine. Den vom Beginn bereits bekannten schmalen Weg hinab, über die Brücke und zuletzt steil hinauf zum Ausgangspunkt an der Zufahrt der Burgruine Hohnstein. Weniger Rüstige können über die Auffahrt noch durch den Torbogen bis direkt vor die Gaststätte hinauffahren; dort gibt es allerdings nur eine begrenzte Zahl an Parkplätzen. Sehenswert gut erhaltene Burganlage (mit Aufstieg auf den Bergfried, herrlicher Blick ins Vorland).

Burggaststätte Hohnstein (rechtes Bild) mit ihrem Türsteher (linkes Bild)

21 Dreitälerblick und Gänseschnabel

Vom Netzkater zu Aussichten und Porphyrklippen

Mittel	7,5 km	350 m	3 Std.

Tourencharakter
Kurze Wanderung zu historisch, geologisch und landschaftlich reizvollen Orten. Weithin über Natur- und Forstwege, mit einigen herzhaften Steigungen und bei Nässe teils rutschigen Passagen, aber zu sehr hübschen Nah- und Fernblicken

Ausgangs- und Endpunkt
Museum und Besucherbergwerk Rabensteiner Stollen nördlich des Städtchens Ilfeld im Behretal, bei der Station Netzkater der Harzquerbahn Wenigerode–Nordhausen

Anfahrt
Auto: Von der B 6n über Bad Harzburg auf der B 4 über Braunlage–Hohegeiß. Oder von der südlichen Harzrand-Schnellstraße über Bad Sachsa und von der BAB Göttingen–Halle her nach Nordhausen. Parkplätze am Besucherbergwerk
ÖV: Bahn bis Netzkater (s. www.hsb-wr.de).

Karte
Wandern im Ostharz, 1:50 000, LGN (s. auch www.vermgeo.sachsenanhalt.de)

Informationen
Siehe www.harztourist.de

Einkehr
Am Besucherbergwerk

Die nahe beim Harzrandstädtchen Ilfeld verlaufende Wanderung verbindet den Besuch des altehrwürdigen Bergwerks Rabensteiner Stollen mit dem der felsigen Porphyrberge östlich des tief eingeschnittenen Behretales. Es warten überwiegend angenehme, wenn auch teils steile Wege.

Etwas versteckt hinter dem Holzturm gehen wir zuerst nach rechts, dann links einen schräg emporführenden breiten Weg hinauf. Er leitet rasch zu einer großen Biegung nach rechts zu einem Holzplatz mit Blick ins Brandesbachtal. Hier rechts in einen schmalen aber deutlichen Hangweg einbiegen. Dieser führt mit etwas Anforderung von Trittsicherheit stetig rechts ansteigend, zuletzt unter Felsköpfen durch, zum Aussichtspunkt Dreitälerblick. An dem großen Holzplatz und der Wanderhütte (Stempelstelle Harzer Wandernadel) vorbei den breiten Weg hinauf.

Dieser führt ostwärts weiter. Wo seine Steigung endet, zweigt nach rechts ein schmaler aber guter Weg ab (Schilder Richtung Poppenbergturm). Wir folgen diesem ansteigend, unterhalb des teils felsigen Bergrückens der Kuppe Sandlünz (516 m) durch. Danach führt der Weg in einen Bergsattel und darin nach rechts bis zu einem von rechts heraufführenden Weg. Dieser leitet nun links, westlich vom Bergrücken, wieder in südöstlicher Richtung weiter. Zuletzt erreicht er den Bergrücken, wird breiter und mündet nach Passieren einer flachen Bergkuppe mit Klippe (Rabenkopf, 547 m) auf eine quer verlaufende Forststraße.

Auf dieser gehen wir nach rechts und erreichen nach 1,5 Kilometern den Bergsporn mit dem Aussichtspunkt Wetterfahne (Wanderhütte, Fernblick bis zu den Bleicheroder Bergen). Wir folgen den Schildern und dem schmaleren Zickzackweg am steilen Hang hinab (bei Nässe teils delikat!) zur schlanken Felsnadel Gänseschnabel (Porphyrgestein, Geländer, erschröcklicher Tiefblick ins Beretal). Oberhalb der Felsnadel nordwärts und bald auf Zickzackweg auf dem steilen Berghang neben Felsen hinab. Zuletzt führt der Weg im Grunde eines Tälchens zur Bundesstraße 4.

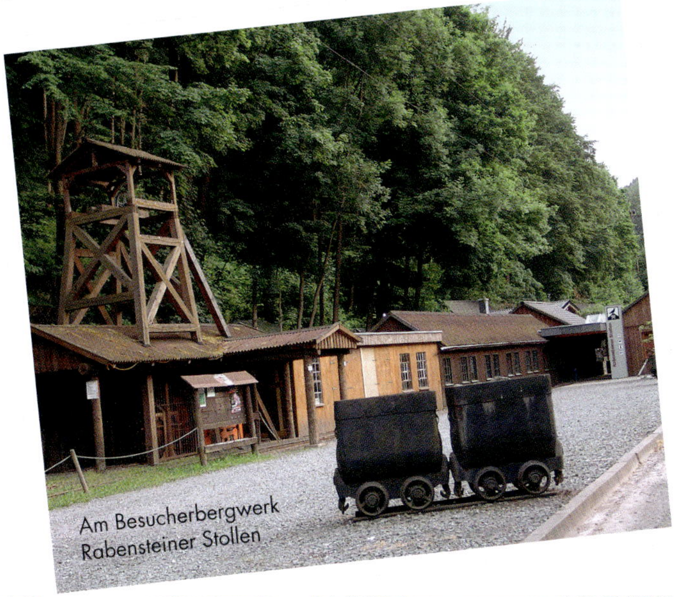

Am Besucherbergwerk Rabensteiner Stollen

Zuerst noch neben dieser auf Wanderweg, dann weiter auf der Straße gehen wir 700 Meter bis vor die Stelle, wo die Schienen der Harzquerbahn die Straße kreuzen. Hier rechts auf dem guten Weg, der nahe an der Bahnlinie entlangführt, anschließend zurück zum Rabensteiner Stollen und schließlich zur Station Netzkater.

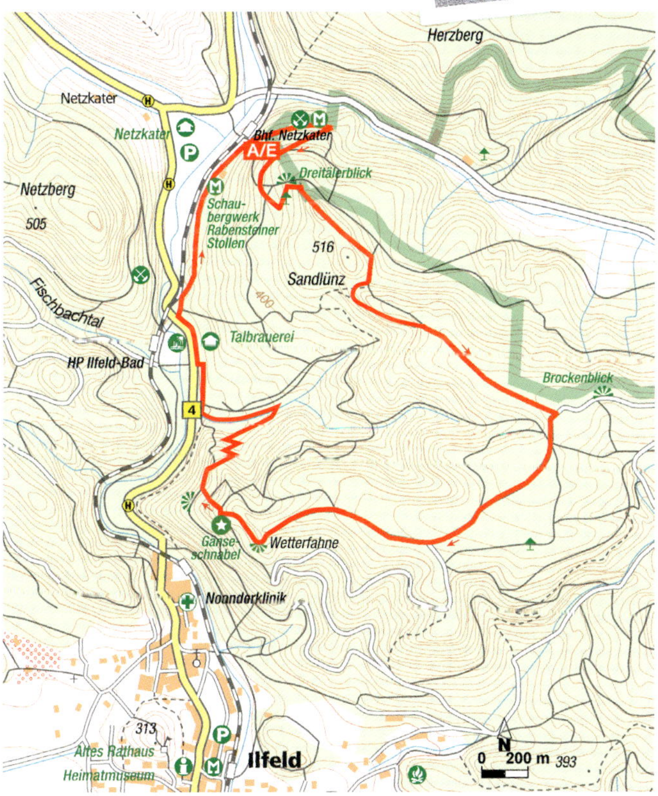

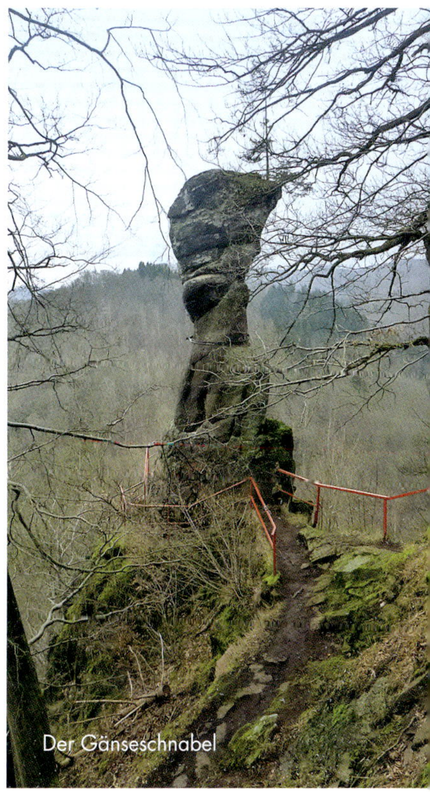

Der Gänseschnabel

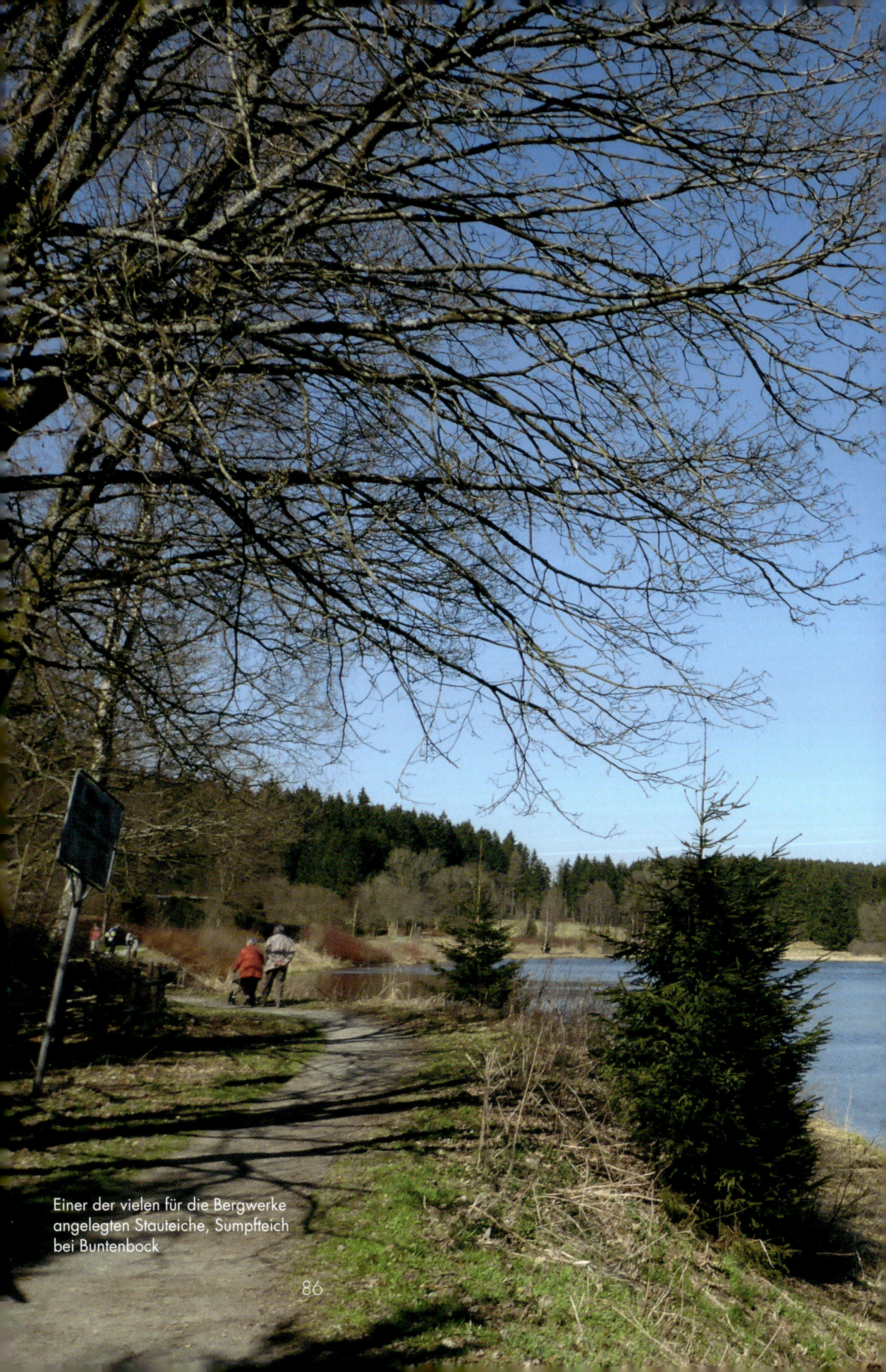

Einer der vielen für die Bergwerke angelegten Stauteiche, Sumpfteich bei Buntenbock

Südharz und Westharz

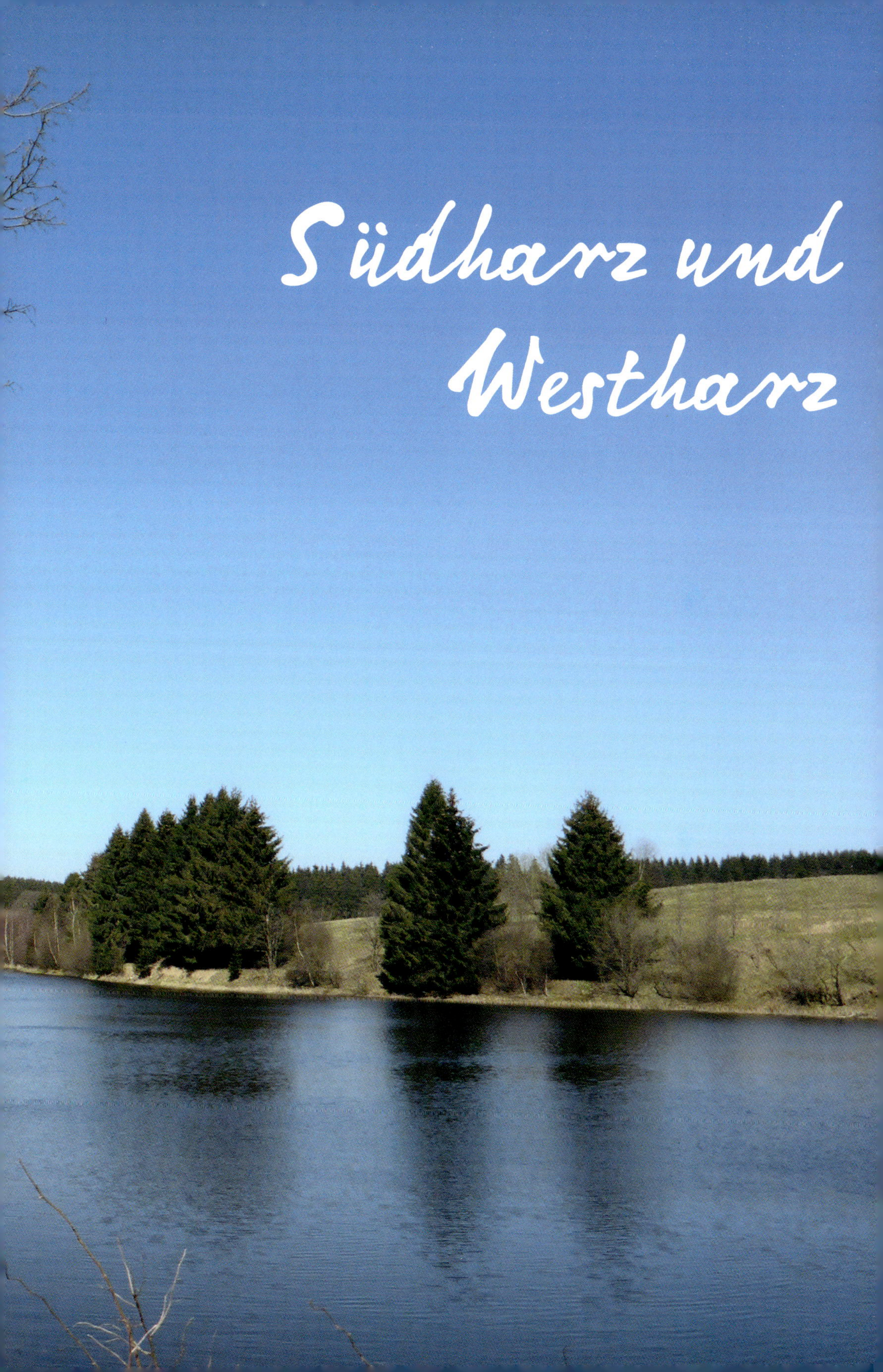

22 Von Walkenried zur Ruine Sachsenburg

Wo Zisterzienser im Gipskarst eine Idylle schufen

Leicht	9 km	100 m	2.30 Std.

Tourencharakter
Hübsche, geologisch und historisch aufgeladene Wanderung durch Wald- und Wiesengelände, teilweise auf gelegentlich rutschigen Naturpfaden, mit geringen Steigungen

Ausgangs- und Endpunkt
Bahnhof Walkenried, für Autofahrer ausgeschilderter Großparkplatz südlich des Klosters

Anfahrt
Auto: Von der Südharz-Schnellstraße über Bad Sachsa nach Walkenried, dort im Ort von der Südseite zum Großparkplatz
ÖV: Auf der Strecke Seesen–Osterode–Nordhausen, siehe www.reiseauskunft.bahn.de

Karte
Wandern im Ostharz, 1:50 000, LGN

Informationen
Siehe www.walkenried-tourismus.de, www.kloster-walkenried.de

Einkehr
Museumscafé, mehrere weitere Gaststätten im Ort

Dies ist ein landschaftlich vielfältiges Angebot an alle Wanderer, die mal ohne vorherigen Motorsport wandern wollen. Die von den Mönchen geschaffenen Teiche prägen die Umgebung des ehemaligen Zisterzienserklosters ebenso wie der Gipskarst mit Gipsfelsen, Erdfällen und Bachschwinden. Die östliche Fortsetzung dieser Landschaft erlaubt zusätzliche Erweiterungen solcher Erfahrungen.

Vom Bahnhaltepunkt Walkenried steigen wir einige Meter an und folgen auf dem von alten Linden gesäumten Sachsaer Weg den Gleisen in nordwestlicher Richtung. Er führt zum Affenteich und links davon weiter im Wald bis zu einer Kreuzung. Hier steigen wir rechts hinauf zum idyllischen Priorteich. An seinem Ostufer leitet der breite Weg rasch zum am Nordufer gelegenen Waldschwimmbad. Nun führt ein fester Weg an Wiesen vorbei und dann im Wald weiter zu einem Wegekreuz bei alten Hudeeichen. Hier gehen wir scharf links, zuerst etwas ansteigend und dann absteigend bis vor die Bahnlinie.

Jetzt machen wir einen Abstecher scharf nach rechts und gelangen nach 300 Metern zur ersten »Zwergenhöhle« und hinauf zur auf einer Gipskuppe gelegenen Ruine Sachsenburg (Mauerreste, reizvoller Ausblick nach Süden zur langen Felswand des Sachsensteins und nach Westen auf Bad Sachsa). Dann kehren wir zur Abzweigung vor der Bahnlinie zurück.

An dieser entlang gehen wir noch 300 Meter ostwärts und dann rechts hinab (Drehkreuze) über die Bahnlinie und eine Wiese zu einem Hangweg im Wald. Dieser Weg führt rechts (westwärts) in drei Minuten zu einem zweiten »Zwergenloch«. Danach folgen wir links der Schneise hinauf, gehen zuletzt noch an der »Zwergenkirche« vorbei und zur Helbighütte. Von hier sind zwei Abstecher sehr empfehlenswert:

Der erste Abstecher führt auf dem gleich links der Hütte beginnenden Weg 150 Meter hinauf zu einem Aussichtspunkt mit

Geländer an der Abbruchkante der krümelnden Gipswand des Sachsensteins. Hier bietet sich ein eindrücklicher Blick hinab nach Westen und zur Sachsenburg.

Mauerwerk der Ruine der Sachsenburg am Sachsenstein

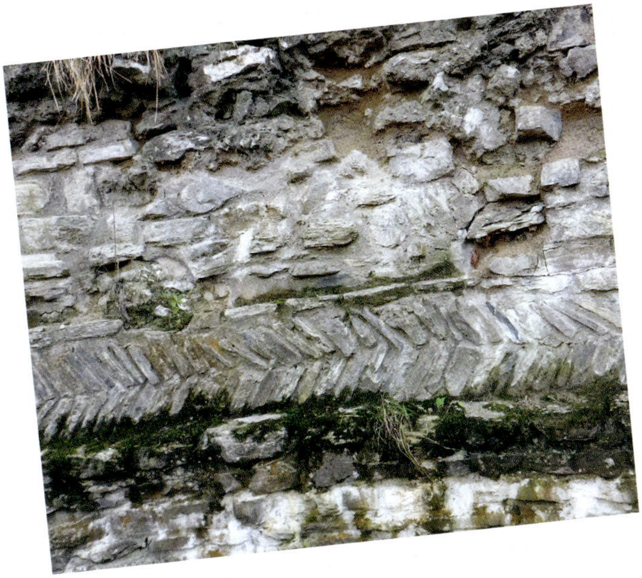

Nach der Rückkehr zur Helbighütte führt der andere Abstecher 300 Meter nach rechts (südwärts) zur Wanderschutzhütte Neuhofer Sonnenalm mit Ausblick zum Dorf Neuhof und ins Eichsfeld (am Rand des unterhalb gelegenen aufgelassenen Steinbruches sind Gipswände mit von Regenwasser durch Gesteinsauflösung gebildeten Rillenkarren freigelegt). Danach gehen wir zurück zur Helbighütte.

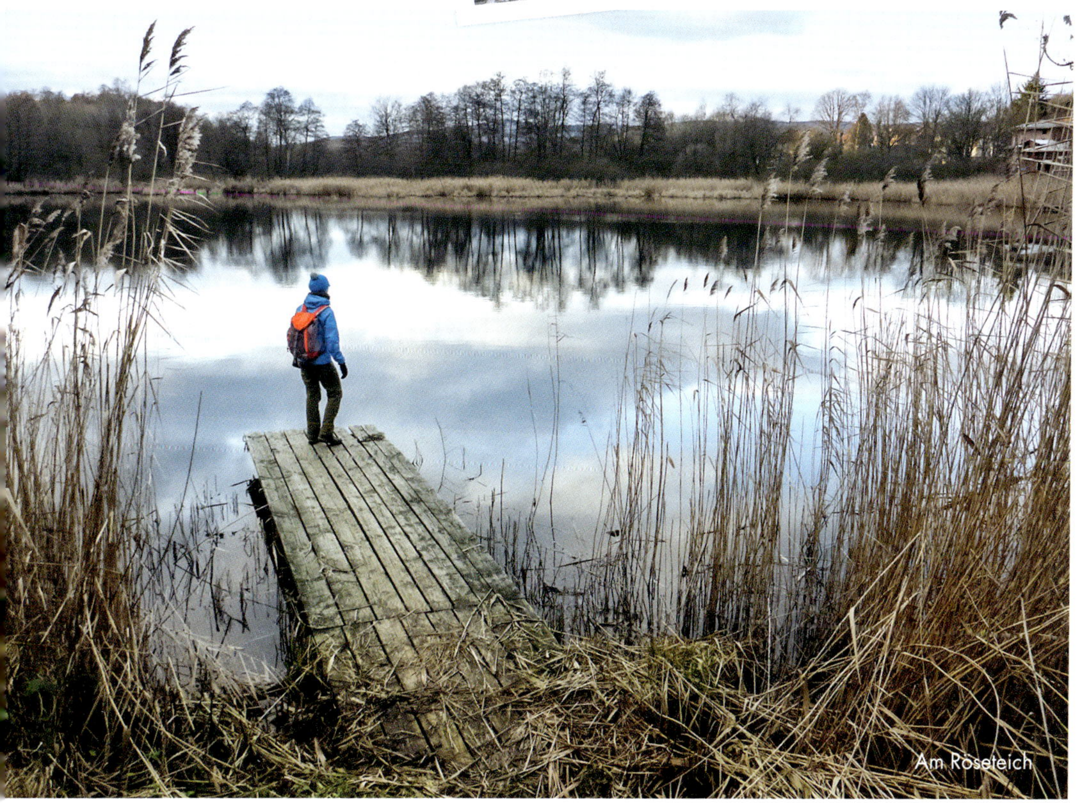

Am Röseteich

Tipp

Der größte Teil der Wanderung verläuft über Gips des Zechsteins mit den durch Auslaugung entstandenen typischen Formen des Gipskarstes (siehe www.bioreskarstsuedharz.de). Die Zwerghöhlen entstehen dadurch, dass die obersten Schichten des Anhydrits durch die einsickernden Niederschläge Kristallwasser aufnehmen und dadurch in Gips umgewandelt werden. Dieser hat ein größeres Volumen als Anhydrit, und deshalb wölben sich die Gipsschichten über dem verbliebenen Anhydrit auf. Die idyllischen Fischteiche wurden von den Zisterziensermönchen des Klosters angelegt, die für ihre Zeit beispielgebende und nachhaltige Kolonisationsarbeit leisteten (siehe Klostermuseum!). Hier hat sich ein Biotop mit reichhaltiger, teils seltener Vogelwelt entwickelt.

Nun folgen wir dem Weg nach rechts (ostwärts) hinab zur hübschen Spatenbornswiese und am östlichen Waldrand entlang zuerst nordwärts zurück in die Nähe der Bahnlinie. Hier biegt der Weg nach rechts und bringt uns nach einigen Minuten zur Abzweigung eines in den Wald führenden Wanderweges (hier links im Wald oberhalb eines Baches die urige, über 800 Jahre alte »Sachseneiche«). Der Weg führt zunächst ansteigend durch das gebuckelte Gipskarstgelände des Höllsteins und bietet von einem vorgeschobenen Aussichtspunkt nach links hin Tiefblicke auf die von den Zisterziensern angelegten Teiche und den Ort Walkenried. Später führt der Weg hinab, überquert gegenüber dem Bahnhof die Kreisstraße und folgt nun unterhalb von unzugänglichen Gipssteinbrüchen dem Südufer des Röseteiches und danach in gleicher Richtung weiter zu einer anderen Kreisstraße. Diese entlang, gelangen wir nach links rasch zum Ortsrand und auf der Schlossstraße, am Jagdschloss vorbei, zum Kloster Walkenried

Rechte Seite oben: Walkenried und Andreasteich vom Höllstein

Rechte Seite unten: Eine der Zwergenhöhlen

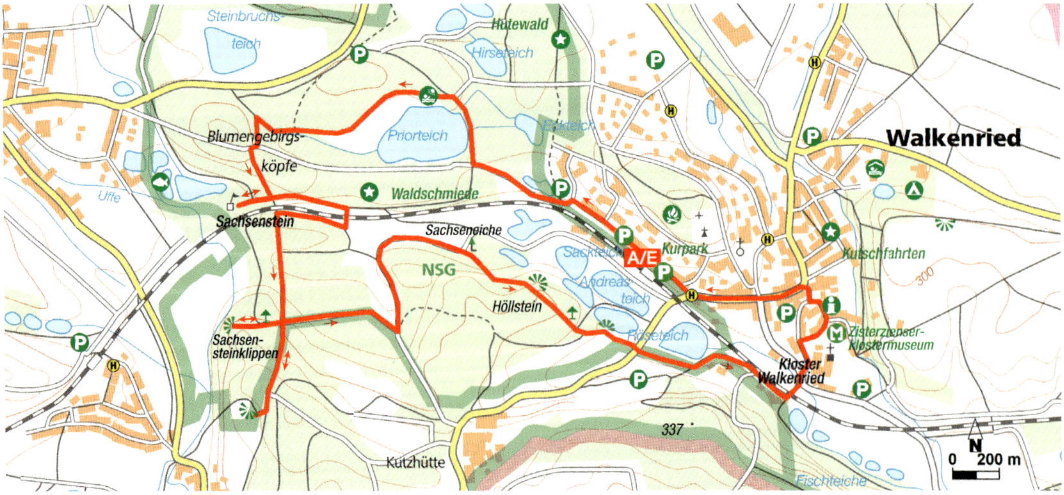

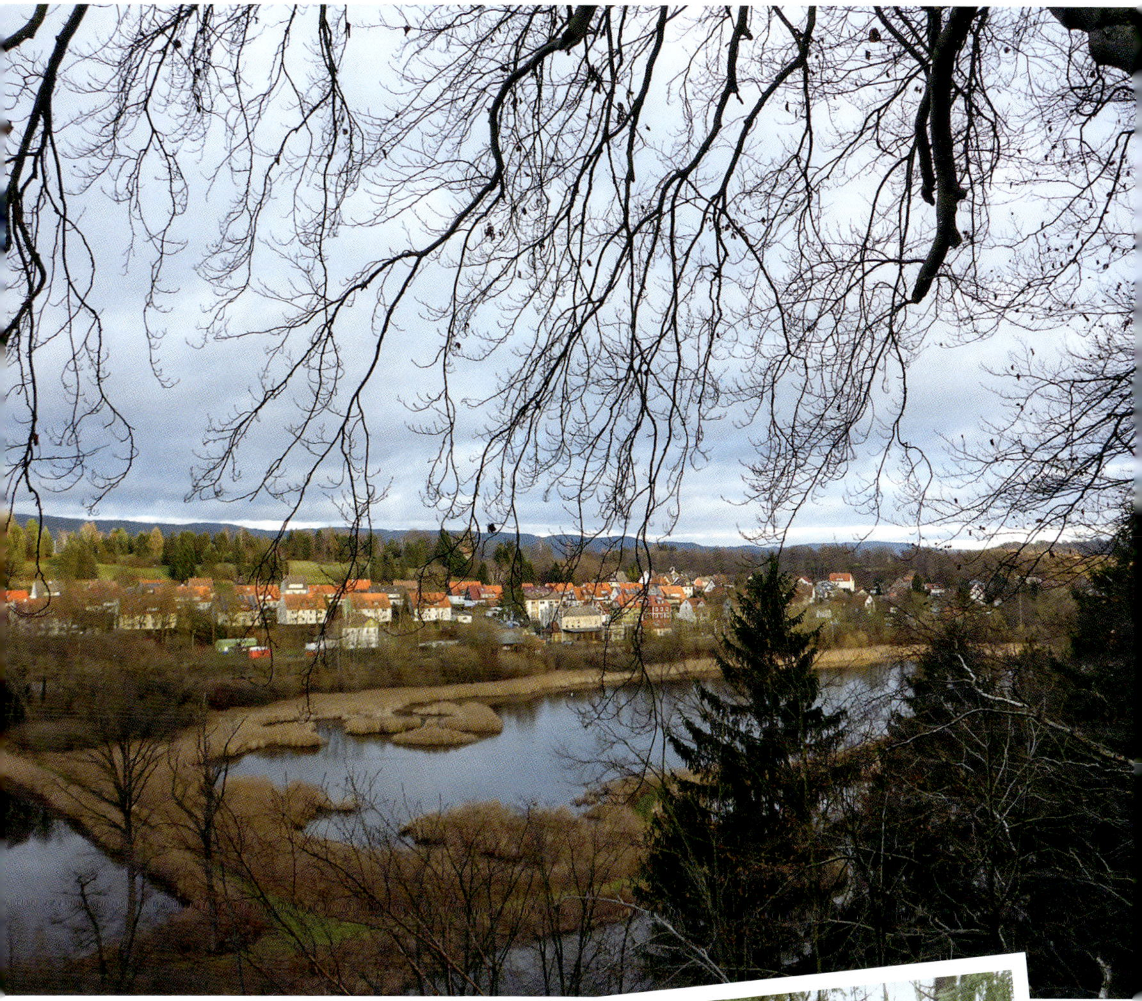

(im nördlichen Teil romantisch aufragende Ruinen, in den südlichen Gebäuden sehenswertes Museum und Café, mit erhaltenem Kreuzgang). Nordwärts steigen wir durch einen gepflasterten Hof auf zum Hotel Zum goldenen Löwen und erreichen nach links hinab über die Poststraße wieder den Bahnhof Walkenried.

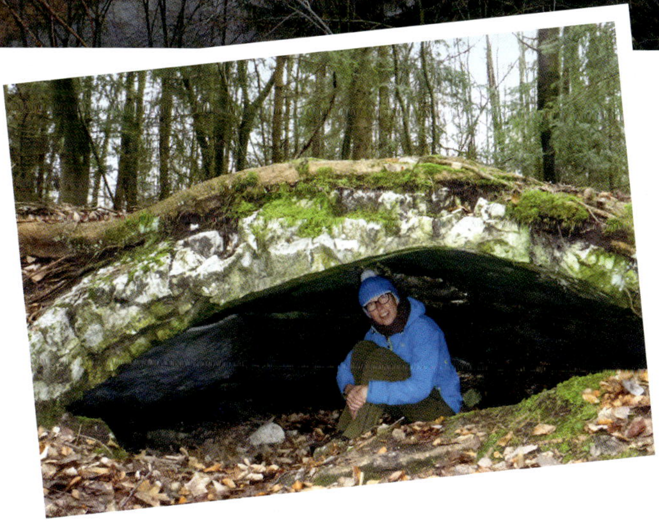

23 Von Bad Sachsa durchs Kuckanstal zum Ravensberg

Vom Kurpark zum alten Vulkan

Mittel	7,3 km	350 m	3 Std.

Tourencharakter
Ruhige Wanderung durch Fichten- und Laubwald, teils auf Naturwegen und ab und zu auf Forststraßen zu einem der Ziele des Baudenstiegs. Die teilweise Nähe zu einer Zufahrtsstraße beeinträchtigt den Weg wegen Abstand und Verlauf nur unwesentlich.

Ausgangs-/Endpunkt
Die Straße hinter dem Kurpark und dem Schmelzerteich beim Minigolfplatz

Anfahrt
Auto: Von der südlichen Harzrand-Schnellstraße B 243 kurz vor Bad Lauterberg durch Barbis (teils Tempo 30!, scharfe Blitzer!) und auf der teils schon gut ausgebauten Fortsetzung über Osterhagen nach Bad Sachsa. Durch den Ort in Richtung Kurhaus hinauf zum Kurpark mit dem Schmelzerteich. Dort nahe am Waldrand bei der Minigolfanlage parken.
ÖV: Bahnlinie Herzberg–Nordhausen, siehe www.reiseauskunft.bahn.de

Karte
Wandern im Westharz, 1:50 000, LGN

Informationen
Touristinformation Bad Sachsa, Am Kurpark 6, 37441 Bad Sachsa, Tel. 05523/47499-0, www.badsachsa.de

Einkehr
Gemütliche Gaststätte auf dem Gipfel des Ravensberges

Diese Wanderung führt vom alten Kurort des südlichen Harzrandes durch abwechslungsreichen Wald hinauf auf den Gipfel eines uralten erloschenen Vulkans. Sie erreicht so eins der hoch gelegenen Wanderziele des südlichen Harzes, die mit dem Baudenstieg zu einer lohnenden mehrtägigen Wanderung verbunden sind.

Porphyr am Ravensberg In Bad Sachsa vom Schmelzerteich auf dem Sträßchen in Richtung Ravensberg nur bis kurz hinter den Waldrand, dann gleich links ab ins Kuckanstal. Darin aufwärts unter Felsklippen aus Porphyr vorbei bis zur Schutzhütte Kantorhütte. Hier rechts auf dem schmalen Zickzacksteig »Teufelsstieg« neben einem markanten Felssporn steil hinauf zum Bergrücken und dahinter zum Wanderweg Ede-Baller-Weg. Diesen nach links auf dem Bergrücken aufwärts zu einem Forststraßenkreuz. (Wem der Teufelsstieg zu steil ist, der kann auch auf dem Weg im Talgrund bis zum Beginn der Kan-

Natur

Der Ravensberg ist ein erloschener Vulkan der Permzeit. Der Kurort Bad Sachsa ist nach Südosten hin von einer Landschaft des aus Gesteinen des Zechsteins entstandenen Gipskarstes mit Felswänden aus Gips, Höhlen und Erdfällen geprägt (NSG Sachsenstein, auch mit den Resten der Sachsenburg und weiter östlich den malerischen Ruinen des ehemaligen Zisterzienserklosters Walkenried). Als Zusatzziel wird ein Besuch des NatUrzeitmuseums mit seinen geologischen und historischen Schaustücken und Informationen empfohlen. Der Baudenstieg verbindet eine ganze Reihe hoch gelegener Gaststätten des südlichen Harzes zu einem lohnenden Fernwanderweg, siehe auch Albertturm bei Bad Grund, Hanskühnenburg bei Sieber und Großer Knollen.

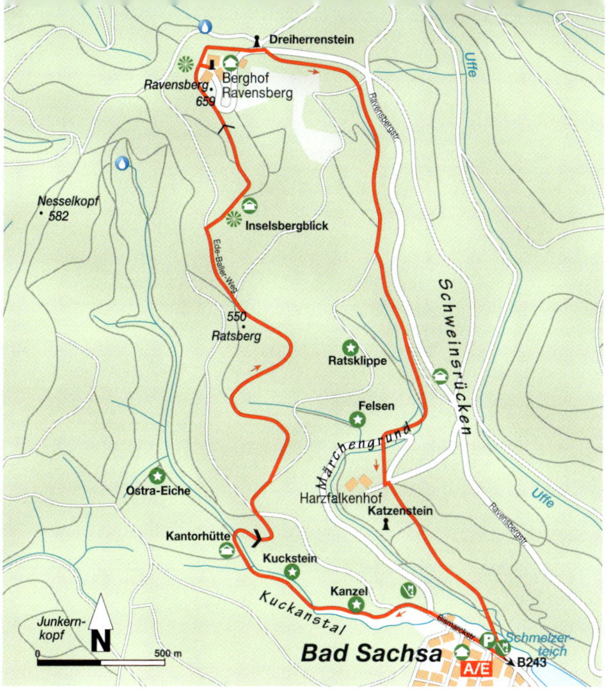

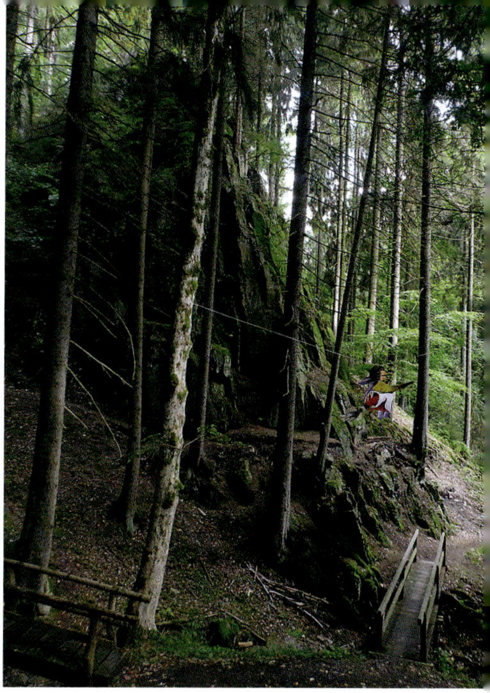

Felsen neben dem »Teufelsstieg«

torwiese weitergehen und rechts auf dem zahmeren Zickzackweg »Jägerstieg« hierhergelangen.)

Weiter auf dem deutlich ansteigenden Ede-Baller-Weg hinauf zu einem Bergsattel »Dornbusch« beim Kleinen Ratsberg. Immer auf dem Bergrücken weiter zur Weggabelung Fuchsbau und an der Käthe-Schulken-Hütte vorbei zum Inselsbergblick. Bei einer Wegverzweigung gehen wir auf dem Eselsstieg weiter. Vor der bebauten Gipfelkuppe folgen wir links dem Panoramaweg. Nach Aussicht steigen wir rechts steil hinauf zum Ravensberg-Gipfel (659 m) und zur Gaststätte.

Die Grenze entlang Wir steigen wieder ab zum Panoramaweg und gehen diesen rechts weiter hinab zum Wegekreuz am Dreiherrenstein (ehrwürdig alter, wenn auch heute nicht mehr so wichtiger Grenzstein zwischen Preußen, Braunschweig und Hannover). Die Autostraße queren und dahinter immer etwas unterhalb nach links auf angenehm zu gehendem Fußweg hinab. Man passiert zuerst das klimageschädigte Skigebiet und folgt dem Weg in hohem Wald an den steilen Talhängen hinab. Schließlich erreicht man die Autostraße. An dieser 50 Meter rechts hinab und dann bei Teich nach links und an den Volieren des Harzfalkenhofes vorbei hinauf zu dessen Zufahrtsstraße. Jenseits neben dem großen Schild des Harzfalkenhofes auf einem Fußweg hinab und zurück zum Kurpark Bad Sachsa beim Schmelzerteich.

24 Von Bad Lauterberg zum Kummelberg

Waldkuppen über dem Kurort

Leicht	5 km	250 m	2–3 Std.
mit Hausberg:	6,5 km	320 m	

Tourencharakter
Kurze Tour mit herzhaften Steigungen

Ausgangs-/Endpunkt
Kirchplatz Parkplatz (gebührenpflichtig)

Anfahrt
Auto: Von der südlichen Harzrand-Schnellstraße nach Bad Lauterberg hinein und zum Kirchplatz am Fuß des Hausberges, nahe bei der Talstation des Sesselliftes
ÖV: Siehe www.reiseauskunft.bahn.de

Karte
Wandern im Westharz, 1:50000, LGN

Informationen
Touristinformation Haus des Gastes, Ritscherstraße 4, 37431 Bad Lauterberg im Harz, Tel. 05524/9204-0, www.badlauterberg.de

Einkehr
Gaststätten auf dem Hausberg und am Bismarckturm auf dem Kummelberg, beide sind Zwischenziele des Baudenstiegs

Der Hausberg ist dicht an Bad Lauterberg gelegen und sogar mit einem Lift erreichbar. Dagegen ist der Weiterweg zur höheren Bergkuppe des Kummelberges schon eine sportlichere Unternehmung. Die dort gelegene Gaststätte ist eins der Ziele der noch sportlicheren mehrtägigen Südharzwanderung Baudenstieg.

Zum Bismarckturm Vom Kirchplatz nach rechts an der Talstation des Hausberg-Sesselliftes vorbei zur Straße »Weinberg«. Diese stramm steil hinauf zum Bergsattel (links Abstecher zum Hausberg möglich). Nach rechts abzweigen, an der Weinberghütte der Naturfreunde rechts vorbei, und weiter den Schildern »Bismarckturm« folgen. Bei der Gabelung angenehmer auf dem schmaleren rechten, unteren Weg weiter und mit einigen Zickzacks zu einem Bergsattel. Rechts weiter ansteigen, mit einer Rechtsschleife zum jetzt markanteren Bergrücken. Auf diesem

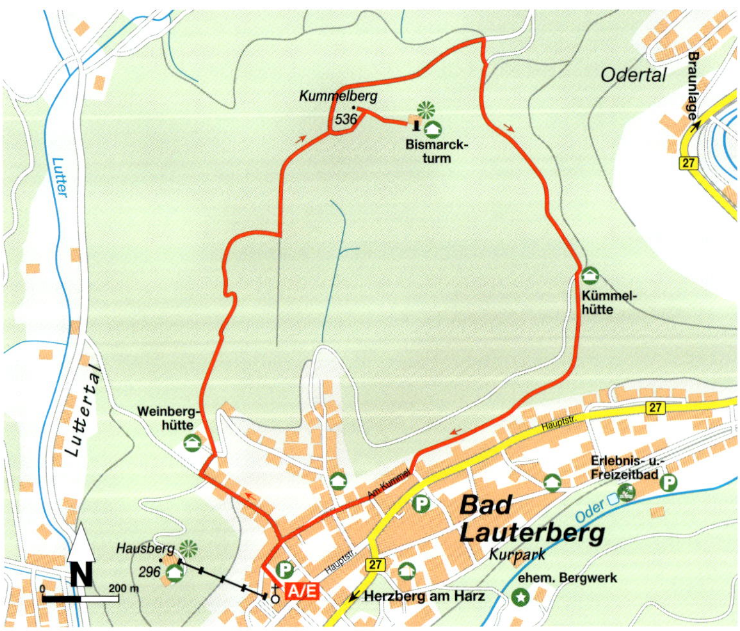

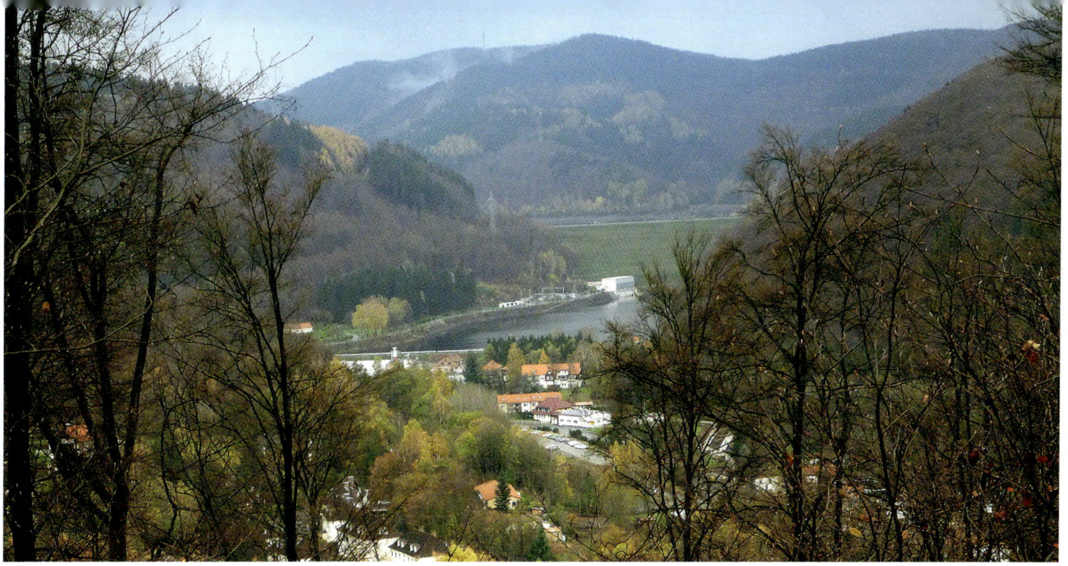

Blick ins Dietrichstal

links hinauf zur breiten Forststraße und nach rechts rasch zur Gaststätte Bismarckturm (täglich geöffnet, weiter Ausblick ins Vorland bis zur Schichttafel des Ohm).

Kummelberg und Kümmelhütte Man geht vom Gasthaus 100 Meter zurück bis vor den höchsten Punkt des Kummelberges (536 m, Bank). Nun links abwärts auf der Forststraße, um die höchste Kuppe westseitig herum und dann nach Norden hinab bis zu einem markanten Bergsattel.

Vom Bergsattel jetzt nach rechts die Zufahrtsstraße hinab bis zur auf einem Bergsporn gelegenen Kümmelhütte (auf der kleinen Kuppe dahinter der Sitzplatz Ostfriesenruh, keine Aussicht). Nun etwas unterhalb der Zufahrtsstraße auf einem schmalen, unbefestigten Weg fußfreundlicher über den steilen Waldhang weiter hinab. Er erreicht einen schmalen Weg. Der führt oberhalb von teils nett gepflegten, teils malerisch verwilderten Hausgärten, an unterschiedlich soliden Zäunen entlang, zuletzt über Treppenstufen steiler hinab zur Straße Am Kummel. Dieser weiter folgen und dann auf der Schulstraße an der großen Linde und der historischen »Neuen Schule« vorbei zum Fuß der Straße »Weinberg« und wie zu Beginn zurück zum Kirchplatz.

Tipp

Bad Lauterberg war früher Bergbauort (Bergbaumuseum). Weil mit Ausnahme der Schwerspat- und Barytförderung im benachbarten Luttertal diese wirtschaftliche Grundlage verloren ging, mauserte es sich zum Kurort Bad Lauterberg mit Kneippkuren und Reha-Betrieb. Auf dem Hausberg stand früher eine Burg. Die dort jetzt betriebene Gaststätte ist ebenso eins der Ziele des Baudenstieges wie die deutlich urigere auf dem Kummelberg am Bismarckturm. Im Sommer sind der Wiesenbeker Teich und der Oderstausee beliebte Ziele.

25 Zur Ruine Scharzfels und zur Einhornhöhle

Zechsteinfelsen und Burgruinen im Buchenwald

Leicht | 5 km | 160 m | 1.30 Std.

Tourencharakter
Harmlose Laubwaldwanderung auf guten Wegen

Ausgangs-/Endpunkt
Parkplatz Im Rott

Anfahrt
Auto: Südliche Harzrand-Schnellstraße B 27 bis Scharzfeld. Dort etwas östlich der Kirche auf der Straße Im Rott unter der Schnellstraße durch und im Tälchen hinauf zum Parkplatz am Waldrand, ausgeschildert von Scharzfeld aus als Zufahrt zur Einhornhöhle. Nur bis 18 Uhr offen
ÖV: Nur bis Scharzfeld. Von dort 2,5 km bis zum Parkplatz, vgl. Karte. Siehe www.reiseauskunft.bahn.de

Karte
Wandern im Westharz, 1:50 000, LGN

Informationen
Touristinformation e.V., Marktplatz 32, 37412 Herzberg am Harz, Tel. 05521/852111, www.herzberg.de; www.einhornhoehle.de

Einkehr
An der Höhle und bei der Ruine Scharzfels

Die Laubwaldwanderung lässt sich mit dem Besuch einer auf einem Felsen gelegenen Burgruine und einer durch prähistorische Funde berühmten Höhle verbinden. Der Ausgangspunkt ist von der Südharz-Schnellstraße über eine Stichstraße rasch zu erreichen.

Zur Ruine Scharzfels Vom Parkplatz Im Rott geht man im hohen Buchenwald kurz über den kleinen Bergrücken und durch eine Art Hohlweg hinab zum Eingang der Einhornhöhle (Gaststätte, von April bis Oktober Führungen). Links einen Wanderweg am Waldrand neben einer Wiese hinunter zum Hasenwinkelbach nehmen und gegenüber im Wald gleich wieder hinauf zur Ruine Scharzfels. Auf dem breiten, schroffen Zechsteinfelsen finden sich die Mauerreste der alten Burg. Vom ostseitigen Burghof aus führt nahe der kleinen Gaststätte eine Treppe bis zur Mauerkrone. Von hier bietet sich eine Aussicht nach Süden über die Baumkronen hinweg. Auf der West- und Südseite des Felsens gibt es

Tipp

Der Harzrand um Scharzfeld ist uralter Siedlungsraum. Die Höhlen in den als Riffkalke eines flachen Meeres entstandenen Felsen wurden in der Eiszeit von Höhlenbären und später von Jägern bewohnt. Bei einer Führung durch die Einhornhöhle, in der zahlreiche fossile Knochen gefunden wurden, lässt sich einiges dazu erfahren. Die weiter westlich über dem Ort gelegene und frei zugängliche Steinkirche war ebenso Wohnstätte prähistorischer Jäger und wurde in frühchristlicher Zeit in Umgestaltung einer natürlichen Höhle ausgehauen. Sie liegt in einem kleinen Naturschutzgebiet mit Trockenrasen. An der malerischen Ruine Scharzfels wurde eine Gaststätte des Baudenstieges betrieben. Der Fels ist heute ein beliebtes Kletterziel.

eine große Zahl von schwierigen Kletterrouten. Diese enden alle vor den altehrwürdigen und auch bröckelnden Mauerresten bei Abseilhaken. Von denen seilen dann die Kletterer ab und lassen so die Mauerreste und die schutzwürdige Felskopfvegetation unangetastet.

Nun in nördlicher Richtung im hohen Laubwald auf Forstweg weiter. An der kleinen Kuppe des weniger spektakulären Frauensteins geht man links vorbei und gelangt zu einer großen Weggabelung vor dem Herbstberg. Links die Forststraße an dessen westlichem Hang weiter bis zu einer Rechtskurve an einem Bergsporn. Hier kurz hinab zur Wanderschutzhütte Göttinger Hütte. Sie bietet zwar keine Aussicht, ist aber ein schöner Rastplatz im Grünen.

Von der Hütte führt als Kontrastprogramm zur breiten Standard-Forststraße ein hübsches, schmales Weglein fast ohne Steigungen unterhalb der Straße zurück bis zu einem breiteren Weg. Auf diesem nun nach rechts hinab und auf einem flachen Bergrücken weiter. Der Weg führt bald an den rechts unterhalb gelegenen, düsteren Rottsteinen vorbei. Sie bestehen aus einer steilen Geländestufe mit mehreren Felsüberhängen und Blöcken. Schließlich leitet ein Weg nach links zurück zum Parkplatz Im Rott.

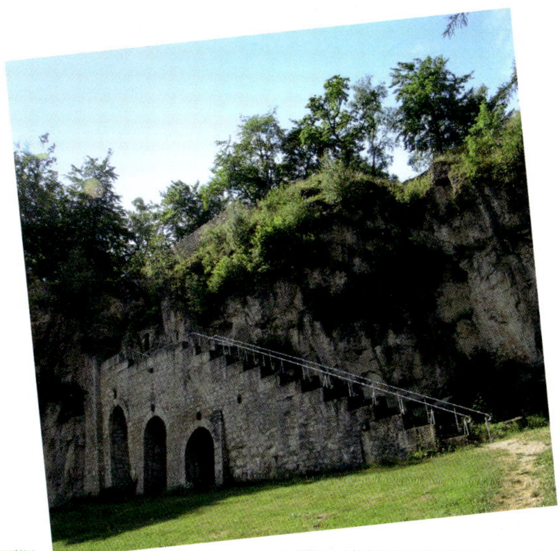

Ruine Scharzfels

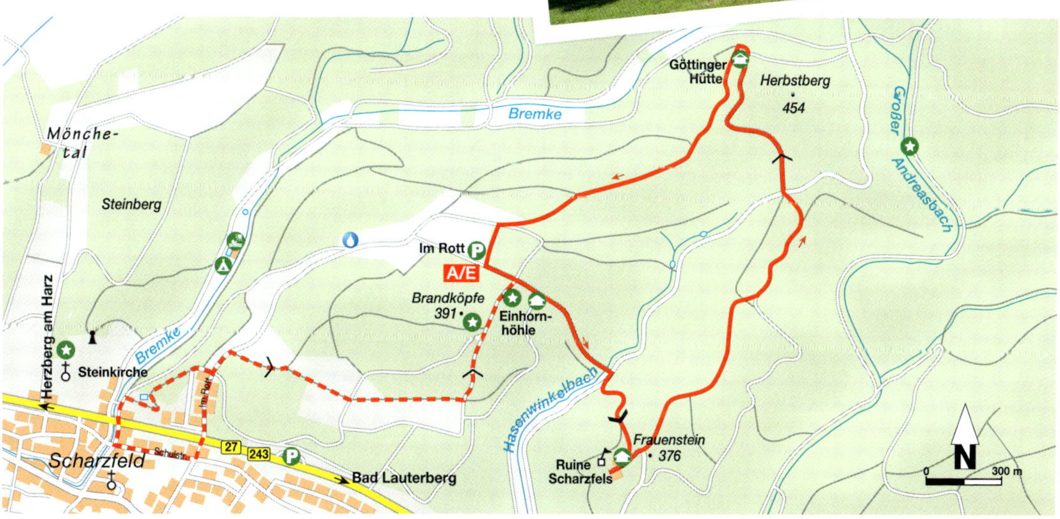

26 Vom Siebertal auf den Großen Knollen

Exklusives Wanderziel auf dem Perm-Vulkan

Mittel | 8 km | 400 m | 3 Std.

Tourencharakter
Laubwaldwanderung auf teils steilen Wegen und beim Abstieg Forststraße mit relativ großem Höhenunterschied zu einem der lohnendsten exklusiven Wanderziele des Harzes

Ausgangs-/Endpunkt
Ehemalige Sägemühle 500 m talaufwärts von Hotel und Gaststätte Paradies im Siebertal zwischen Herzberg und Sieber. Parkmöglichkeit

Anfahrt
Auto: Von der südlichen Harzrand-Schnellstraße B 27 von Herzberg das Siebertal hinauf. Von Norden über Sankt Andreasberg und Sieber hinab
ÖV: Bahn bis Herzberg, dann Bus oder Taxi, siehe www.reiseauskunft.bahn.de

Karte
Wandern im Westharz, 1:50 000, LGN

Informationen
Touristinfo, Marktplatz 32, 37412 Herzberg, Tel. 05521/852111, www.herzberg.de

Einkehr
In der urigen Baude auf dem Großen Knollen, auch im »Paradies«

Die Waldgaststätte auf dem Gipfel dieses alten Vulkans ist eins der besonders zünftigen Wanderziele, die nur mit einem deutlichen Anstieg zu Fuß zu erreichen sind. Diese Tour ist der kürzeste Aufstieg dorthin und auch Teil des Baudenstiegs, der als eine Art Wellblechwanderung über die Berge des südlichen Harzes führt.

Zum Großen Knollen Von der Taleinmündung rechts in Richtung Höxterberg den Weg in einem kleinen Seitental steil hinauf. Später etwas rechts vom Talgrund den schmalen, aber gut eingelaufenen Fußweg aufsteigen. Auch bei einem breiten Forstweg dem etwas rechts wieder ansetzenden schmalen Weg weiter hinauffolgen bis zum flachen Gelände. Hier leiten die Markierungen neuerdings nach rechts und führen hinab zu einer Forststraße. Diese leitet dann wieder nach links hoch zu einem Forst-

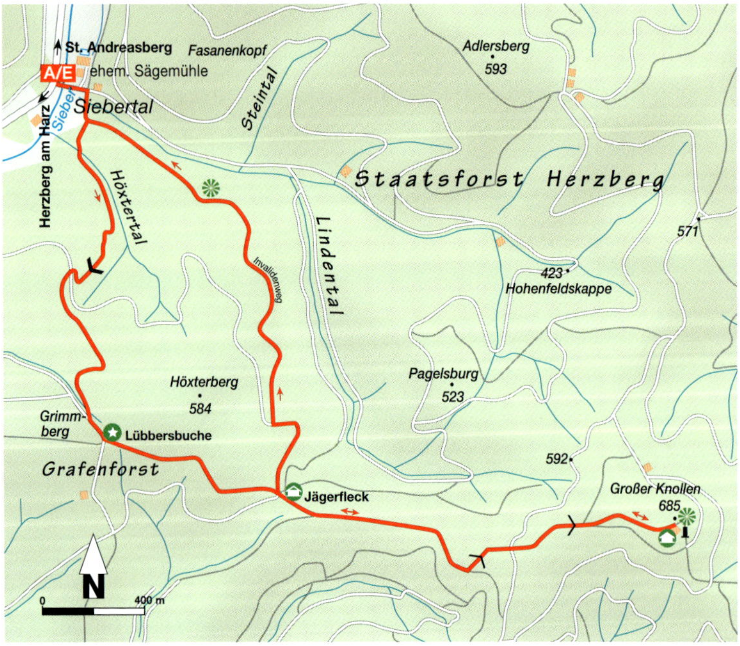

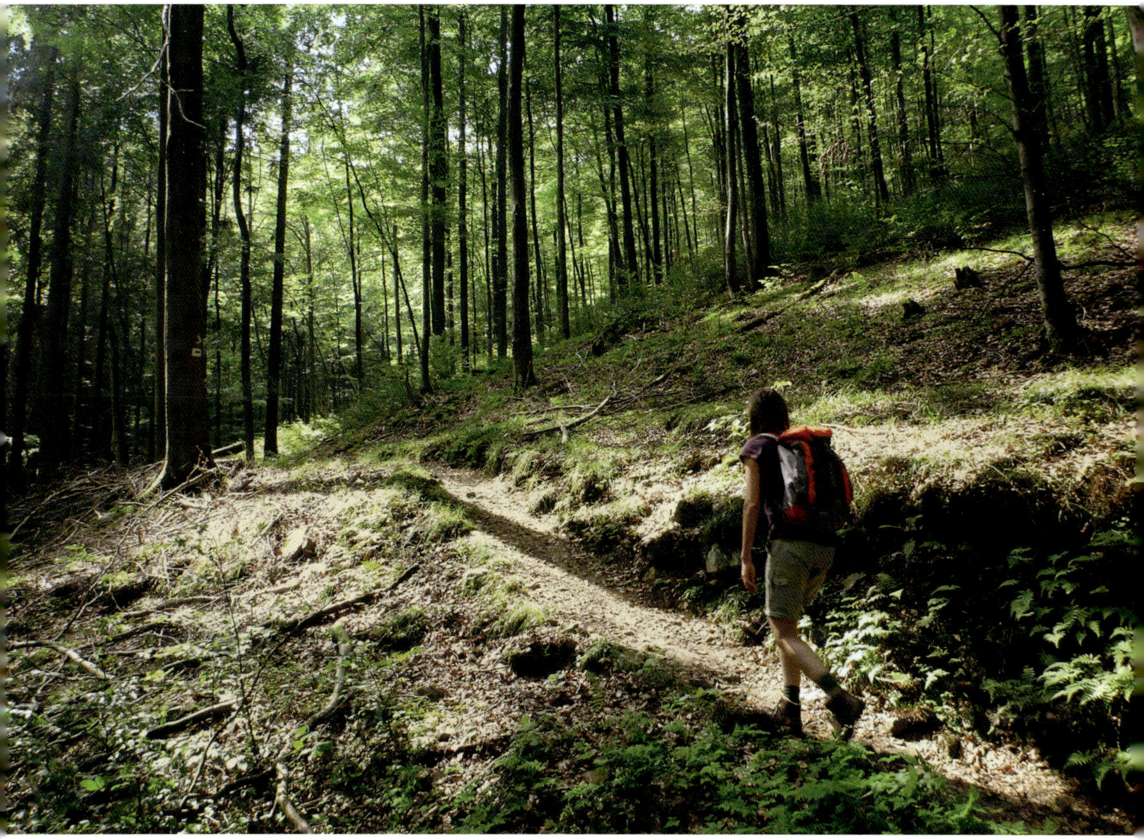

Im Tälchen gen Höxterberg

wegekreuz und gleich danach zur markant gewachsenen, jetzt leider abgestorbenen Lübbertsbuche. Auf dem Weg am Südhang der Gipfelkuppe des Höxterberges weiter zum Wegekreuz Jägerfleck (Wanderschutzhütte). Nun auf dem Bergrücken weiter ostwärts dem deutlichen Weg hinauf bis zu einer quer verlaufenden Forststraße. Dem Wanderweg über den Bergrücken in gleicher Richtung weiter folgen bis zum Gipfel des Großen Knollen (675 m, Gaststätte, eines der markantesten Ziele des Baudenstiegs, Aussichtsturm mit großartigem Rundblick bis zum Brocken und zum Hohen Meißner).

Sehenswert

Im am Ausgang des Siebertales gelegenen reizvollen Herzberg lohnt ein Besuch des durch Fachwerkhäuser bestimmten Ortskerns, der markanten Kirche, des durch Auslaugung von Zechsteinablagerungen entstandenen Juessees und nicht zuletzt des südlich der Stadt auf einer Kuppe gelegenen prächtigen Welfenschlosses. Das Wasser der Sieber versickert meist im Stadtgebiet und speist nach unterirdischem Abfluss die weiter südlich mit spektakulärer Schüttung entspringende Rhumequelle.

Rechte Seite: Die Lübbertsbuche (2013)

Innenhof des Welfenschlosses bei Herzberg

Im Laubwald abwärts Der Abstieg erfolgt zunächst auf dem gleichen Weg bis zum Wegekreuz Jägerfleck. Nun rechts auf der Forststraße (»Invalidenweg«) mit hübschen Ausblicken auf Laubwaldszenerien und teils auch mit Fernblick zum Acker hinab zum Ausgangspunkt an der Einmündung ins Siebertal (Sägemühle).

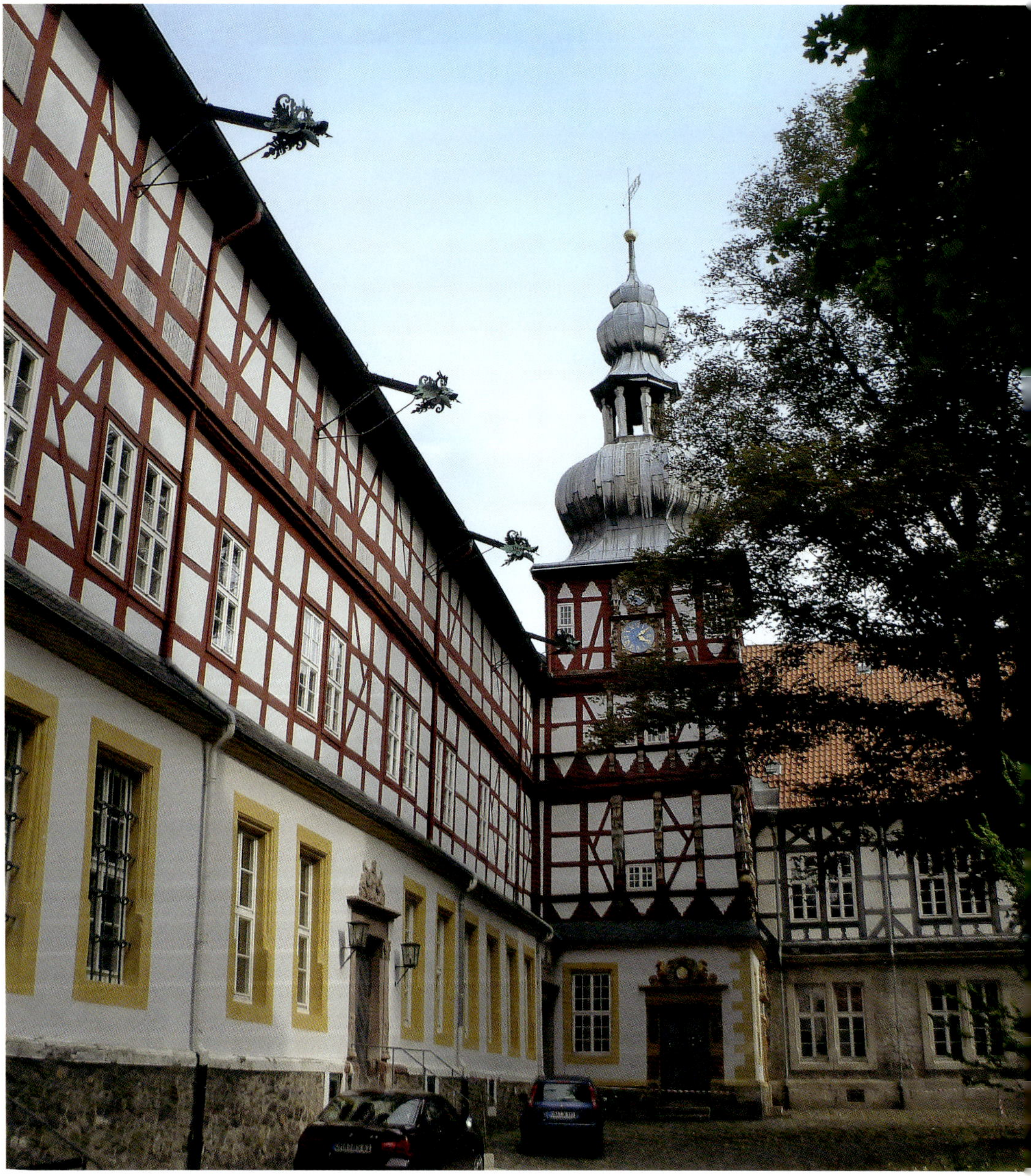

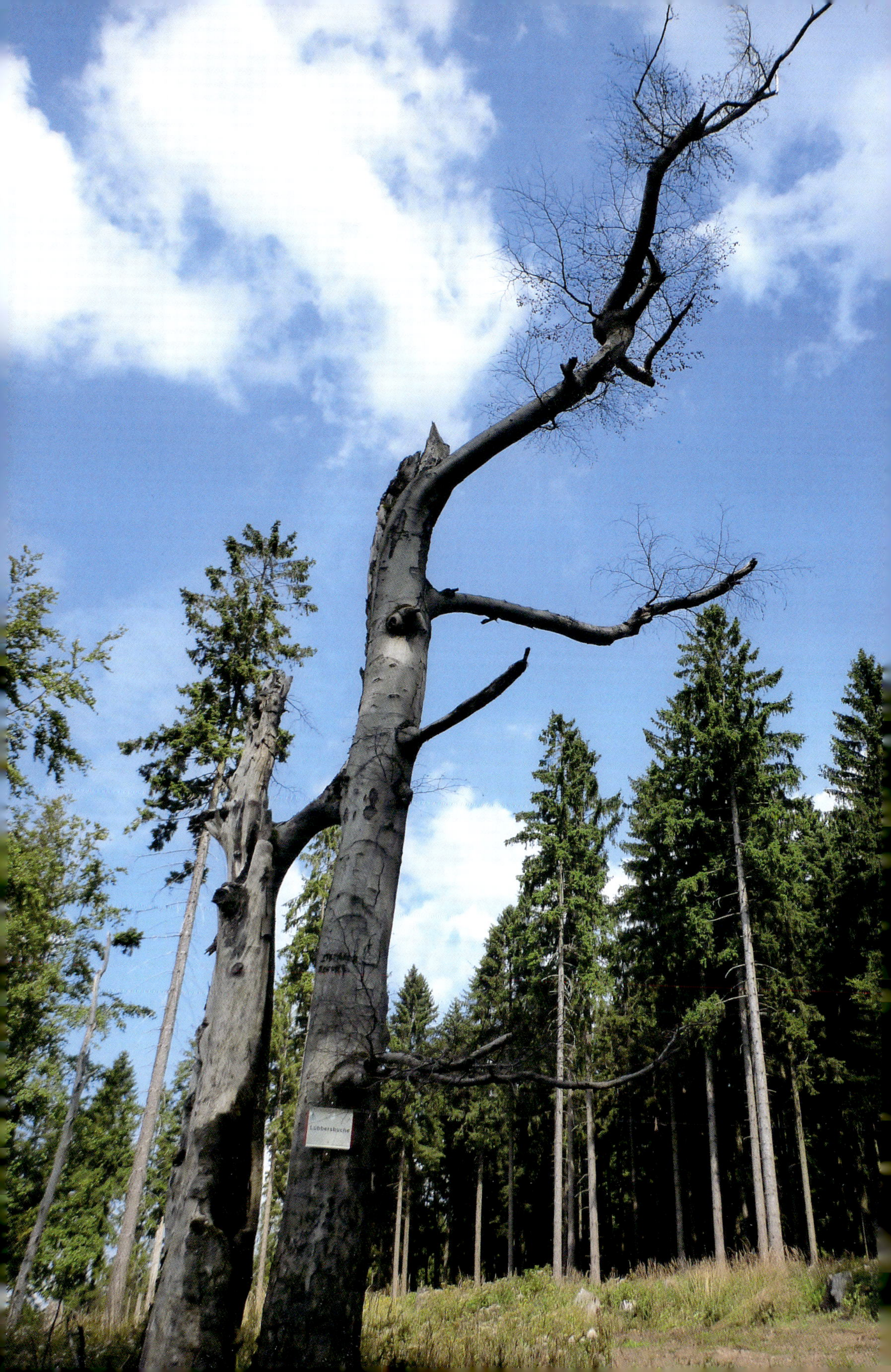
Lübbersbuche

27 Von Sieber auf den Acker zur Hanskühnenburg

Strammer Aufstieg zum Ackerkamm

Mittel | 8 km | 450 m | 3 Std.

Tourencharakter
Durch deutliche Höhenunterschiede stramme, aber sehr lohnende Waldwanderung zum herb-kühlen Ackerkamm mit dem klassischen Wanderziel in der Kernzone des Nationalparks Harz

Ausgangs-/Endpunkt
Wanderparkplatz oberhalb vom oberen Ortsteil von Sieber im Goldenketal.
Dort auch Infotafel, Hinweise auf Lehrpfade und Waldmuseum, Kinderspielplatz und Barfußweg

Anfahrt
Auto: Von Süden über die südliche Harzrand-Schnellstraße B 243 nach Herzberg und von dort ins Siebertal. Darin bis zum oberen Ortsteil und nordwestwärts im Seitentälchen hinauf bis zu den letzten Häusern beim Parkplatz
ÖV: Bahn bis Herzberg, danach ÖV dürftig, siehe www.reiseauskunft.bahn.de, eventuell zuletzt nur per Taxi

Karte
Wandern im Westharz, 1:50 000, LGN

Informationen
Touristinfo, Marktplatz 32, 37412 Herzberg, Tel. 05521/852111, www.herzberg.de

Einkehr
In der Hanskühnenburg, auch in Sieber

Die Hanskühnenburg liegt im Nationalpark Harz auf dem Rücken des großen Quarzitkammes des Ackers. Sie ist ein Wanderziel mit ähnlicher Exklusivität wie die Hütte auf dem Großen Knollen und bringt ebenso wie jener ein durch die Mühen des Aufstiegs vorsortiertes zünftiges Publikum zusammen. Dies ist der kürzeste Aufstieg dorthin, mit schönen Waldszenerien und einem am Kamm bereits deutlichen Mittelgebirgsambiente.

Im Schmelzertal Vom Parkplatz bei Sieber im Tal der Goldenke (Teilstrecke des Fernwanderweges E6, bei Gabelung rechts halten) auf einem teils schon von Gras angenagten Asphaltsträß-

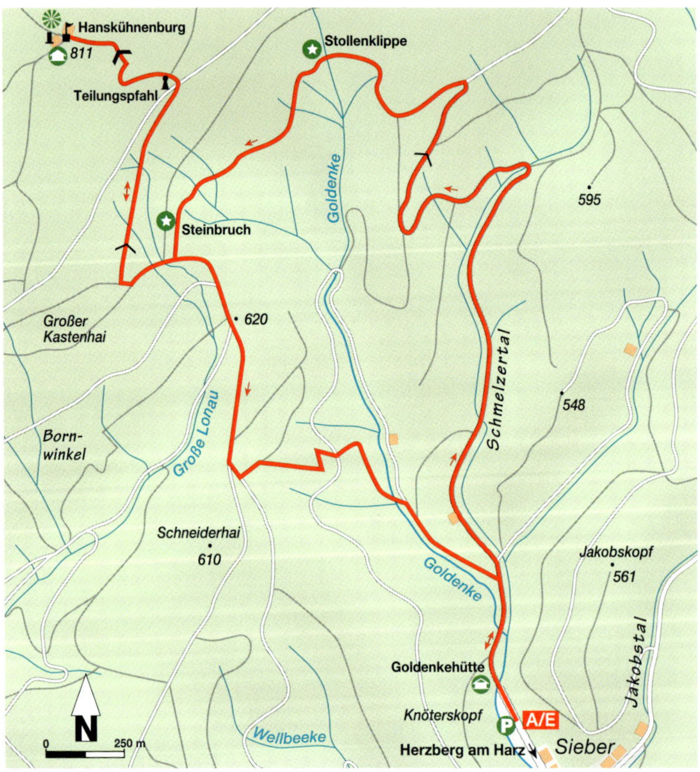

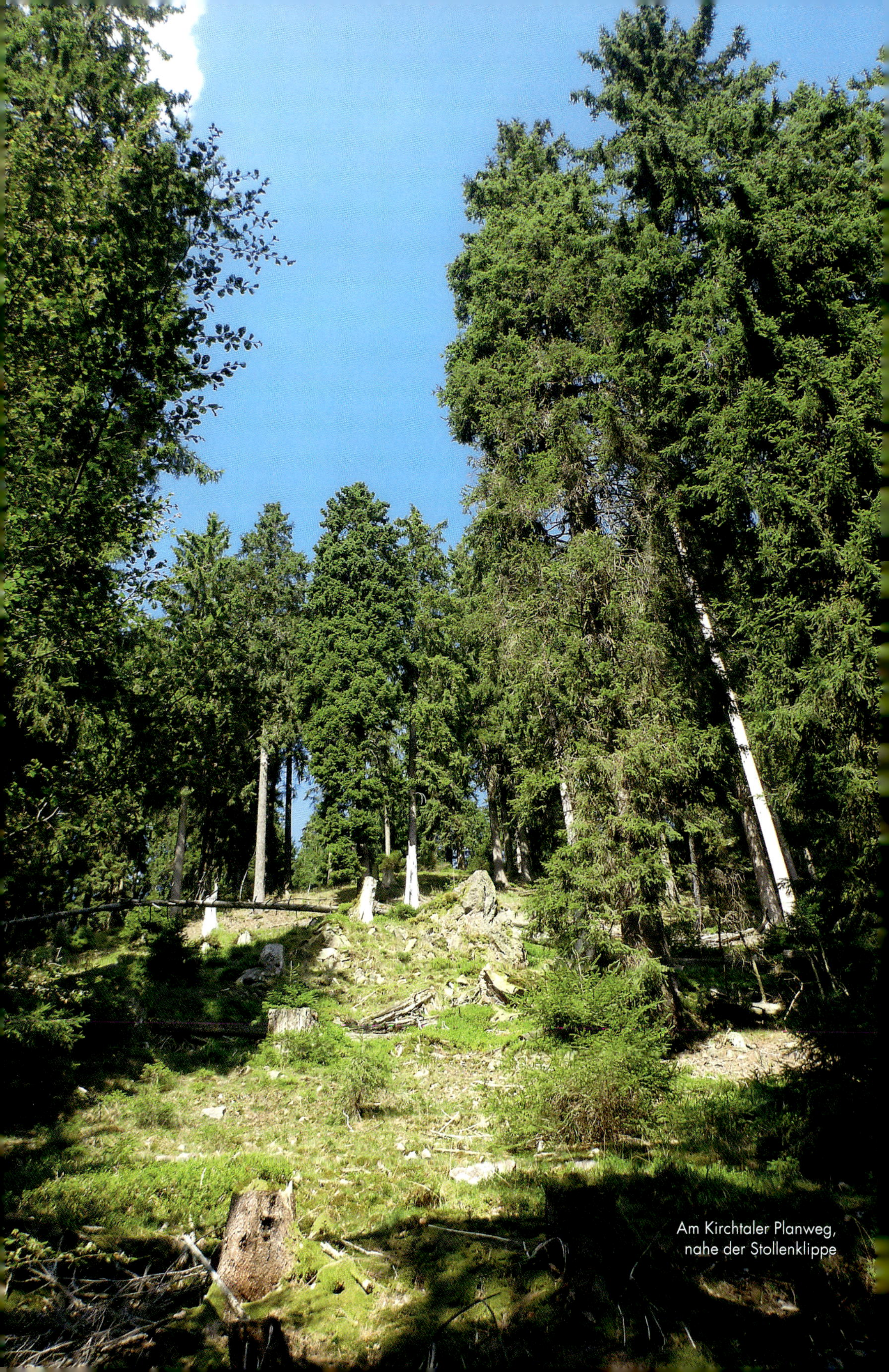

Am Kirchtaler Planweg,
nahe der Stollenklippe

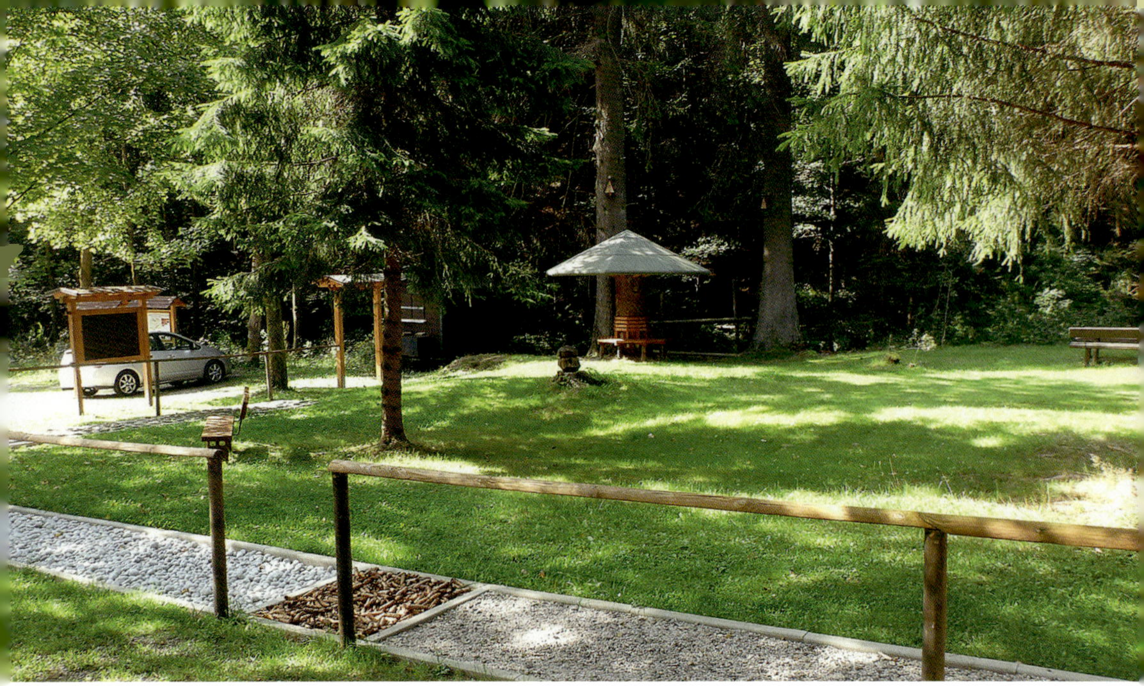

Der Barfußpfad am Parkplatz Goldenketal

chen das hübsche Schmelzertal hinauf. Oberhalb des Endes der hübschen Wiesen leitet es, nun nur noch geschottert und fußfreundlicher, nach einer Spitzkehre nach links und bald nochmals nach rechts. So gelangt man nach einigen unterhalb gelegenen Quellen zur Abzweigung des Kirchtaler Planweges.

Auf diesem geht man nach links ohne Steigung weiter. Mit Nahblicken auf rasch wechselnde Waldszenerien, zum Schutz vor Erosion mit Kaskaden verbaute Bäche und unter der an Bergbauversuche erinnernden, aber recht übersichtlichen Stollenklippe vorbei. Mit Tiefblicken in die unterhalb eindrucksvoll steilen Hänge erreicht man schließlich ein kleines Steinbruchgelände. Hier öffnet sich der Blick nach Osten bis nach Hohegeiß und zum Ebersberg. Kurz danach mündet der Weg auf eine feste Forststraße. Auf dieser links ansteigen und nach einer Kurve weit nach rechts hinauf zum Wegedreieck Teilungspfahl an der Ackerstraße. Von hier folgen wir einem steilen Weg mit Windungen zur Hanskühnenburg auf dem Bergkamm des Ackers.

Zurück ins Goldenketal Der Rückweg vollzieht sich zunächst auf dem gleichen, schon vom Aufstieg bekannten Weg hinab bis zur Einmündung des Kirchtaler Planweges. Hier folgt man jedoch nun der Forststraße hinunter, bei einer Gabelung gerade weiter und hinab bis zu einer zweiten Weggabelung in einem flachen Bergsattel. Hier links noch etwa 100 Meter weiter. Dann auf schmalem Fußweg links abzweigen (Schild »Sieber durch

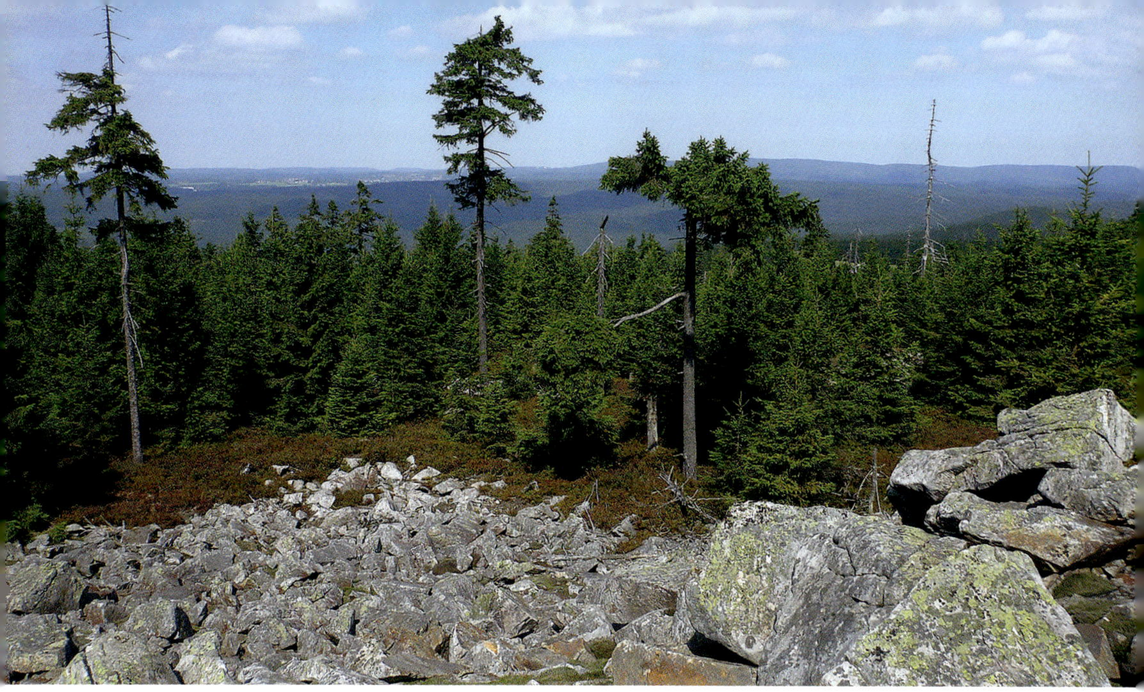

Bei der Hanskühnenburgklippe

Goldenke« und Rundwanderweg rot 5). Fußfreundlich, aber bald auch steiler und mit langen Zickzacks hinab. Ein breiter Hangweg wird überschritten, und auf dem steilen Fußweg geht es weiter hinab bis in den Grund des tiefen Goldenketales. Unten auf der Talstraße nach rechts hinuntergehen. Sie führt bald auf das vom Aufstieg bereits bekannte Asphaltsträßchen und nach etwa einem weiteren Kilometer zurück zum Ausgangspunkt in Sieber.

Natur

Der lange Bergkamm des Ackers ist die größte geologische Struktur des Harzes. Er besteht aus dem sehr harten Quarzit des Erdaltertums und tritt am Bergkamm vielerorts zutage, teils in Blockmeeren, teils in niedrigen Klippen wie direkt gegenüber der Gaststätte Hanskühnenburg. Diese ist eines der schönsten Ziele des Fernwanderweges »Baudenstieg«. In den 1980er-Jahren bot der Bergkamm mit flächig absterbendem Wald einen trostlosen Anblick. Aber nachdem die Rauchgasreinigung der großen Industrieanlagen ebenso wie privater Heizanlagen tatsächlich durchgeführt wird und die verbleibenden Stickstoffniederschläge als Dünger wirken, hat sich der Wald erholt und zeigt nun auch wieder am Ackerkamm vier bis fünf Nadeljahrgänge. Der seit alters her über den festen Bergkamm verlaufende »Fastweg« wurde nach der Ausweisung des Nationalparks zugunsten der tiefer gelegenen Wege »Ackerstraße« und »Reitweg« weitgehend gesperrt. Dadurch sollen am teils sumpfigen Bergkamm weite Bereiche ungestört der natürlichen Dynamik überlassen bleiben.

28 Vom Sösestausee auf die Gierköpfe

Wald im Wandel überm Trinkwassersee

Leicht	6,5 km	200 m	2 Std.

Tourencharakter
Ruhige Waldwanderung mit aktuell sehr schönen Ausblicken

Ausgangs-/Endpunkt
Parkplatz am südlichen Ende des kleinen Staudammes der Vorsperre

Anfahrt
Auto: Von Süden und Westen her über die südliche Harzrand-Schnellstraße B 243 nach Osterode und auf der B 498 im Sösetal am nördlichen Ufer in Richtung Riefensbeek zum Staudamm der Vorsperre und über diesen zum am Südufer in der Kurve gelegenen Parkplatz. Von Norden her ist er von der Harzhochstraße B 242 durch das Sösetal hinab gleichfalls gut zu erreichen.
ÖV: Bahn bis Osterode, siehe www.reiseauskunft.bahn.de, von dort meist nur per Taxi

Karte
Wandern im Westharz, 1:50 000, LGN

Informationen
Touristenbüro Dörgestraße 40, 37520 Osterode am Harz, Tel. 05522/6855, www.osterode.de

Einkehr
In Osterode und Kamschlacken

Im Hinterland des Harzrandortes Osterode liegt im Sösetal der älteste der großen Trinkwasserspeicher, die große Städte im Vorland beliefern. Von seinem oberen Ende aus bietet diese ruhige und abgelegene Waldwanderung einen abwechslungsreichen Ausflug auf einen dem Bergkamm Acker vorgelagerten Bergrücken.

Am Sösestausee Vom Parkplatz an der Vorsperre des Sösestausees auf einer Forststraße nach Süden und bald bei einer Gabelung nach rechts zum Stausee. Wenig oberhalb vom See auf der Forststraße in südwestlicher Richtung. Nach einem grasigen Hang mit gerade erst wieder aufkommendem Wald führt die Straße in hohen Laub- und Nadelwald weiter. Die erste von links einmündende Straße passieren und auf der ufernahen Straße weiter, bis ein größeres Seitentälchen auf einem markanten Damm überquert wird. Kurz danach auf dem links abzweigenden Weg in derzeit hohem Fichtenwald steil hinauf. Weiter oben einen Hangweg überqueren und in etwa gleicher Richtung einen

Tipp

Der alte Stadtkern von Osterode ist mit Rathaus, Harzkornmagazin und weiteren schmucken Gebäuden sehenswert. Südlich der Stadt gibt es ausgedehnte Vorkommen des im Zechstein abgelagerten und nach der oberflächennahen Auslaugung des Salzes übrig gebliebenen Gipses. Er wird am Katzenstein in großen Steinbrüchen abgebaut. Im Hinterland sind jedoch mit dem NSG Hainholz und dem NSG Lichtenstein noch einige Bereiche des durch Erdfälle, Höhlen und Bachschwinden interessanten Gipskarstes einigermaßen intakt erhalten. Im unteren Teil des Sösetales gibt es eine Waldvogelstation und nahe dem Staudamm des Sees den Lehrpfad Fischereiwanderweg.

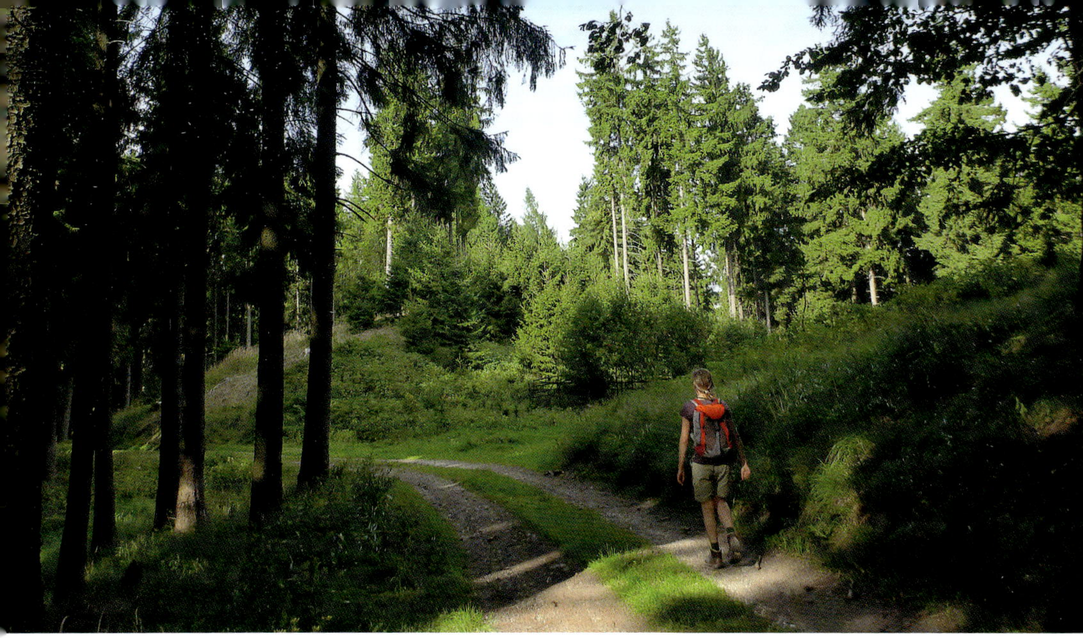

Beim Osteroder Forsthaus am Kamm des Giersberges

steilen Grasweg bergan gehen bis zu einem befestigten Forstweg (Bank, Aussicht).

An den Gierköpfen vorbei Nun links auf diesem fast ebenen Hangweg um mehrere Bergsporne herum bis zu einer Weggabelung im Sattel unterhalb vom Osteroder Forsthaus. Links den festen Forstweg nehmen und knapp unterhalb der Gierköpfe (503 m) vorbei. Später führt der Weg – mit herrlichem Ausblick zum Ackerkamm und ins obere Sösetal – weniger befestigt weiter in nördlicher Richtung hinab. Im Herbst bieten sich hier in hübschen Hecken am Wegrand Brombeeren in Hülle und Fülle gratis an.
Der Weg führt schließlich zu einer markanten Linkskurve und leitet danach mit Ausblick über den Stausee in südwestlicher Richtung als Grasweg hinab zur ufernahen Straße. Auf dieser wie zu Beginn der Tour zurück zum Parkplatz an der Vorsperre.

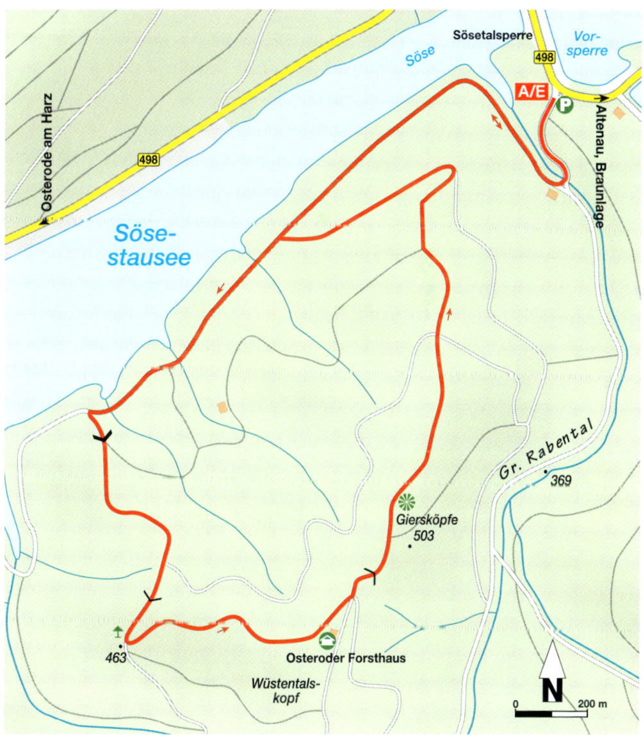

29 Vom Hübichenstein auf den Iberg

Arboretum Weltwald und Einblicke in Hübichs Reich

Leicht	8,6 km	290 m	3 Std.

Tourencharakter
Abwechslungsreiche Rundwanderung um den traditionsreichen Kurort

Ausgangs-/Endpunkt
Am Bergsattel beim Hübichenstein. Parkplätze günstig am Eingang zur Iberger Tropfsteinhöhle

Anfahrt
Auto: Von der A 7 (Ausfahrt Seesen) auf der Schnellstraße B 243 bis kurz hinter Münchehof, dann abzweigen und auf der B 242 in Richtung Clausthal und Braunlage hinauf. Kurz nach der Einfahrt der großen Steinbrüche erreicht man den Bergsattel beim Hübichenstein. Davor rechts Parkplätze. Aus dem Harz bietet die Harzhochstraße B 242 die beste Anfahrt.
ÖV: Bahn bis Gittelde, Bus nach Bad Grund, siehe www.reiseauskunft.bahn.de oder www.vsninfo.de

Karte
Wandern im Westharz, 1:50 000, LGN

Informationen
Info, 37539 Bad Grund (Harz), Tel. 05327/700710, www.badgrund.de; www.hoehlen-erlebnis-zentrum.de

Einkehr
Kiosk am Ausgangspunkt, Gaststätten an der Iberger Tropfsteinhöhle und am Albertturm sowie in Bad Grund

Diese Rundwanderung um das von der ältesten Harzer Bergstadt in einen Kurort gewandelte Bad Grund verbindet den Besuch des einmaligen Arboretums Weltwald mit der Besteigung des aus Devonkalk aufgebauten Iberges und eventuell auch einer Begehung der verbliebenen darin verborgenen Höhle.

Mammutbäume und Tropfsteine Der Weg ist als Rundweg 1 mit einem Ahornblatt markiert. Am Ausgangspunkt besteht Gelegenheit zur Besteigung des Vorgipfels des Kalkfelsens Hübichenstein (Treppen, Geländer, vor der hohen, Felskletterer faszinierenden Wand befindet sich eine Freilichtbühne). Gegenüber vom Parkplatz zum Eingang des Arboretums Weltwald. Auf dem Ostamerikaweg abwärts zu einem Pavillon beim Himalayaweg und dann links auf dem Mammutbaumweg zu einigen ansehnlichen Exemplaren dieser Bäume. Davor rechts über eine Hängebrücke und dann links ansteigen auf die Forststraße (»Taubenbornstraße«).
Auf dieser abwärts und vor dem Campingplatz der Markierung Ahornblatt folgend zur Wassertretstelle und weiter zur Kaiserquelle. Danach auf dem Sträßchen Kelchtal hinab zur Ortsmitte von Bad Grund. An der Kirche und nach dem Markt am Gesundheitszentrum vorbei in die Schurfbergstraße. Neben dieser den Weg am Rand des Parks (Schurfberg) und eines künstlichen Wasserfalls nehmen. Danach über die Straße und den Weg durch den Sportpark aufsteigen zum Beginn des geologischen Lehrpfades. Dieser leitet im Grunde eines Tälchens hinauf. Zuletzt über die Straße zum HöhlenErlebnisZentrum Iberger Tropfsteinhöhle.

Zum Iberg Vom Parkplatz den Weg im Talgrund steil hinauf zum Wegekreuz »Schweinebraten« (Köte, Spielplatz) nehmen. Anschließend links den breiten Weg hinauf zur höchsten Kuppe des Iberges (562 m, rechts Ausguck zum gewaltigen Loch des nördlich anschließenden Winterberg-Steinbruches). Auf der

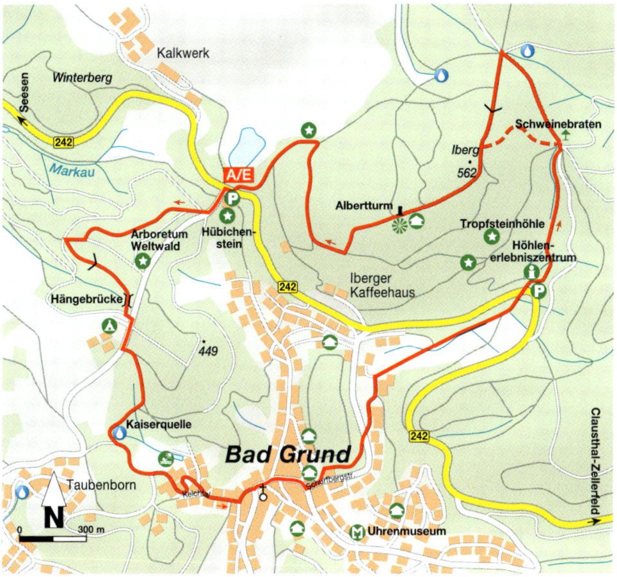

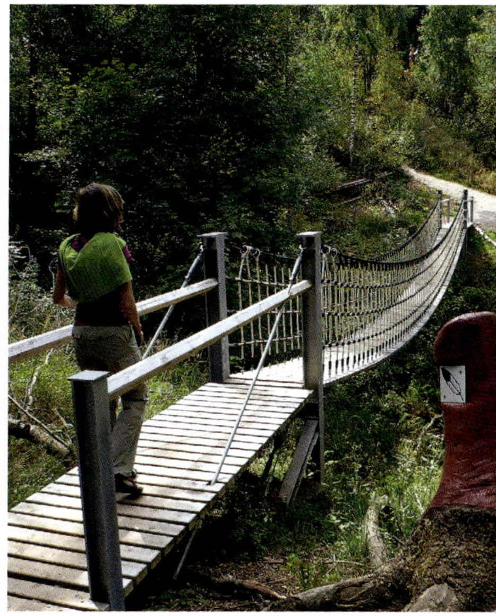

Hängebrücke im Arboretum Weltwald am Mammutbaumweg

Straße weiter gelangt man dann wenig später zur Gaststätte Albertturm.

Nach Westen hinab zum Oberen Ibergweg (nach links kurzer Abstecher zum Aussichtspunkt Bismarckklippe lohnend), dann rechts der Markierung Ahornblatt folgend in ein Tälchen und hinab zum Hübichenstein.

Tipp

Das Kalkgestein des Iberges und des benachbarten Winterberges hat sich vor etwa 380 Millionen Jahren als großes Riff im Meer des Devon entwickelt. Die Höhlen sind als Karsterscheinungen durch Auflösung des Gesteins von den Klüften her durch Sickerwasser entstanden. Das HöhlenErlebnisZentrum bietet nicht nur reiche Information über die dahinter im Berg zugängliche, im Vergleich zu denen in Rübeland kleinere Höhle, sondern auch über die archäologischen Funde und Erkenntnisse zur Region. Bad Grund ist die älteste der Harzer Bergstädte. Sie erhielten von den Landesherren Stadtrecht, um mit diesem Privileg aus dem Erzgebirge fachkundige Bergleute abzuwerben. Im historischen Knesebeckschacht befindet sich jetzt ein Bergbaumuseum. Das Museum oberhalb vom Kurgarten bietet vielfältige Informationen zum frühen Bergbau wie zu dem der jüngsten Zeit. Der Schacht »Hülfe Gottes« wurde als letzte Erzgrube des Harzes erst 1992 stillgelegt. Im Arboretum Weltwald sind über 1000 Baumarten aus aller Welt angesiedelt. Die originelle Gaststätte am Albertturm auf dem Iberg ist die westlichste Station der Südharzer Fernwanderung Baudenstieg.

30 Von Clausthal-Zellerfeld zum Polsterberger Hubhaus

Wo Wasserkraft tiefe Bergwerke ermöglichte

Leicht | 7,5 km | 50 m | 2 Std.

Tourencharakter
Landschaftlich reizvolle und bergbauhistorisch lehrreiche Waldwanderung zu einigen Highlights des Kulturdenkmals »Oberharzer Wasserregal«

Ausgangs-/Endpunkt
Nahe beim Straßendreieck B 241/242, beim Pulverhaus in der Straße Am Dorstheer Zechenhaus Wegabzweigung (noch vor den Gewerbegebäuden)

Anfahrt
Auto: Von Norden von Goslar oder von Süden von Osterode zur östlich von Clausthal gelegenen Abzweigung der B 242 (Hochharzstraße)
ÖV: Busverkehr von Goslar oder Osterode, siehe www.reiseauskunft.bahn.de

Karte
Wandern im Westharz, 1:50 000, LGN

Informationen
Touristinformation Altenau, Hüttenstraße 9, 38707 Altenau, Tel. 05328/802-0, www.oberharz.de; www.oberharzer-bergwerksmuseum.de, www.polsterberger-hubhaus.harz.de

Einkehr
Im historischen Polsterberger Hubhaus gemütlich und gediegen

Die Clausthaler Hochfläche war das Zentrum des Harzer Bergbaues und ist durch die zahlreichen Stauseen und die sie verbindenden Grabensysteme des »Oberharzer Wasserregals« geprägt. Sie wurden zur Energiegewinnung für den Bergbau angelegt und sind heute ein einmaliges Kulturdenkmal. Die ruhige und meist ebene Wanderung führt zu einigen seiner besonders eindrucksvollen historischen Anlagen.

In altem Bergbaugelände Von der Straße Dorstheer Zechenhaus links den Weg entlang des Zauns hinab zum Hirschler

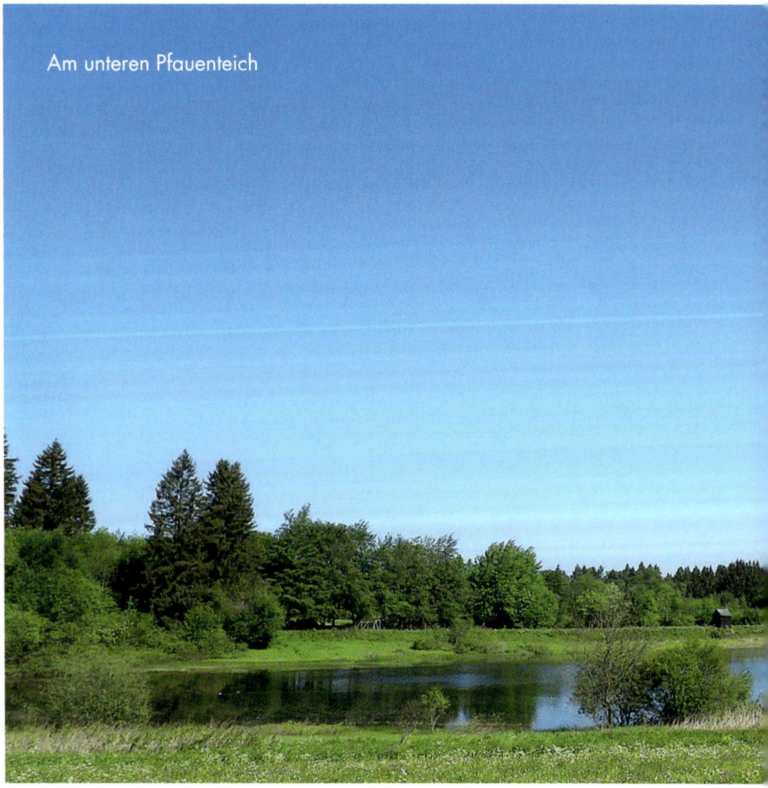

Am unteren Pfauenteich

Teich. Nahe seinem Ufer nach rechts (südwärts links haltend) mit dem Wasserwanderweg zur Bundesstraße B 242. Diese überqueren und nun den Schildern des Wasserwanderweges folgend auf einer geraden Forststraße am rechts gelegenen Entensumpf Innerstesprung vorbei und in gleicher Richtung weiter zur Huttaler Widerwaage. Eine Infotafel gibt hier ausführliche Erläuterungen zu dem komplizierten, aber effektiven Teich- und Grabensystem. Nun links den schmalen Weg auf der Krone des alten Grabens weiterverfolgen und dabei mit mehreren

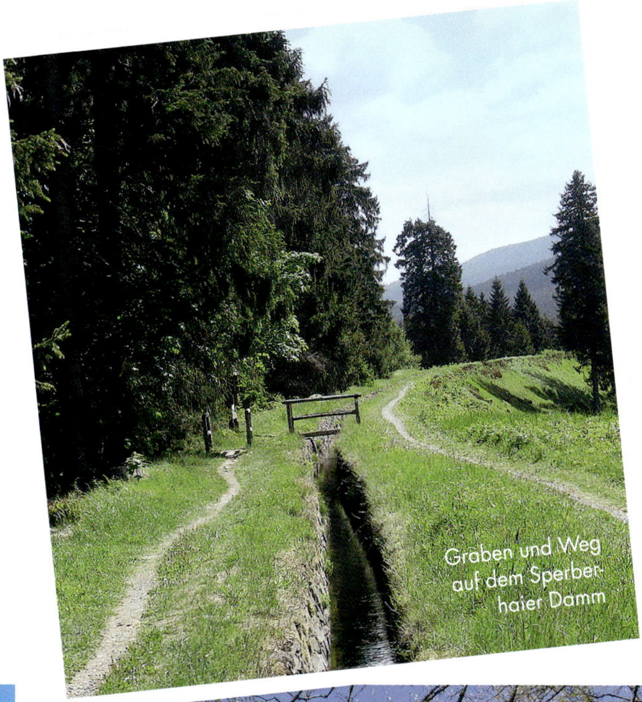
Graben und Weg auf dem Sperberhaier Damm

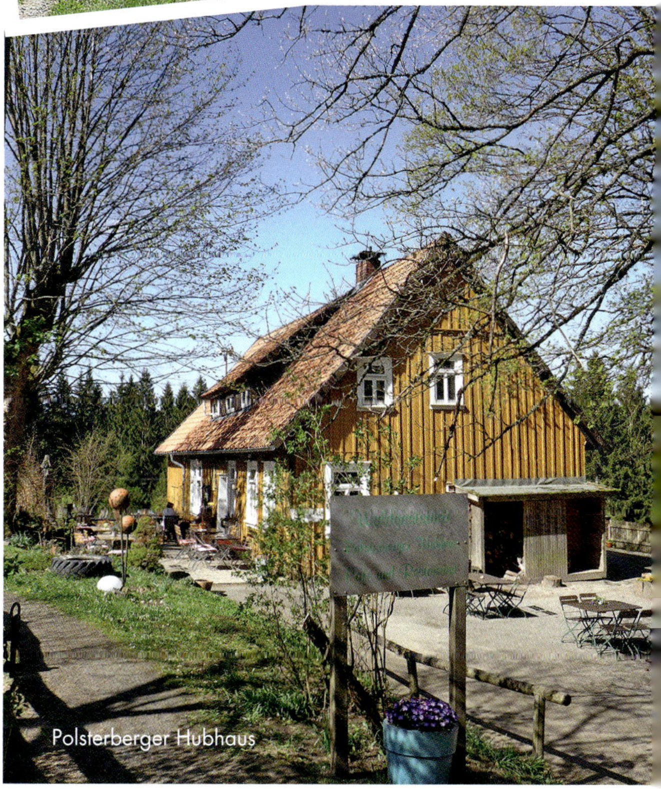
Polsterberger Hubhaus

Tipp

Die Grube Dorothea wurde schon 1824 von Heinrich Heine touristisch erkundet (siehe »Harzreise«). Die idyllisch anzusehenden Teiche wurden als Wasserspeicher zum Betreiben der Bergwerke angelegt und durch lange Grabensysteme auch vom Brockenmassiv her versorgt. Dazu baute man in jahrzehntelanger Arbeit mit einfachsten Mitteln über die tiefste Einsattelung den Sperberhaier Dammgraben. Ausgeklügelte technische Systeme, zu denen das Hubhaus und die Widerwaage gehörten, dienten dazu, den übrigen Höhenunterschied zur Clausthaler Hochfläche zu überwinden.

Alle diese Bauten sind Teile des als Kulturdenkmal ausgewiesenen »Oberharzer Wasserregals«. Die Bergwiesen in der Umgebung der Bergstadt entstanden als Folge der an die Bergleute verliehenen Privilegien der Landnutzung. Die Wiesen sind wegen ihres Artenreichtums auch botanisch wertvoll und werden durch Rinder- und Ziegenhaltung gepflegt (im Ortsteil Buntenbock Ziegenhof mit leckeren Bioprodukten!).

In Clausthal-Zellerfeld besonders sehenswert sind das Oberharzer Bergwerksmuseum und die berühmte Mineraliensammlung der Technischen Universität, außerdem unter anderem der Turm des Ottilienschachtes, der sehr tiefe Kaiser-Wilhelm-Schacht und mehrere nachgebaute Wasserräder.

Nördlich vom Jägersbleeker Teich und den Pfauenteichen liegen im Wald Ruinen. Unter dem Tarnnamen »Werk Tanne« wurden hier in der NS-Zeit Sprengstoffe und Bomben hergestellt. Die meisten der dazu gezwungenen Häftlinge und Kriegsgefangenen, darunter viele Frauen, kamen teils durch das giftige Arbeitsumfeld, teils auch bei Bombenangriffen zu Tode.

Im Jägersbleeker Teich kann im Sommer gebadet werden, in den durch Altlasten geschädigten Pfauenteichen nicht.

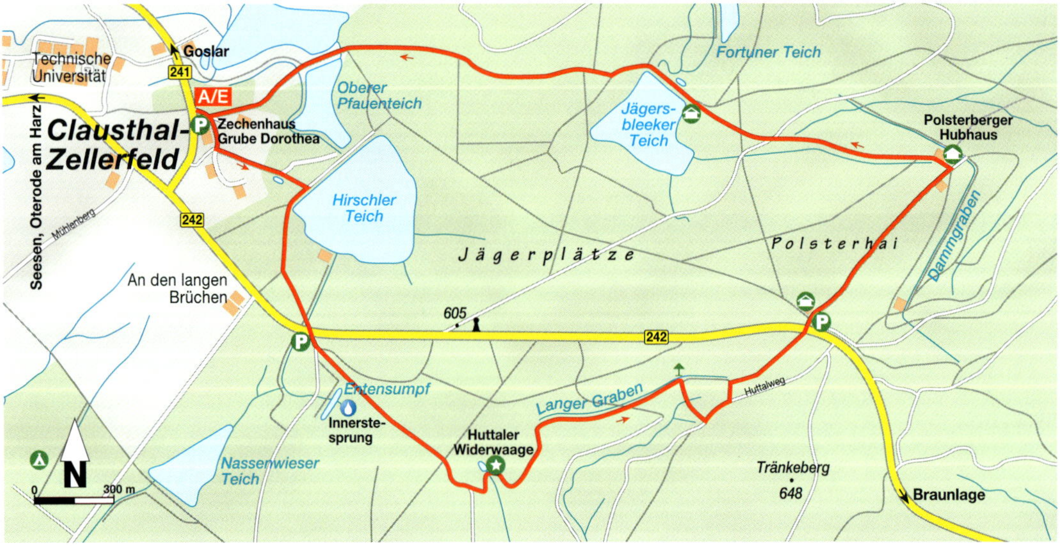

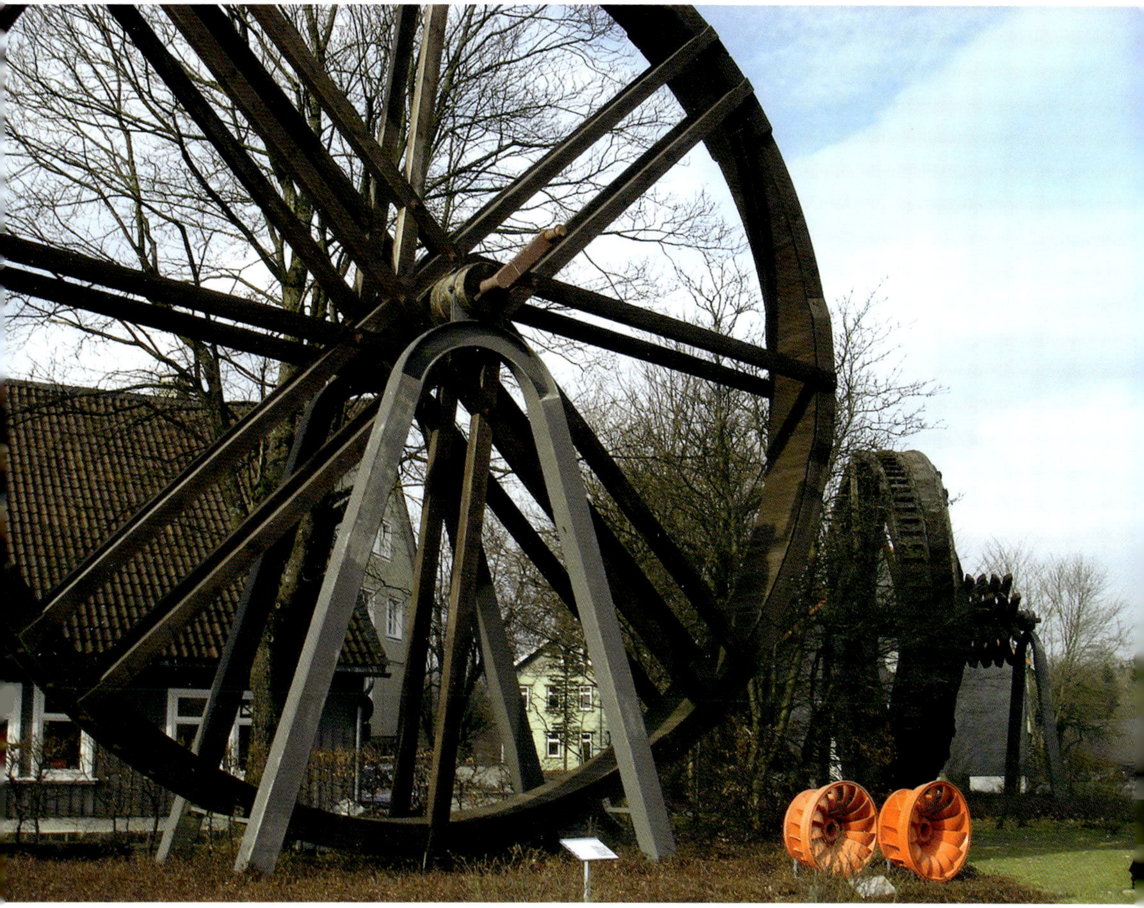

Nachgebautes Wasserrad an der TU Clausthal

Biegungen Tälchen und Bergsporne queren bis vor die Harzhochstraße B 242. Diese wieder überschreiten und gegenüber auf einer breiten Stichstraße zum Polsterberger Hubhaus (originelle Gaststätte im historischen Gebäude, weithin bekannt und geschätzt wegen leckerer regionaler Slow-Food-Speisen und Getränke in liebevoll mit dezenten Naturobjekten geschmückten Räumen!). Wenn man aus der Tür wieder herauskommt, nach rechts den Weg auf der alten Grabenkrone und durch den Wald zum Jägersbleeker Teich nehmen. Bei passenden Temperaturen besteht hier Gelegenheit zum Baden. Den Staudamm überschreiten und links im Wald weiter zu den Pfauenteichen. Hier wegen Altlasten auf keinen Fall baden! Auch dort über den Damm und in gleicher Richtung weiter ansteigend zurück zum ehemaligen Zechenhaus der Grube Dorothea am östlichen Ortsrand von Clausthal-Zellerfeld.

31 Welterbe 19-Lachter-Stollen und Badstubenberg

Bergbaurelikte und Bergwiesenidylle

Mittel | 5 km | 250 m | 2 Std.

Tourencharakter
Kurze, aber landschaftlich und kulturell abwechslungsreiche Wanderung um eine der alten Harzer Bergstädte

Ausgangs-/Endpunkt
Parkplatz nahe dem ehemaligen Bahnhof beim Bergbaumuseum 19-Lachter-Stollen

Anfahrt
Auto: Von Norden von der nördlichen Harzrand-Schnellstraße B 82 bei Langelsheim abzweigen und die Straße durch das Innerstetal hinauf. Vom Oberharz her über die Harzhochstraße B 242 gleich ins obere Innerstetal
ÖV: Bahn bis Langelsheim, dann Bus, siehe www.reiseauskunft.bahn.de

Karte
Wandern im Westharz, 1:50 000, LGN

Informationen
Touristinformation, Bohlweg 5, 38709 Wildemann, Tel. 05323/61 11, www.wildemann.de; www.19-lachter-stollen

Einkehr
Im Ort

Diese kurzweilige Wanderung umrundet die Harzer Bergstadt Wildemann und führt dabei mit reizenden Ausblicken durch Wald und an Bergwiesen vorbei zu einer der sie umgebenden Höhen. Sie lässt zugleich noch Zeit für einen Besuch des im Ort gelegenen sehenswerten Bergwerksmuseums.

Zu Grube Sonnenglanz und Prinzenlaube In Wildemann am Bergwerksmuseum 19-Lachter-Stollen vorbei auf schmalem Weg oberhalb von Bach und Uferstraße talabwärts und dann rechts auf dem Sträßchen. Im Sonnenglanz die letzten Häuser passieren und weiter im Talgrund stetig stramm bergan. Man kommt so am Ort der ehemaligen Grube Sonnenglanz vorbei bis zu einer befestigten Forststraße. Auf dieser am Rand einer großen Wiese nach links hinauf zur mit einem großen Sendemast kenntlich gemachten Kuppe des Badstubenberges. Nun links hinab zur Köte an der Prinzenlaube (Aussicht).
Für den Weiterweg wieder zur Forststraße hinaufsteigen und direkt vor dieser auf dem grasigen Ernst-August-Stieg über Zickzacks und teils Treppchen und mit schönen Ausblicken zum Ort am Hang überwiegend nach rechts hinab. Weiter unten gibt es einen empfehlenswerten Abstecher nach rechts hinauf zum reizvollen Aussichts- und Picknickplatz Pöhlingsgrotte. Den Zickzackweg weiter hinab und, zuletzt hart befestigt, zu den Häusern am Innerstebach. Über die Brücke und an der Autostraße kurz nach links.

Über den Gallenberg Gegenüber der Innerstestraße eine Treppe steil hinauf zur großen, mit Schiefer gedeckten Kirche. Vor dieser nach links auf dem ausgeschilderten Wildemanner Mundartweg vor der obersten Reihe Häuschen vorbei und danach auf schmalem Weg über den Grashang ansteigend weiter. Dabei kommt man an Schildern mit allerlei parallel in Hochdeutsch und Harzerisch präsentierten Geschichtchen vorbei. Schließlich

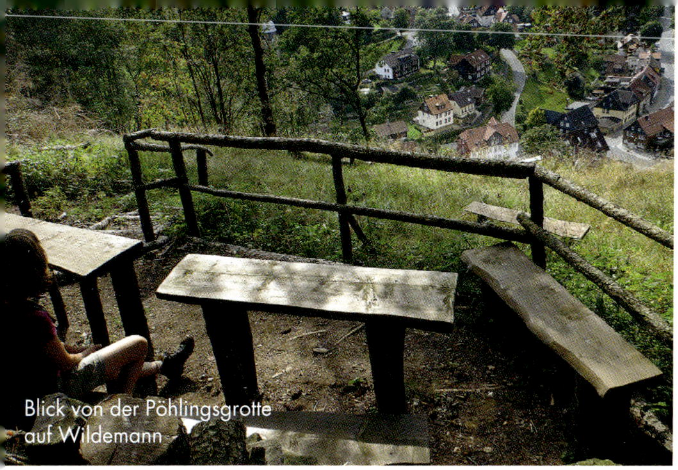
Blick von der Pöhlingsgrotte auf Wildemann

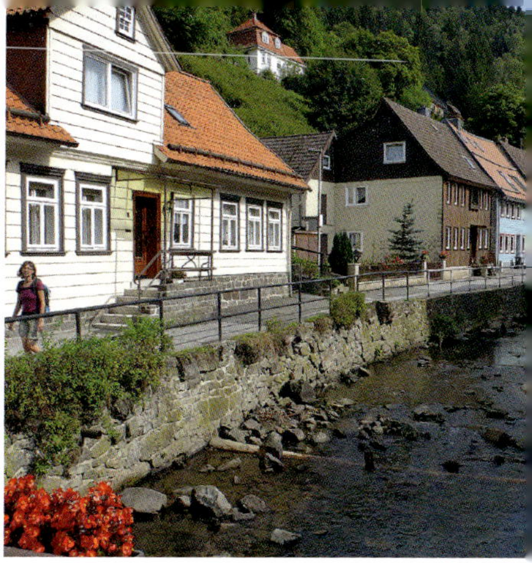
An der Innerste in Wildemann

erreicht man den Wiesenrücken des Gallenberges (reizvoller offener Rundblick, oft auch auf das im Ort gehaltene Harzer Rotvieh). Der Weg führt links weiter und allmählich hinab bis kurz vor den Grund des Bärenhöhlentales. Nun nicht darin auf der wanderunfreundlichen breiten Straße hinab, sondern scharf nach links auf Grasweg. Dieser leitet – immer noch als Mundartweg – hübsch und angenehm durch den steilen und teils sogar mit Zaun gesicherten Steilhang. Die Talstraße erreicht er nur wenige Meter entfernt von der Zufahrt zum 19-Lachter-Stollen.

Tipp

Der Wildemanner 19-Lachter-Stollen ist eins der besonders originellen Bergwerksmuseen im Harz und als Welterbe ausgewiesen. Er führt anschaulich in die unter unsäglichen Mühen in Handarbeit geschaffenen Anlagen zur Entwässerung der Gruben ein und lässt diese im Original erleben. Bei der Besichtigung gelangt man 500 Meter weit in den Berg hinein und erreicht auch den 800 Meter tiefen Ernst-August-Schacht.

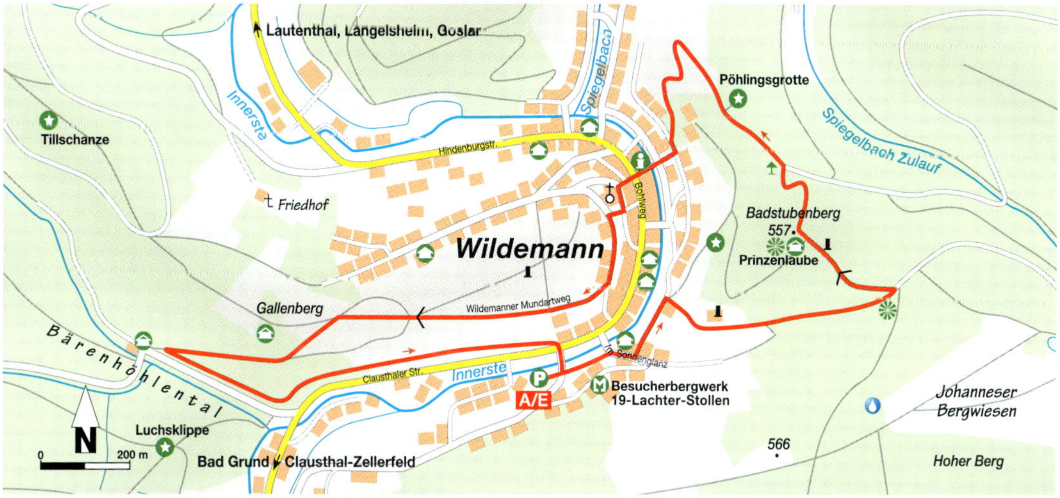

32 Lautenthaler Lehrpfade und Maaßener Gaipel

Hangwege mit Einblicken in Erdgeschichte und Spuren von Bergbau

Leicht | 7 km | 150 m | 2 Std.

Tourencharakter
Unterhaltsame Rundwanderung auf hübschen Hangwegen

Ausgangs-/Endpunkt
Beginn des Sträßchens »Spar die Müh« im nördlichen Ortsteil bei der Schule und dem Sportplatz. Einige Parkmöglichkeiten (bei Bedarf etwas weiter südlich, weitere westlich der Talstraße)

Anfahrt
Auto: Von Norden von der nördlichen Harzrand-Schnellstraße B 82 bei Langelsheim abzweigen und die Straße durch das Innerstetal hinauf. Vom Oberharz her über die Harzhochstraße B 242 gleich ins obere Innerstetal hinab
ÖV: Bahn bis Langelsheim, dann Bus, siehe www.reiseauskunft.bahn.de

Karte
Wandern im Westharz, 1:50 000, LGN

Informationen
Tourist INFO Lautenthal, Kaspar-Bitter-Straße 7b, 38685 Lautenthal, Tel. 05325/4444, www.lautenthal.de

Einkehr
Der »Maaßener Gaipel« ist eine Gaststätte mit Gesicht und Qualität. Der neue Pächter hat als Schwerpunkt italienische Küche.

Diese Rundwanderung auf der östlichen Talseite der vor 100 Jahren noch vom Bergbau mit Abgasen und Halden schwer belasteten Bergstadt Lautenthal gibt an einem geologischen Lehrpfad interessante Einblicke in die Erdgeschichte. Sie führt auf hübschen Hangwegen durch Wald und über Bergwiesen zu einer originellen Gaststätte in einem umgebauten Bergwerksgebäude und an einen Bergbau-Lehrpfad.

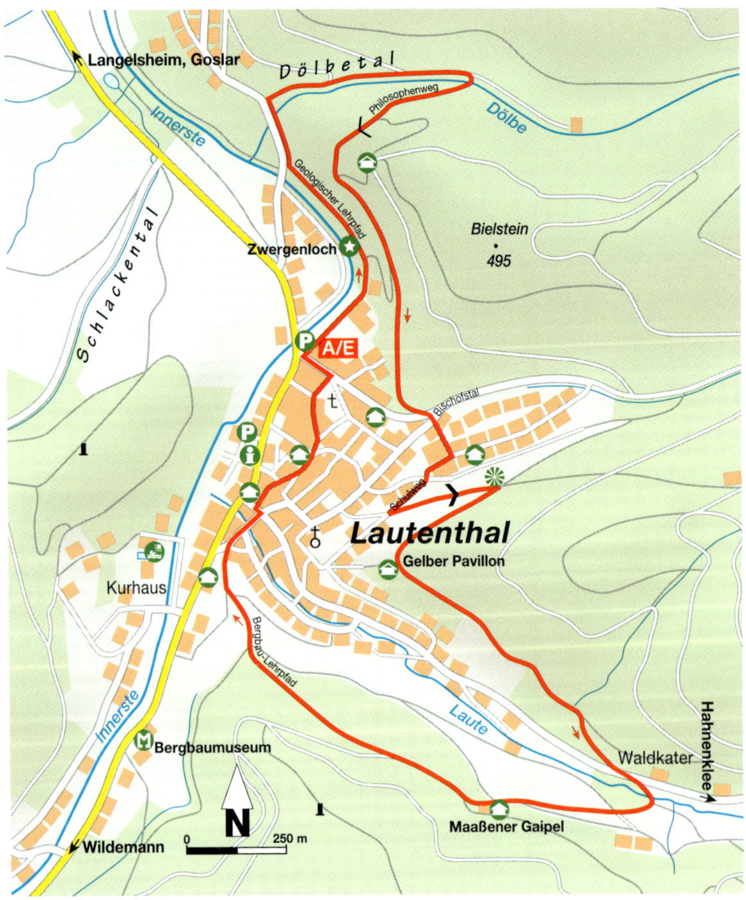

Interessanter geologischer Lehrpfad Vom Ausgangspunkt das Sträßchen »Spar die Müh« hinab zur Innerste bis zum Beginn des geologischen Lehrpfads nehmen. Über diesen oberhalb der Innerste durch die aus gefaltetem Kieselschiefer bestehenden Felsen am etwas unterhalb gelegenen Zwergenloch vorbei (alte Abbaustelle, die sich bald als unergiebig herausstellte, »Spar die Müh«). Danach mit Nahblicken auf das originell strukturierte Gestein weiter. Dieser Weg mündet auf eine von links heranführende Straße. Auf dieser über den von rechts herabkommenden Dölbebach und danach rechts im Dölbetal hinauf.

Weiter auf dem Philosophenweg Nach etwa zehn Minuten führt rechts bei einer Bank ein Forstweg als Philosophenweg auf dem anderen Talhang eben hinaus zum Hang des Haupttales der Innerste. Auf diesem Weg weiter durch lockeren Laubwald. Nach

Kirche in Lautenthal

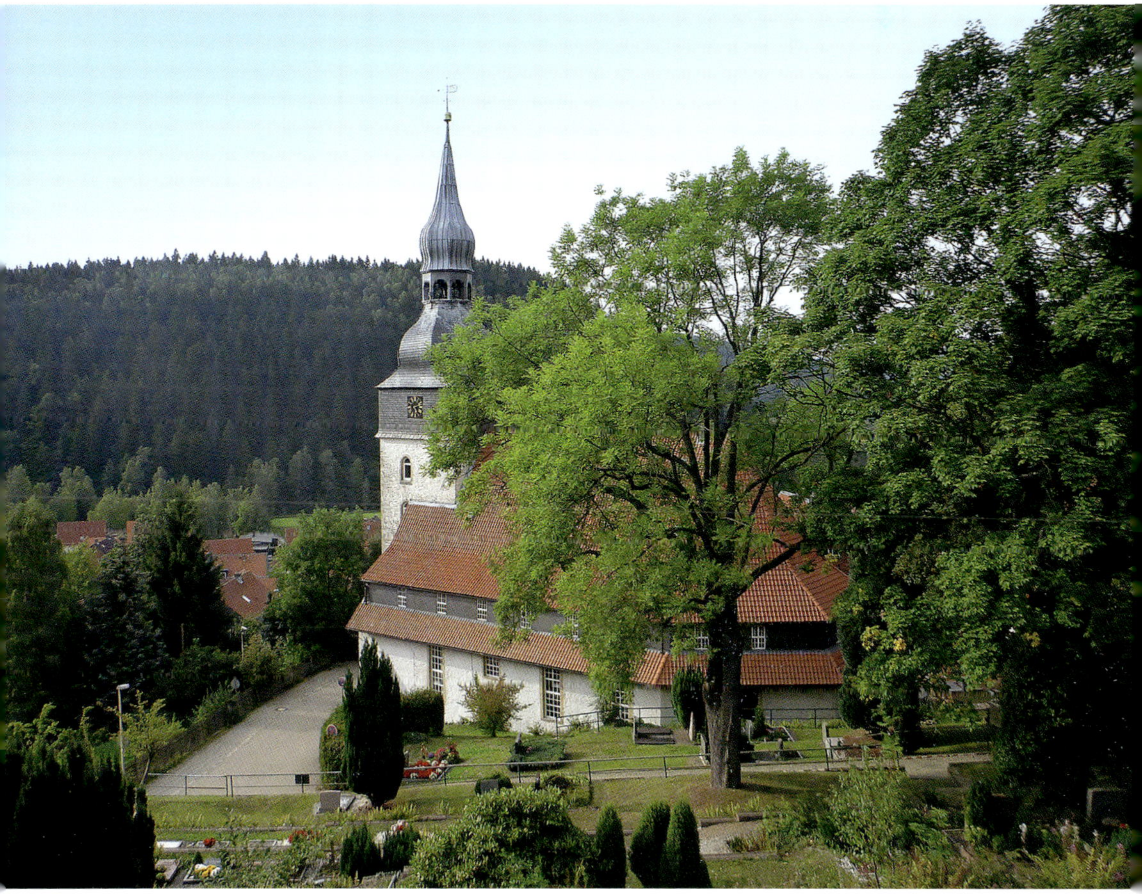

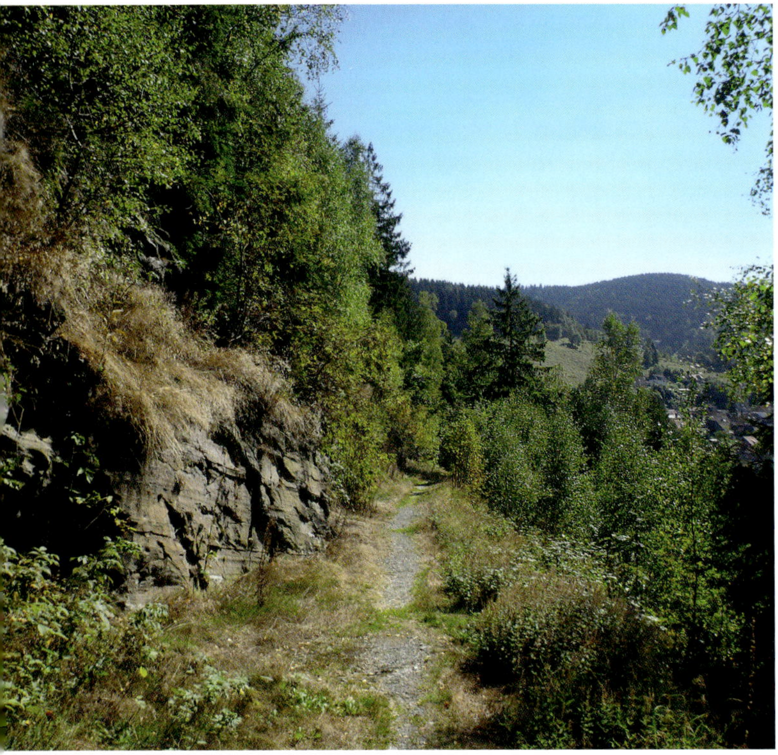

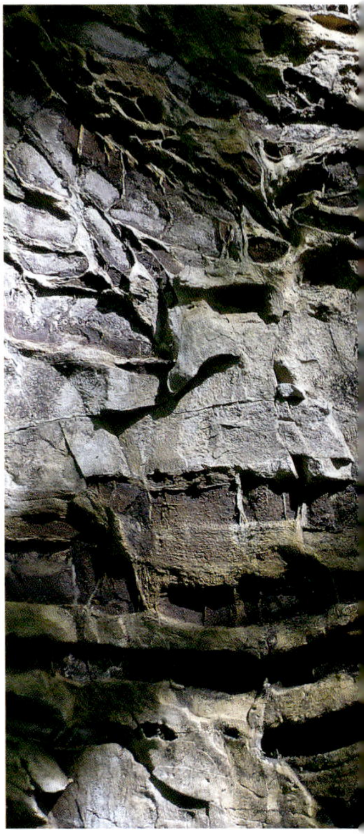

Am unteren Teil des Philosophenweges

links leitet ein steiler Zickzackweg eben hinauf zu einem 50 Meter höher gelegenen Aussichtspunkt. Der Philosophenweg führt durch den steilen Hang, verliert dabei allmählich an Höhe und mündet schließlich ins Bischofstal bei einem Waldspielplatz und Häusern.

Über die Straße Bischofstal hinweg und gleich gegenüber eine steile Wohnstraße ganz hinauf. Oben führt sie zu einem Platz mit Garagen und rechts davon zu einer Treppe. Über diese erreicht man den Weg »Am Schulberg«. Auf diesem ein kurzes Stück weiter. Dann einen hübschen Grasweg nach links steil und mit wunderbarem Rundblick auf den Ort

Tipp

Das als eine der Harzer Bergstädte mit Privilegien für Bergleute gegründete Lautenthal war noch zum Ende des 19. Jahrhunderts ein ökonomisch brummender Ort. Er war jedoch von giftigen Industrieabgasen schwer belastet, und Bilder aus jener Zeit zeigen akute Waldschäden. Das an der Talstraße gelegene hochinteressante Bergwerksmuseum bietet bei einem Besuch alter Stollen sogar einen Happen Schifffahrt unter Tage. Die Rekonstruktion der Erzschifffahrt nutzt nämlich einen historischen Wasserlösungsstollen.

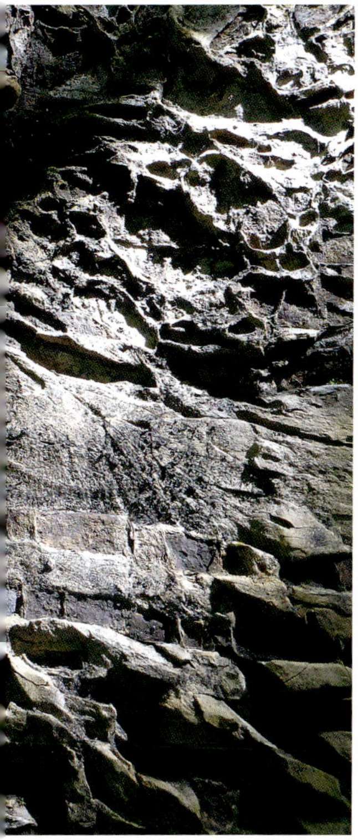

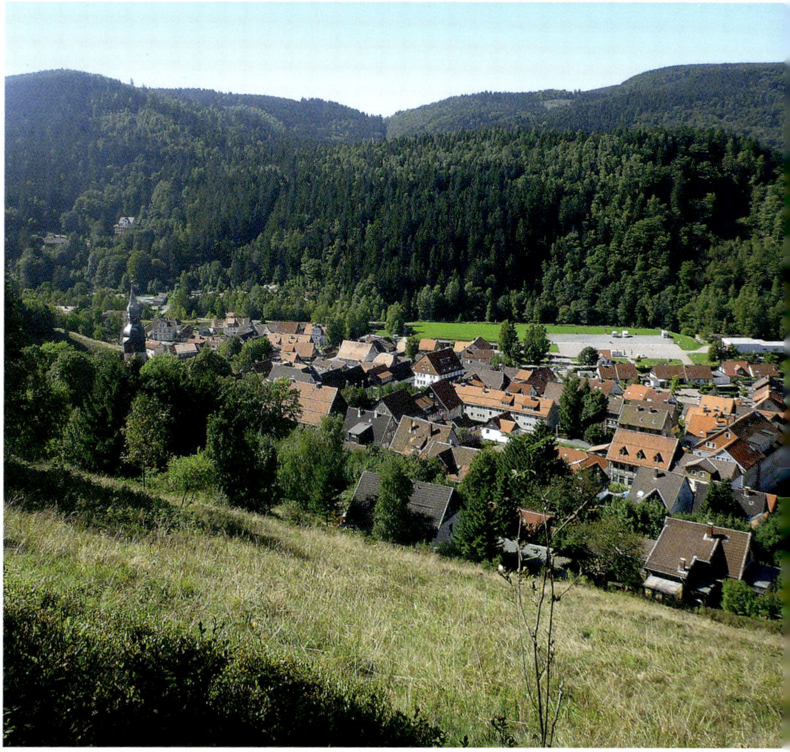

und ins Innerstetal hinauf bis zum Waldrand. An diesem entlang nach rechts abwärts einem Weg folgen bis zu einem gelben Pavillon (von hier auch steiler Abstieg hinab in den Ort möglich).

Mitte: Am geologischen Lehrpfad (devonische Kieselschiefer, mit Tongeröllen)

Rechts: Lautenthal vom östlichen Waldrand

Altes Bergbaugebiet Vom Pavillon dem Weg weiter folgen durch Waldhänge und schließlich zur Autostraße Lautenthal–Hahnenklee. Diese überqueren, auf breiter Forststraße durch den Grund des Seitentales und dann nach rechts ansteigen. Unterhalb befinden sich große alte Halden, die jedoch mit Schwermetallen belastet und kaum bewachsen sind. Diese Straße führt, zuletzt durch Wald, zum Gasthaus Maaßener Gaipel (aus einem historischen Bergbaugebäude gestaltet und mit zahlreichen sehenswerten Bildern und Objekten aus der Bergbauzeit dekoriert; unterhalb am Hang Ausstellungsgelände nachgebauter Bergwerksanlagen und ein Bergbau-Lehrpfad).
Unterhalb der Terrasse des Lokals auf einem recht steilen Weg, vorbei an einigen ausführlich erläuterten Stationen des Bergbau-Lehrpfads schräg nach links hinab und schließlich zurück nach Lautenthal.

33 Vom Innerstestausee zur Lageswarte

Vom Wassersportsee auf den Aussichtsgipfel

Leicht | 11,5 km | 350 m | 3.30 Std.

Tourencharakter
Ruhige Waldwanderung auf Forstwegen, mit weiten Ausblicken und im letzten Abschnitt entlang des Ufers des großen Stausees

Ausgangs-/Endpunkt
Am südöstlichen Ende des Staudammes der Innerstetalsperre

Anfahrt
Auto: Von Norden von der nördlichen Harzrand-Schnellstraße B 82 bei Langelsheim abzweigen und die Straße durch das Innerstetal hinauf
ÖV: Bahn bis Langelsheim. Dann Bus, siehe www.reiseauskunft.bahn.de. Von Langelsheim zu Fuß bis zum Staudamm 4,5 km

Karte
Wandern im Westharz, 1:50 000, LGN

Informationen
Tourist INFO Lautenthal, Kaspar-Bitter-Straße 7b, 38685 Lautenthal, Tel. 05325/4444, www.lautenthal.de

Einkehr
Am Ostufer des Stausees Gaststätte und Campingplatz

Diese landschaftlich wirklich großartige Wanderung beginnt am für Wassersport freigegebenen Innerstestausee. Auf guten Hangwegen führt sie stramm hinauf zum höchsten Gipfel des nordwestlichen Harzes. Aktuell bietet er durch Holzeinschlag im Zuge des nachhaltigen Waldumbaus einen der besten Rundblicke des gesamten Harzes.

Zur Lageswarte Über den Damm der Innerstetalsperre und geradeaus zur nach links am Berghang emporführenden Forststraße Steileliet. Auf dieser zuerst mit weitem Ausblick über den Stausee ansteigen. Später führt sie im hohen Laubwald um mehrere Bergsporne herum zum markanten Bergsattel »Vereinsplatz« (holzgeschnitzter Bär als Zwischenziel der Fernwanderung »Försterstieg«).
Nun auf dem hübschen Grasweg über den derzeit nur mit jung aufkommenden Bäumen bestandenen Bergrücken mit großartigen Ausblicken hinauf zum Gipfel der Lageswarte (571 m, jetzt wieder zuwachsender Blick zum Brocken).

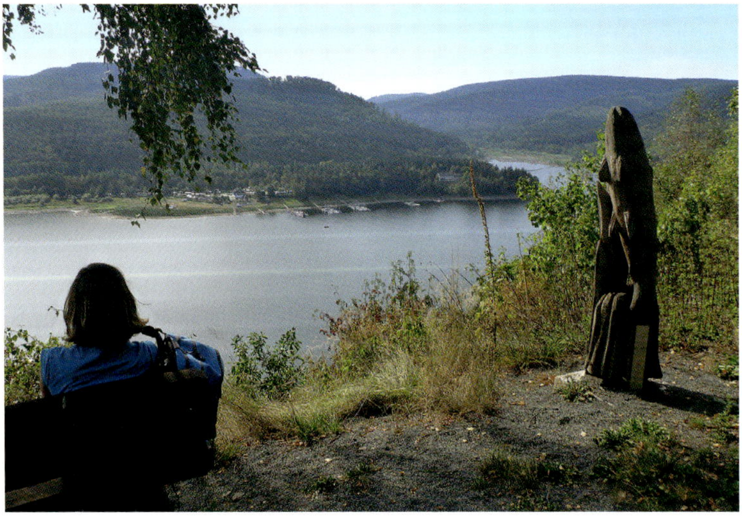

Zurück zum Innerstestausee Auf dem gleichen Weg wieder hinab zum Vereinsplatz. Von hier gehen wir den nach rechts abwärtsziehenden Forstweg hinab. Er führt nach etwa zwei Kilometern zum urigen Prachtbaum Dicke Eiche. Von hier der Forststraße nach links folgend in den Talgrund und darin bis vor den Innerstestausee (hier gut zugänglicher, flacher Uferbereich). Nach links auf herb-fester Straße oberhalb von einem steileren Uferabschnitt zum flacheren Strand am Staudamm.

Unten: Am letzten Aufstieg zur Lageswarte

Linke Seite: Innerstestausee von Steileliet

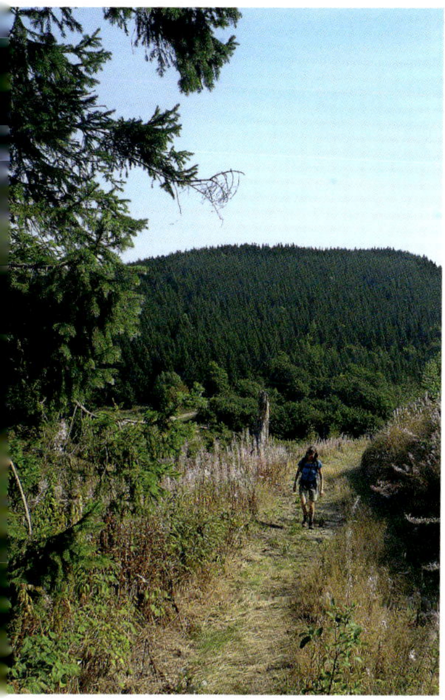

Natur

Die Innerstetalsperre wurde im Jahr 1966 zum Hochwasserschutz und zum Aufstauen einer Wasserreserve gebaut, jedoch gleichzeitig für alle Formen von Wassersport freigegeben. Das machte sie entsprechend beliebt. Die Sturmkatastrophe von 1971 bewirkte bei den niedersächsischen Forstbehörden angesichts der flächenhaft umgelegten Monokulturen von Fichten ein tiefgreifendes Umdenken. Im Projekt LÖWE (= Landesweite ökologische Walderneuerung) werden seither zu Boden, Wasserverhältnissen und Lokalklima passende Baumarten angestrebt. Dies bedeutet weit weniger Fichte und stattdessen einen Laubmischwald mit geringerer Anfälligkeit für Schadinsekten und Sturmschäden.

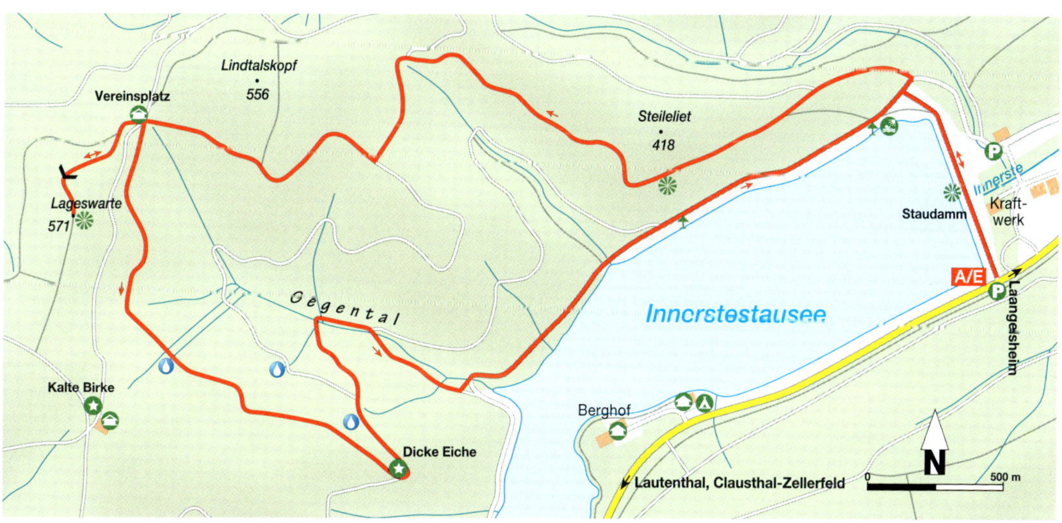

34 Vom Bergsattel Auerhahn über die Schalke

Auf den höchsten Gipfel des westlichen Harzes

Leicht | 8 km | 170 m | 2.30 Std.

Tourencharakter
Reizvolle, ruhige Wanderung mit relativ geringen Höhenunterschieden, teils auf Forststraßen, teils auf der Krone alter Grabensysteme aus der Zeit des alten Harzer Bergbaus

Ausgangs-/Endpunkt
Am Ort des historischen Wegehauses Auerhahn des uralten Handelsweges Goslar–Osterode, im Bergsattel zwischen Schalke und Bocksberg

Anfahrt
Auto: Von der nördlichen Harzrand-Schnellstraße durch Goslar und auf der B 241 in Richtung Clausthal-Zellerfeld zum Bergsattel Auerhahn
ÖV: Bahn bis Goslar, dann Bus, siehe www.reiseauskunft.bahn.de

Karte
Wandern im Westharz, 1:50 000, LGN

Informationen
Touristinformation Hahnenklee, Kurhausweg 7, 38644 Goslar-Hahnenklee, Tel. 05325/51 04-0, www.hahnenklee.de

Einkehr
Die Gaststätte am Auerhahn ist geschlossen. Einkehrmöglichkeit und ein Campingplatz 1,5 km entfernt in Richtung Clausthal-Zellerfeld bei der Abzweigung der Straße nach Hahnenklee am Stauteich. Die Wanderung kann auch gut von hier aus unternommen werden.

Die Waldwanderung auf den höchsten Gipfel des westlichen Harzes verbindet den Besuch des herben Mittelgebirgsgipfels mit der Wanderung entlang stillen Gräben und Stauteichen des Harzer Wasserregals und vorbei an alten Hohlwegen einer uralten, den Harz überquerenden Handelsstraße.

Zum Turm auf der Schalke Vom Parkplatz an der B 241 beim Gebäude der jetzt geschlossenen Gaststätte am Auerhahn in östlicher Richtung das Asphaltsträßchen im Wald hinauf zur Gipfelkuppe der Schalke (761 m, eiserner Aussichtsturm am Rande der wieder munter begrünten Fläche, auf der zur Zeit des Kalten Krieges für über 20 Jahre ein brummendes Militärlager aufgebaut war; weiter Blick zur Clausthaler Hochfläche und zum Brocken).

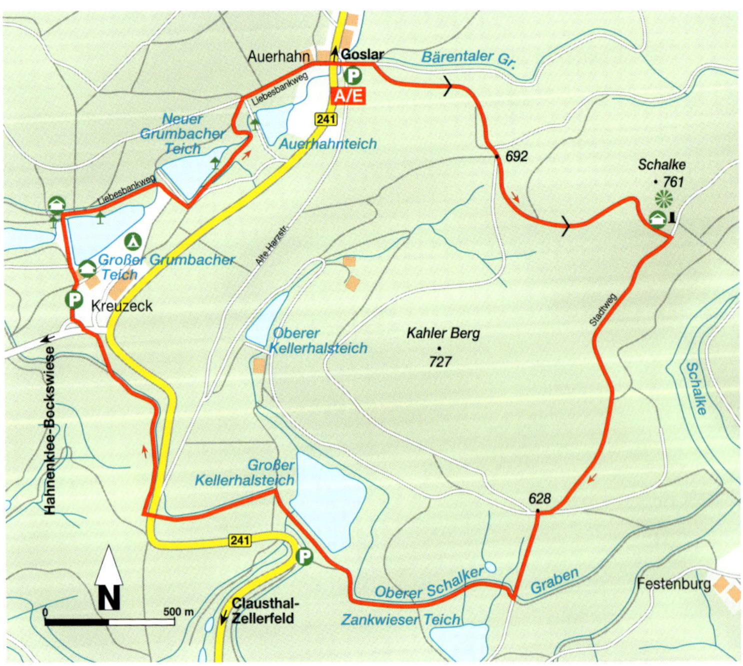

Vom unteren Rand der renaturierten Fläche führt der unbefestigte »Stadtweg« südwärts in Richtung Clausthal-Zellerfeld hinab zu einer quer verlaufenden Waldstraße. Nicht diese, sondern gerade noch 500 Meter weiter hinab zu einem quer verlaufenden Graben. Nun rechts den kleinen Weg auf der Krone dieses Oberen Schalker Grabens entlang. Nach etwa einem Kilometer ist die Grabenkrone aus Naturschutzgründen gesperrt und der Weg führt nach links hinab zum Großen Kellerhalsteich. Mit schönem Blick zur Schalke gehen wir in Richtung Halmenklee über die Dammkrone und jenseits im Wald kurz hinauf. Dann links am hier etwas verfallenen Graben entlang weiter bis vor die Autostraße B 241.

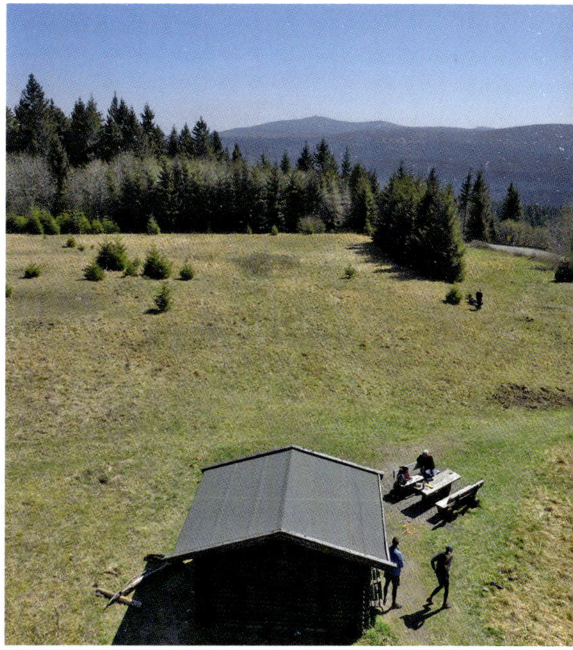

Blick von der Schalke zum Brocken

An Stauteichen vorbei Die Autostraße überqueren (Vorsicht! Schneller Autoverkehr!) und jenseits knapp unterhalb von ihr auf dem schmalen und vom Verkehr recht gut abgeschirmten Wanderweg nach rechts. Nach einigen Minuten führt er hinauf zur Hahnenkleer Straße. Diese überquert man zum Eingang des Campingplatzes und zu Parkplätzen. Von der nach links führenden Autostraße rechts abzweigen. In gleicher Richtung wie vorher den breiten Weg weiter. Er führt als Liebesbankweg hinab, über den Damm des größten der Grumbacher Teiche (reizvoller Blick auf den unteren Teich und ins Tal). Danach rechts weiter. Vor dem Damm des nächsten Teiches leitet der Weg nach rechts hinauf. Nun verläuft er neben einem Graben bis zum Zufluss des oberen Teiches. Danach führt er nach links hinauf zu einem ebenen Forstweg und auf diesem nach rechts zurück zum »Auerhahn«.

Tipp

Das nahe gelegene Hahnenklee ist wegen seiner nach skandinavischen Vorbildern gebauten Stabkirche bekannt. Der Gipfelbereich des oberhalb gelegenen Bocksberges wurde mit einer Vielzahl von Installationen und Attraktionen à la Jahrmarkt vollgestellt und wird von Naturgenuss suchenden Waldwanderern eher nicht als Gipfel des Vergnügens erlebt. Die reizvollen Teiche und Gräben sind Teil des zum Betreiben der Bergwerke erstellten Systems zur Nutzung von Wasserkraft (Kulturdenkmal »Oberharzer Wasserregal«).

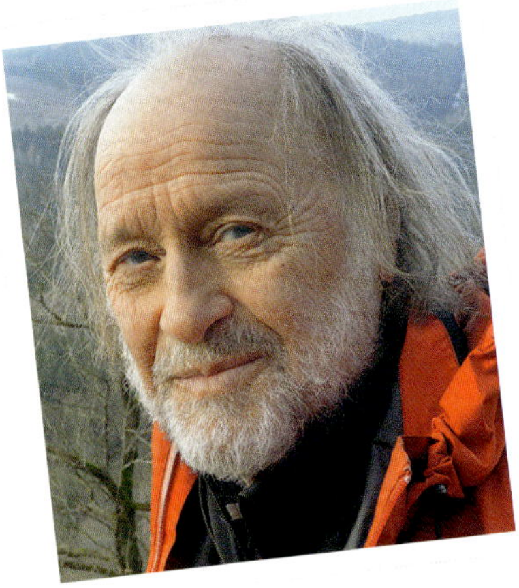

Zugabe

Bei Hitze *ist der Brocken ein besonders geeignetes Ziel, immer ein paar Grade weniger heiß und vom fast immer lebendigen Wind zusätzlich gekühlt. Wer es dann noch schafft, früh aufzubrechen und deutlich vor der Tagesmitte oben zu sein, schwitzt weniger. Aber wohin man auch geht: Hinterher sind im Sommer sorgfältiger Zeckencheck und gegebenenfalls fachgerechte Entfernung der Viecher nötig!*

Winter *Auch dann geht Wandern und kann sogar besonders reizvoll sein. Skiläufer freuen sich, wenn man ihre Loipen respektiert. Auf glatt gelaufenen Wegen können Grödel (Leichtsteigeisen) oder über die Schuhe zu streifende »Briefträgerketten« sicheren Tritt geben, besonders an steilen Aufstiegen …*

Regenwetter *Sieht durch die Fensterscheiben meist schlimmer aus als draußen unterwegs. Kleinere Regenmengen (die genaue Wetterberichte ja angeben) sind mit geeigneter Bekleidung ganz gut verkraftbar … Richtig giftig ist allerdings die Kombination Regen plus Wind. Aber wenn es wirklich zu ungemütlich wird: Die Schaubergwerke bieten regensichere Rundgänge unter Tage!*

Sturm *Dann kann die Luft im Wald – besonders wenn dort auch tote Bäume herumstehen – stark holzhaltig werden, und damit ist gar nicht zu spaßen. An solchen Tagen sind Wanderziele auf den Wiesen der Hochflächen (z. B. um Clausthal) oder im Vorland bekömmlicher.*

Freuden azyklischer Unternehmungen *Wer das Langschlafen mal auf den Nachmittag verschiebt und, besonders im Sommer, ganz früh aufbricht, der kann die klaren Farben der Dämmerung und die Morgenfrische genießen – und eine geringe Bevölkerungsdichte nicht nur auf den Wegen, sondern auch auf den Straßen …*

Register

Impressum

Verantwortlich: Miriam Gieler, Julia Vogl
Redaktion: Gotlind Blechschmidt
Layout: Eva-Maria Klaffenböck
Umschlaggestaltung: Zero Werbeagentur
Repro: Cromika
Kartografie: Bruckmann Verlag GmbH, Heidi Schmalfuß
Herstellung: Alexander Knoll
Printed in Slovenia by Florjancic

★ ★ ★ ★ ★

Sind Sie mit diesem Titel zufrieden? Dann würden wir uns über Ihre Weiterempfehlung freuen. Erzählen Sie es im Freundeskreis, berichten Sie Ihrem Buchhändler, oder bewerten Sie bei Onlinekauf. Und wenn Sie Kritik, Korrekturen, Aktualisierungen haben, freuen wir uns über Ihre Nachricht an Bruckmann Verlag, Postfach 40 02 09, D-80702 München oder per E-Mail an lektorat@verlagshaus.de.

Unser komplettes Programm finden Sie unter www.j-berg-verlag.de

Empfehlung der Redaktion
Sie sind auf der Suche nach weiterführender Literatur? Dann empfehlen wir Ihnen den Titel »Wanderungen für Senioren im Harz« von Richard Goedeke. Oder Sie werfen einen Blick in die Zeitschrift »Bergsteiger«. Hier werden Sie bestimmt fündig.

Bildnachweis: Alle Bilder im Innenteil und auf der Umschlagrückseite stammen von Richard Goedeke.

Umschlagvorderseite: Auch für Langschläfer hat der Harz einiges zu bieten (shutterstock/nullplus).
Umschlagrückseite: Ruine Hohnstein

Die Deutsche Nationalbibliothek verzeichnet diese Publikation in der Deutschen Nationalbibliografie; detaillierte bibliografische Daten sind im Internet über http://dnb.d-nb.de abrufbar.

Aktualisierte Nachauflage

ISBN 978-3-86246-559-0